La vuelta al mundo en 80 bebidas

«Oh, la copa...
todo un poema.»

Gaëtan Faucer

La vuelta al mundo en 80 bebidas

**Atlas mundial de degustación,
desde la cerveza belga
hasta el whisky japonés**

Adrien
Grant Smith Bianchi

Jules
Gaubert-Turpin

Contenidos

Los autores

Amigos desde la universidad, trabajan juntos desde hace cinco años, cultivando sus pasiones comunes por el diseño gráfico y la gastronomía... líquida. Juntos crearon *La carta de vinos, por favor*, una colección de mapas de regiones vinícolas. También contribuyeron al lanzamiento de una revista sobre cerveza artesanal y el blog sobre el mundo de los espirituosos *Oh My Drink*.

Este es su segundo libro publicado por Cinco Tintas después de *La carta de vinos, por favor. Atlas de las regiones vinícolas del mundo* (2018).

Jules
Gaubert-Turpin

Adrien
Grant Smith Bianchi

Prólogo

Es muy probable que el alcohol se crease por casualidad hace
12 000 años. Desde entonces, el hombre ha seguido usando su ingenio
para domesticar este misterioso y complejo fenómeno. Porque la
fermentación no es una coincidencia. Bien al contrario, responde a una
infinidad de leyes científicas que seguimos analizando para controlarla
mejor.

Detrás de cada bebida está la historia de un pueblo, una región, un
contexto social o económico. Cada una de ellas, sin excepción, tiene
algo que decirnos sobre la humanidad y el deseo imperioso del hombre
de brindar.

La comida satisface las necesidades físicas y los antojos. Pero el
alcohol solo colma los segundos. Con un toque propio: la embriaguez.
Una sensación de evasión que es mejor controlar para no perder el
equilibrio. Otro aspecto que lo comestible puede envidiar al líquido:
el poder de aguantar el inexorable paso del tiempo. En un barril o una
botella, puede ver pasar los años, y su perfil aromático evolucionará.

Tal vez por eso nos fascina un vino antiguo o un whisky hors d'âge. Al
degustarlo, viajamos en el tiempo, sentimos su pasado, saboreamos su
presente e imaginamos su futuro.

El libro que tiene entre las manos es un billete para paladear una vuelta
al mundo.

*Gracias a Audrey Genin y Emmanuel Le Vallois
por su confianza,*

*a La Maison du Whisky por su selección
de espirituosos de todo el mundo,*

*y a Marcel Turpin por su meticulosa corrección
de pruebas.*

Historia del alcohol

10 000 a. C.
Primeros vestigios de fermentación en Oriente Medio.

6 000 a. C.
Primeros vestigios arqueológicos de fermentación de mosto en Georgia.

600 a. C.

Los fenicios fundan Marsella y crean el primer viñedo de Francia en Provenza.

432
Primer registro escrito de la existencia del whisky en un documento tributario escocés.

3 500 a. C.
Primeros vestigios de un alambique en la región del actual Iraq.

4 000 a. C.

Una cerveza llamada «sikaru», ancestro de la lambic, se elabora en Mesopotamia.

s. IV

En Europa, el cristianismo refuerza sus valores de apego al vino.

s. XIII
Los coreanos aprenden de los mongoles la técnica de la destilación.

100

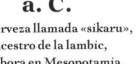
El pulque (savia de agave fermentada) es la primera bebida hecha de agave en América Central.

s. I

Inicio del cultivo de arroz en Japón y elaboración del sake.

1553

Primer registro escrito de una destilación de sidra en Normandía.

s. XVI
Los colonos españoles plantan las primeras vides de América del Norte, en el área de San Francisco.

s. VIII
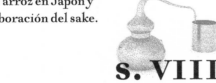
Los árabes ocupan el suroeste de Francia: la región descubre el alambique.

s. XVI

La palabra «alcohol», del árabe *al-khol*, aparece por primera vez con esta ortografía en Europa.

1680

Arthur Guinness elabora su primera porter en Irlanda.

1308

Nace la primera agrupación de cerveceros en Brujas, Bélgica.

1617
El francés Louis Hébert planta el primer manzano en Quebec.

1820
Aparición del término «bourbon» para denominar un whisky de maíz producido en Kentucky.

1756
El oporto es el primer vino del mundo que consigue una DOC.

1842
El alemán Josef Groll elabora la primera pilsner de la historia.

s. XIX
Auge de la industria azucarera en la Isla de la Reunión y en las Antillas. El ron se exporta masivamente a Europa.

1788
Los colonos ingleses plantan las primeras vides en Australia.

1752
Nacimiento de la ginebra en Inglaterra.

1835
Primera mención en Inglaterra de una «Pale Ale destinada a la India»: India Pale Ale.

1860-1950
Moda del vermut en Europa. Nacimiento de las marcas Martini, Cinzano, Campari...

1857
Los estudios de Louis Pasteur demuestran el papel esencial de las levaduras durante la fermentación.

1860-1900
La filoxera arrasa la gran mayoría de viñedos desde Europa hasta Sudáfrica.

1933
Châteauneuf-du-Pape es una de las primeras DOC en Francia.

1915
Se prohíbe la absenta en Francia.

1932
Aparece la palabra «pastis» por primera vez en la etiqueta de una bebida anisada en Francia.

1919-1933
Ley seca en los Estados Unidos.

1990
Los vinos del Nuevo Mundo han venido para quedarse.

1923
Creación de la primera destilería de whisky en Japón.

2010
El cóctel «spritz», inventado en Italia, se populariza en Europa.

2016
La cerveza belga entra en la lista del Patrimonio Cultural Inmaterial de la UNESCO.

1976
Los vinos californianos superan a los franceses en una cata a ciegas.

2014
China se convierte en la segunda región vinícola más grande del mundo.

IPA

Sidra de hielo

Vino de California

Bourbon

Mezcal

Ron

Guaro

Pisco

Cachaça

Singani

Torrontés

Carmenere   Malbec

Sauvignon blanc

Itinerario de viaje

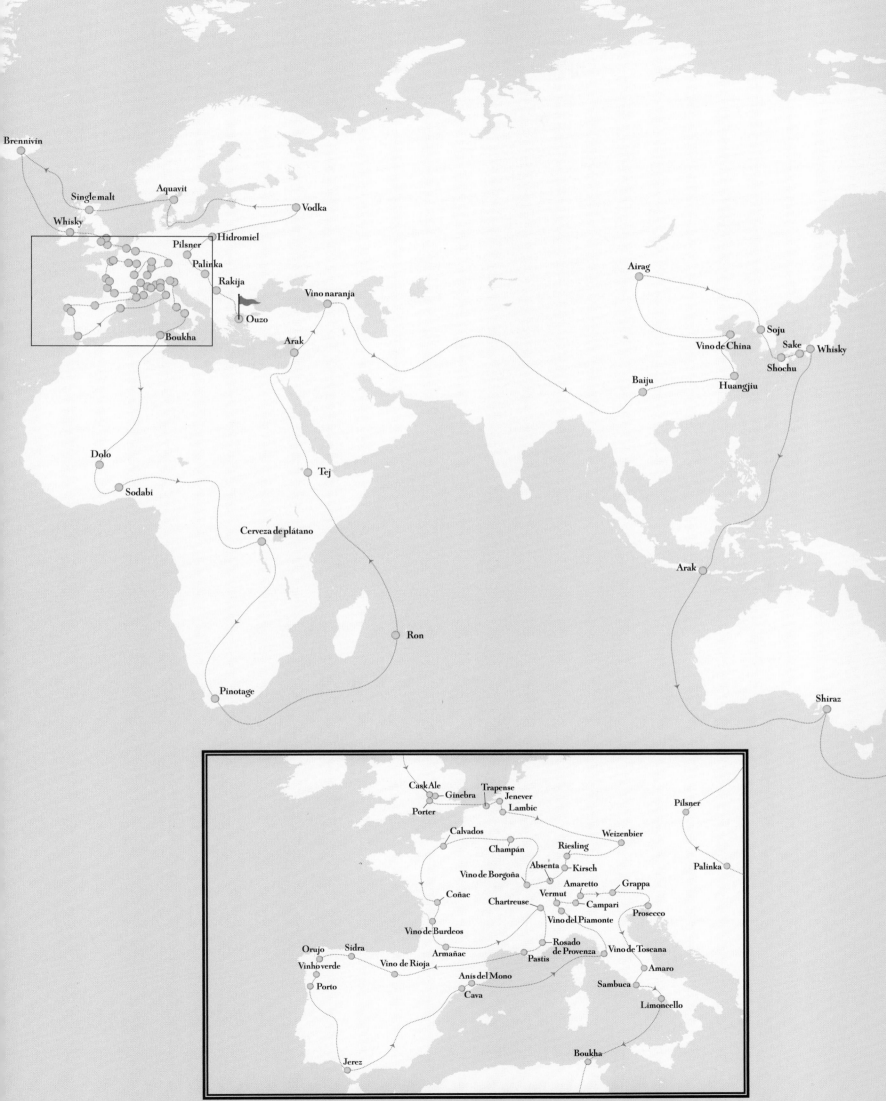

Brennivín

Single malt

Aquavit

Vodka

Whisky

Hidromiel

Pilsner

Palinka

Rakija

Vino naranja

Ouzo

Arak

Airag

Soju

Vino de China

Sake

Whisky

Shochu

Baiju

Huangjiu

Boukha

Dolo

Sodabi

Tej

Cerveza de plátano

Ron

Arak

Pinotage

Shiraz

Cask Ale

Ginebra

Trapense

Jenever

Porter

Lambic

Calvados

Weizenbier

Champán

Riesling

Absenta

Kirsch

Vino de Borgoña

Amaretto

Grappa

Coñac

Vermut

Campari

Chartreuse

Prosecco

Vino del Piamonte

Vino de Burdeos

Rosado de Provenza

Vino de Toscana

Orujo

Sidra

Armañac

Pastis

Amaro

Vinho verde

Vino de Rioja

Anís del Mono

Sambuca

Porto

Cava

Limoncello

Pilsner

Palinka

Boukha

Jerez

13

EUROPA
DEL ESTE

Los países balcánicos se llevan la fama cuando hablamos de alcohol. Estamos en tierras de aguardientes. Entre el tópico y la realidad, los números no mienten. Lituania, Bielorrusia, Moldavia, Rusia, Rumanía y la República Checa son, en ese orden, los seis países con el mayor consumo anual de alcohol per cápita del mundo. Como símbolo de hospitalidad, los anfitriones no dudarán en servir una copita.

Vodka ruso

Hidromiel
polaco

Pilsner checa

Palinka húngara

Rakija de Serbia

Ouzo griego

BEBIDA N.° 1 aguardiente

Ouzo griego

Con un sorbito nos sumergimos de cabeza en las aguas turquesas del Mediterráneo.

Capital
del ouzo

Plomari

Producción anual
(en millones de litros)

3,5

Graduación alcohólica

40 %

Precio de una
botella (70 cl)

15 €

Origen

Lo que tiene de nebuloso el ouzo en el vaso va de la mano con su historia. Las fuentes a menudo divergen y se contradicen en cuanto al origen y el nombre de esta bebida. Una cosa es segura: se obtiene destilando una mezcla de hierbas y semillas con alcohol neutro. La presencia del anís domina, pero también lo acompañan la nuez moscada, el cilantro, el hinojo, el cardamomo o la canela, dependiendo de la receta. El

El ouzo difiere de otros anisados por las etapas de destilación

ouzo difiere de otros anisados por las etapas de destilación. Todos los ingredientes se combinan desde el principio, mientras que en otras bebidas anisadas se añaden aceites esenciales al alcohol en un segundo paso. La temporada de producción anual va de octubre a diciembre. Hay cinco regiones protegidas por denominaciones que garantizan el origen y la tradición: «Ouzo de Mitilene», «Ouzo de Plomari», «Ouzo de Kalamata», «Ouzo de Tracia» y «Ouzo de Macedonia».

Degustación

Los griegos saben gozar de la vida y son unos magníficos anfitriones, y tanto lo primero como lo segundo suele ir acompañado de un trago de ouzo. Normalmente se sirve con hielo, se puede tomar solo o diluido con agua. La elección de los ingredientes ofrece un sinfín de posibilidades aromáticas. La calidad está directamente relacionada con la de las semillas. De la recolección a la conservación, pasando por el lavado (que algunos productores lo hacen con agua del Mediterráneo), cada etapa es decisiva para el desarrollo de los aromas en el vaso. *Yamas!*

> « El ouzo forja
> el espíritu. »

Proverbio griego

Fechas para recordar

1856 → 1989

Apertura de la primera destilería de ouzo.

Una ley estipula que el ouzo debe producirse en Grecia o Chipre para merecer este nombre.

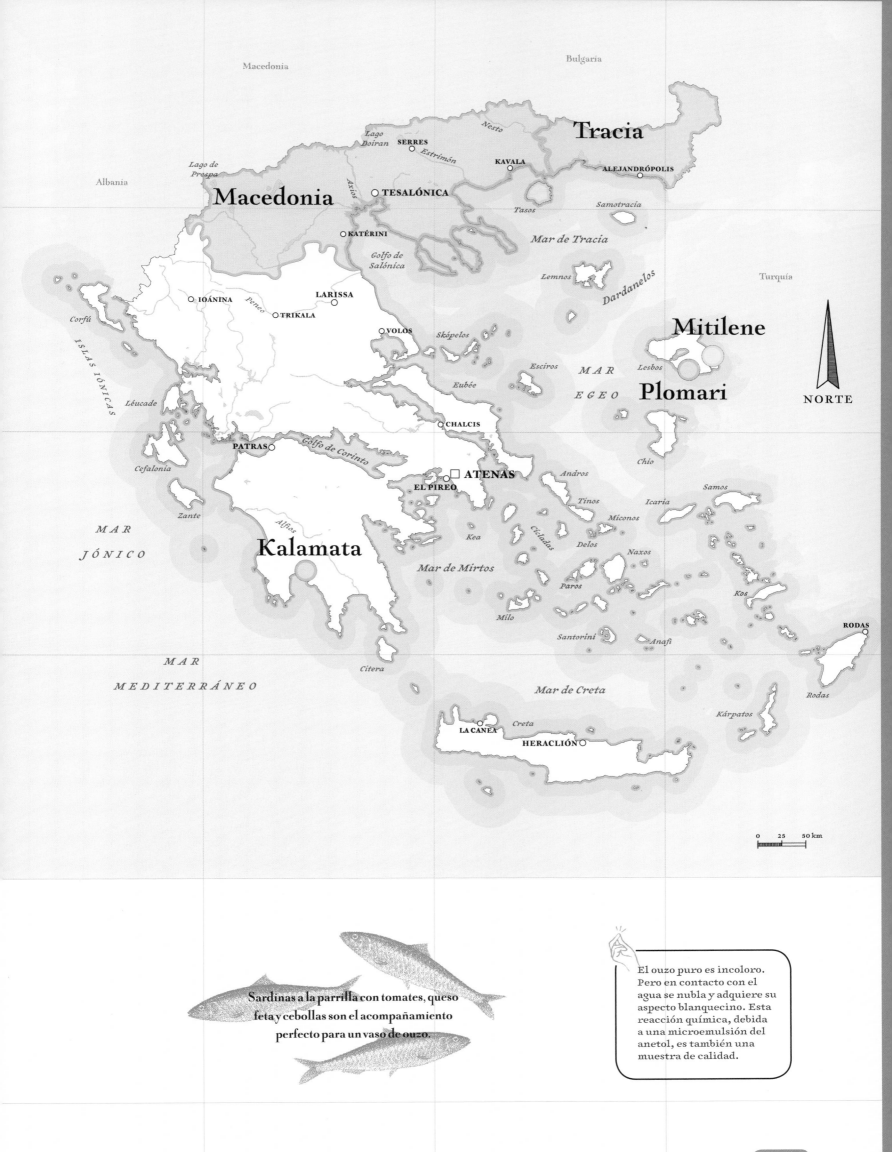

Macedonia

Bulgaria

Lago
Doiran

SERRES

Nesto

Estrimón

Tracia

Lago de
Prespa

KAVALA

ALEJANDRÓPOLIS

Albania

Macedonia

Axios

TESALÓNICA

Tasos

Samotracia

KATÉRINI

Mar de Tracia

Golfo de
Salónica

Lemnos

Turquía

Dardanelos

IOÁNINA

Peneo

LARISSA

TRIKALA

Corfú

ISLAS IÓNICAS

Mitilene

VOLOS

Skópelos

Escíros

M A R

Lesbos

Léucade

Eubée

E G E O

Plomari

NORTE

CHALCIS

Chío

PATRAS

Golfo de Corinto

Cefalonia

ATENAS

Andros

Samos

EL PIREO

Zante

Tínos

Icaria

MAR

Alfios

Kea

Cícladas

Miconos

JÓNICO

Kalamata

Delos

Naxos

Mar de Mírtos

Paros

Kos

Milo

Santorini

Anafi

RODAS

MAR

Citera

MEDITERRÁNEO

Mar de Creta

Kárpatos

LA CANEA

Creta

Rodas

HERACLIÓN

0   25   50 km

Sardinas a la parrilla con tomates, queso
feta y cebollas son el acompañamiento
perfecto para un vaso de ouzo.

El ouzo puro es incoloro.
Pero en contacto con el
agua se nubla y adquiere su
aspecto blanquecino. Esta
reacción química, debida
a una microemulsión del
anetol, es también una
muestra de calidad.

Rakija de Serbia

De las bodas a los funerales, en las películas de Kusturica o en las calles de Belgrado, este aguardiente se ha convertido en un ritual de convivencia ineludible en los Balcanes.

Capital de la rakija

Belgrado

Producción anual (en millones de litros)

35

Graduación alcohólica

40-50 %

Precio de una botella (70 cl)

8 €

Origen

También llamado *rakya* o *rakia*, un nombre probablemente derivado del *raki* turco, se hace destilando el zumo de la fruta fermentada durante dos o tres semanas. La rakija de ciruela es la más común, pero también se elabora con membrillo, pera y otras frutas de la región. Fuera de las ciudades, la mayoría de las familias serbias tienen alambiques y elaboran su propia rakija. Estas destilerías domésticas están autorizadas y muy extendidas, por eso es imposible estimar la producción anual en Serbia. Se produce en casi todos los países balcánicos, pero solo Serbia tiene denominaciones que protegen cinco tipos de rakija según la fruta utilizada.

Degustación

Consejillo para los viajeros que planean un viaje por los Balcanes: pueden ofrecerle un vaso de rakija a cualquier hora del día y cuando el vaso esté vacío, el anfitrión debe y estará encantado de volverlo a llenar. Para pasar un buen rato, tómeselo con calma. Los serbios son muy quisquillosos con eso de brindar.

La rakija no se bebe NUNCA de un trago

Asegúrese de mirar siempre a su anfitrión a los ojos hasta el primer sorbo. Aunque lo sirvan en un vaso de chupito, la rakija no se bebe nunca de un trago. Es mejor beberla a sorbitos. Se prefiere fría en verano y a temperatura ambiente el resto del año. *Živeli!*

> *Quien no tiene su rakija no está preparado para la guerra.*
>
> Proverbio balcánico

Fechas para recordar

s. XIV → **2007**

Llegada de los turcos a la región. Traen consigo su conocimiento del alambique, así como la palabra «raki».

La Unión Europea protege cinco tipos de rajika serbia.

Hungría

Rumanía

Croacia

NOVI SAD

NORTE

Belgrado

Bosnia-
Herzegovina

KRAGUJEVAC

NIŠ

Montenegro

PODUJEVO

PRISTINA

Bulgaria

UROSEVAC

PRIZREN

Macedonia

0   25   50 km

Existen al menos
10 000 productores de
rakija en Serbia, pero
solo se comercializan
100 marcas a través de
los canales de distribución
tradicionales.

Los diferentes tipos de rakija

Medovaca

RAKIJA DE MIEL

Dunjevaca

RAKIJA DE MEMBRILLO

Jabukovaca

RAKIJA DE MANZANA

Šljivovica

RAKIJA DE CIRUELA

Kruškovaca

RAKIJA DE PERA

Palinka húngara

En Hungría puede llegar a hacer muchísimo frío. Pero no se preocupe, los húngaros lo tienen todo previsto para calentarse. Palinka: ¿aguardiente o agua de fuego?

Capital del palinka

Budapest

Producción anual (en millones de litros)

1,5

Graduación alcohólica

37,5-70 %

Precio de una botella

35 €

> " *Cualquier cosa con la que se haga mermelada vale para hacer palinka.* "
>
> Proverbio húngaro

Origen

La primera mención de la destilación de frutas en la región hace referencia a un aguardiente destinado al rey Carlos I de Hungría y a su esposa, bajo prescripción médica, para tratarle la artrosis. ¡Viva la medicina del siglo XIV! El término «palinka» surgió tres siglos después. Su etimología

El zumo de las frutas se fermenta y luego se destila

es de origen eslavo y cercana al *pálit* eslovaco, que significa 'destilar'.

En aquella época se usaba la fruta que no se había vendido o consumido. El clima húngaro ofrece numerosas horas de sol, ideal para la producción de frutas ricas en azúcar y, por lo tanto, ideales para la destilación. El palinka puede destilarse de ciruelas (*szilva*), manzanas (*alma*), peras (*körte*), albaricoques (*barack*), membrillos con manzana o pera (*birsalma* y *birskörte*) o cerezas (*cseresznye*). El zumo de las frutas se fermenta y luego se destila, sin añadir alcohol ni aromatizantes. El palinka con más graduación se denomina *kerítésszaggató*, que significa

literalmente «rompe cercas». Otra anécdota lingüística: el palinka de maña calidad se llama *guggolós*, que significa «encorvado», como la postura que adoptará cuando pase por debajo de las ventanas de la casa donde se lo dieron por última vez, para evitar que le vuelvan a invitar.

Degustación

Como todos los espirituosos, el palinka puede degustarse a temperatura ambiente. Al igual que con el tequila, hay dos formas de tomarlo: a base de chupitos para su «despedida de soltero» o a sorbitos antes o después de la comida, como hacen la mayoría de húngaros. Dada su graduación, recomendamos la segunda opción. El líquido oscila de incoloro a color miel, aunque el envejecimiento en barrica o en un lecho de fruta puede darle un color más oscuro, anaranjado.

Los mejores palinkas son los de reserva: la fecha de recolección de la fruta aparece en la etiqueta de la botella. En octubre se celebra en Budapest el festival «Salchicha y palinka».

¡Menudo programa! *Egészségedre!*

Fechas para recordar

1332 → **s. XVII** → **2004**

La primera mención al aguardiente destinado al Rey Carlos I de Hungría.

Aparición de la palabra «palinka» en Hungría.

Hungría, junto con cuatro condados de Austria, obtiene de la Unión Europea los derechos exclusivos del nombre comercial «palinka».

Palinka de albaricoque
de Gönc

Palinka de ciruela
de Szatmár

Palinka de marc
de Pannonhalma

Palinka de guinda
de Újfehértó

Palinka de manzana
de Szabolcs

MISKOLC

EGER

BUDAPEST

Lago Tisza

DEBRECEN

Eslovaquia

Austria

*Lago de
Neusiedl*

SOPRON

GYÖR

TATABÁNYA

SZÉKESFEHÉRVÁR

VESZPRÉM

Raba

SZOMBATHELY

SZOLNOK

Körös

Rumanía

DUNAÚJVÁROS

Danubio

KECSKEMÉT

Lago Balatón

Zala

ZALAEGERSZEG

Palinka de albaricoque
de Kecskemét

BÉKÉSCSABA

Palinka de ciruela
de Békés

NAGYKANIZSA

KAPOSVÁR

SZEGED

Eslovenia

Palinka de pera
de Göcsej

PÉCS

Drave

Croacia

Serbia

NORTE

0   20   40   60 km

PERA AL CUADRADO

- 10 cl de palinka de pera
- 5 cl de zumo de limón
- 5 cl sirope de azúcar de caña
- 15 cl de puré de pera
- 1 ramita de menta

*Mezcle todos los ingredientes excepto
la menta con hielo en una coctelera.*

Sirva en el vaso.

Decore con unas hojas de menta.

DESDE BUDAPEST
CON AMOR

- 5 cl de whisky irlandés
- 2,5 cl de palinka de cereza
- ½ limón
- ½ clara de huevo
- un pellizco de azúcar glasé
- 2 gotas de angostura

Exprima el limón en una coctelera.

*Añada todos los ingredientes excepto
la angostura y remueva con hielo.*

Sirva en la copa.

Añada dos gotas de angostura.

Una botella de palinka
cuesta unos 35 €.
No intente ahorrar
demasiado: por debajo de
ese precio, su estómago
puede pasarle factura.

Pilsner checa

Es hora de conocer el estilo de cerveza más copiado y extendido del mundo. Su descubrimiento fue un punto de inflexión en la historia de la industria cervecera.

Capital de la pilsner

Plzeň
(Pilsen)

Producción anual
(en millones de litros)

2000

Graduación alcohólica

4-6 %

Precio de una botella

2 €

> Una buena cerveza se distingue al primer sorbo. Los siguientes nos ayudan a estar seguros.
>
> Proverbio checo

Origen

En 1838, en el municipio checo de Plzeň (Pilsen), se destruyeron deliberadamente en la calle treinta y seis barriles de cerveza tipo ale en protesta por la mala calidad de la espuma. Fue sin duda la primera manifestación de la historia en pro de una buena cerveza. Como respuesta, los cerveceros le dieron un par de vueltas a la cabeza y se organizaron para producir una cerveza más estable. En aquellos años, los estudios de Louis Pasteur y Theodor Schwann probaron el papel esencial de la levadura durante la fermentación para transformar el azúcar en alcohol. Gracias a estos descubrimientos y mediante una fermentación a baja temperatura (entre 5 y 10 °C), Josef Groll elaboró la primera cerveza clara de la historia en 1842. ¡El éxito fue inmediato! Combinando la fermentación en frío y la pasteurización, la pilsner se convirtió en una de las cervezas más estables y seguras. Se conserva más tiempo y el riesgo de contaminación es extremadamente bajo. No es de extrañar que este estilo de cerveza, que cumple con el doble reto del equilibrio y la estética, se ganara rápidamente a los cerveceros industriales.

Degustación

Pilsner pertenece a las «lagers», una de las tres principales familias de la cerveza. Es cristalina, de color dorado, con poco lúpulo, ligera y fácil de beber. Varias microcerveceras intentan devolver su reputación a este estilo,

Cerveza ligera y fácil de beber

que se ha convertido en sinónimo de una simple «rubia». Una pilsner «sin filtrar» no está pasteurizada, esta variante tiene un carácter más pronunciado y por lo tanto más interesante. *Na zdraví!*

Fechas para recordar

s. V	1842	1873	2019
Vestigios de cultivo de lúpulo en el oeste del país.	Josef Groll elabora la primera pilsner de la historia.	Creación de la asociación de cerveceros checos.	El 80 % de las cervezas que se fabrican en el mundo son pilsners.

NORTE

Liberec

Ústí nad Labem
DECÍN
ÚSTÍ NAD LABEM
TEPLICE
MOST
CHOMUTOV

LIBEREC

Hradec Králové
HRADEC
KRÁLOVÉ
PARDUBICE

Moravia-
Silesia
OPAVA
OSTRAVA
HAVÍŘOV
FRYDEK-
MÍSTEK

Karlovy
Vary
KARLOVY VARY

Praga
KLADNO
PRAGA
Elbe

Pardubice

Olomouc
Moravice
OLOMOUC
Morava

Pilsen
PLZEN
Berounka
Radbuza
Vltava
Sázava

Bohemia Central

Vysocina
JIHLAVA

ZLÍN

Bohemia del Sur
ČESKÉ
BUDĚJOVICE
Lago
de Lipno

BRNO

Moravia
del Sur

Zlín

Alemania

Polonia

Austria

Eslovaquia

- más de 60
- de 40 a 60
- de 20 a 40
- de 0 a 20

NÚMERO DE FÁBRICAS
DE CERVEZA POR REGIÓN

0 30 60 km

Los checos son los mayores consumidores de cerveza per cápita. Para su información, una pinta en un bar de Praga cuesta de media 1,55 €. ¿A qué espera para reservar sus billetes?

**Otros estilos
10 %**

**Pilsner
90 %**

ESTILOS DE CERVEZA
EN LA REPÚBLICA CHECA

**Louis Pasteur
(1822-1895),
científico francés**

Los estudios del investigador abrieron nuevas posibilidades para los cerveceros europeos.

1857: prueba y describe la acción de las levaduras durante la fermentación alcohólica.

1876: preconiza una fermentación sin ningún contacto con el aire.

Una cerveza se «pasteuriza» cuando el calor destruye ciertos microorganismos, así se consigue una mejor conservación.

Hidromiel polaco

Las abejas son fascinantes. La fermentación, también. Así que, por supuesto, el hidromiel es fascinante. Nos vamos a Polonia para descubrir una de las bebidas alcohólicas más antiguas de la humanidad.

Producción anual (en millones de litros)

1,4

Graduación alcohólica

10-16 %

Precio de una botella

15 €

Origen

Sus raíces etimológicas se remontan al griego *hydro* («agua») y al latín *mellis* («miel»). Las abejas llevan haciendo miel desde hace 150 millones de años, pero hasta que unos curiosos no empezaron a experimentar con ella, no surgió una bebida alcohólica. Los primeros indicios de producción de hidromiel nos llegan de la Edad del Bronce

El hidromiel se obtiene al diluir la miel en agua

(3000-1000 a. C.), de una región del norte de Europa correspondiente a la actual Dinamarca. Es una bebida fermentada que se obtiene al diluir la miel en agua y esa mezcla se fermenta durante varios meses. Hay al menos 20 000 especies de abejas en todo el mundo, tres veces más que el número de variedades de uva. Entre las especies de abejas, las variedades de plantas forrajeras, el suelo y los métodos de producción, las combinaciones son literalmente infinitas.

Degustación

Es obvio que la calidad de la miel es decisiva para la calidad de la bebida. Las mieles de acacia, colza y girasol se prefieren por su sutil base aromática. En invierno, en Polonia, la gente bebe hidromiel caliente con clavo y un poco de canela. En verano, se añade hielo y cáscara de limón. Cuando lo pruebe, cierre los ojos y piense que es la única bebida alcohólica en la que un insecto desempeña un papel fundamental. *Na zdrowie!*

> *El vino viene de la tierra fangosa y gris, el hidromiel viene del cielo.*
>
> Sebastian Fabian Klonowicz, poeta polaco

Fechas para recordar

6000 a. C. → **350** a. C. → **2008**

Primeros vestigios arqueológicos de una fermentación hecha con miel.

Aparece una receta de hidromiel en los escritos de Aristóteles.

Cuatro hidromieles polacos obtienen una denominación de la Unión Europea.

Variedades de hidromiel polaco (*miód pitny*)

Czwórniak

Elaboración con una parte de miel por tres de agua

Envejecimiento mínimo de 9 meses

Trójniak

Elaboración con una parte de miel por dos de agua

Envejecimiento mínimo de 1 año

Dwójniak

Elaboración con una parte de miel por una de agua

Envejecimiento mínimo de 2 años

Półtorak

Elaboración con dos partes de miel por una de agua

Envejecimiento mínimo de 3 años

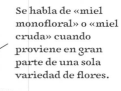

La mayoría de abejas no produce miel.

Se habla de «miel monofloral» o «miel cruda» cuando proviene en gran parte de una sola variedad de flores.

Hay al menos 20 000 especies de abejas en todo el mundo.

Las hembras son la columna vertebral de una colmena. El único papel de los machos es la fecundación de las futuras reinas.

Como las hormigas o las termitas, las abejas de la miel son insectos sociales y viven en una comunidad de varios miles de individuos: la colonia.

Las abejas

La expresión «luna de miel» se refiere a una antigua tradición de celebrar bodas consumiendo hidromiel. La costumbre ha desaparecido, pero la expresión permanece.

Derivados del hidromiel

Chouchen

Bebida elaborada en Bretaña a partir de miel y zumo de manzana

Braggot

Bebida hecha de una mezcla de cerveza y miel

Black mead
«Hidromiel negro»

Bebida elaborada a base de miel y grosella

BEBIDA
N.°
6
aguardiente

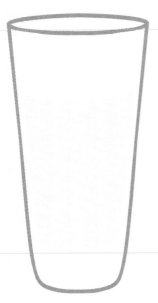

Vodka ruso

Cuando alguien dice «vodka», inmediatamente pensamos en Rusia». Este gigantesco país está íntimamente ligado a su bebida nacional. Pero cuidado con los clichés.

**Capital
del vodka**

Moscú

**Producción anual
(en millones de litros)**

2000

Graduación alcohólica

37,5 %

**Precio de una
botella (70 cl)**

28 €

Origen

El vodka se traduce literalmente como «agüita». En las lenguas eslavas, *voda* significa «agua» y *ka* tiene valor de diminutivo cariñoso. Mucha gente piensa que el vodka es una bebida hecha con patatas. No es tan sencilla la cosa. Se trata de una bebida espirituosa producida a partir del azúcar extraído del almidón, un azúcar que sirve de reserva glucídica de las plantas. Eso significa que todo lo que contenga almidón puede utilizarse para hacer vodka. La cebada, el centeno, la patata o la remolacha son los componentes más utilizados para su destilación. En Rusia, durante varios siglos, el vodka ha sido un *enfant terrible* que el Estado ha tratado de apropiarse por su rentabilidad o de boicotear por los daños causados en el Ejército.

El vodka es el licor más consumido en el mundo

Degustación

«Degustar» no es la primera palabra que viene a la mente cuando hablamos de vodka. Esta bebida «blanca» suele asociarse más a los botellones que a las mesas de postín. Esta mala reputación procede de cuarenta años de producción industrial y de (muy) baja calidad. Sin embargo, hay vodkas que pueden hacerle cambiar de opinión. Si consigue una botella de más de 25 €, se sorprenderá del abanico de sabores y sensaciones que ofrece esta bebida subestimada. El vodka puede beberse solo, pero su neutralidad lo convierte en una buena base de cócteles.

Si visita Rusia, está obligado a probarlo. Verá bares que lo ofrecen en chupito, en un vasito de plástico, por 60 céntimos. *Na Zdorov'ye!*

> *El vodka solo debe beberse en dos ocasiones: cuando se come y cuando no se come.*
>
> Proverbio ruso

Fechas para recordar

1431 → **1751** → **1950** → **1992**

Primera destilación de un aguardiente de cereales.	Primera mención oficial del término «vodka».	Aprovechando la moda de los cócteles, el vodka se extiende por todo el mundo.	Fin del monopolio del Estado soviético en la fabricación de vodka.

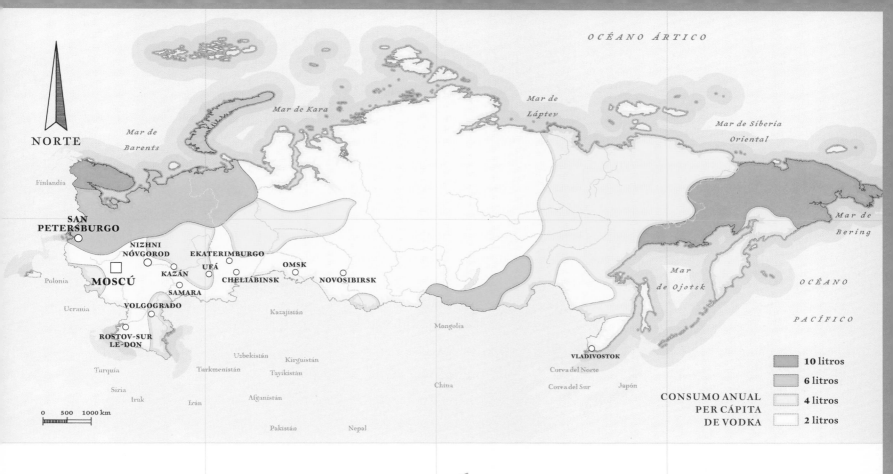

OCÉANO ÁRTICO

NORTE

Mar de Barents

Mar de Kara

Mar de Láptev

Mar de Siberia Oriental

Mar de Bering

Finlandia

SAN PETERSBURGO

NIZHNI NÓVGOROD

EKATERIMBURGO

MOSCÚ

KAZÁN

UFÁ

OMSK

Polonia

CHELIÁBINSK

NOVOSIBIRSK

SAMARA

VOLGOGRADO

Ucrania

ROSTOV-SUR LE-DON

Kazajistán

Mongolia

Mar de Ojotsk

OCÉANO PACÍFICO

Turquía

Uzbekistán

Kirguistán

Turkmenistán

Tayikistán

VLADIVOSTOK

Corea del Norte

Siria

Irak

Irán

Afganistán

China

Corea del Sur

Japón

Pakistán

Nepal

0   500   1000 km

CONSUMO ANUAL PER CÁPITA DE VODKA

▮	10 litros
▮	6 litros
▯	4 litros
▯	2 litros

WHITE RUSSIAN

• 4 cl de vodka

• 4 cl de licor de café

• 2 cl de leche

• 2 cl de nata líquida

Llene un vaso con hielo.

Añada todos los ingredientes.

Decore con tres granos de café.

BLOODY MARY

• 5 cl de vodka

• 10 cl de zumo de tomate

• 1 cl de zumo de limón

• 1 chorrito de Tabasco

• 1 pizca de sal y pimienta

• 1 rama de apio

Llene un vaso con hielo.

Ponga el zumo de limón, el Tabasco, la pimienta y la sal.

Añada el zumo de tomate y el vodka.

Decore con un tallo de apio.

En los últimos años, los rusos están abandonando los licores para inclinarse más por la cerveza o el vino.

Las fuentes divergen en cuanto al origen de esta bebida: Rusia o Polonia. Esta paternidad se disputa apasionadamente a ambos lados de la frontera. ¿Llegará el día que se sepa?

Las diferentes materias primas

CENTENO: Es un cereal extremadamente resistente. Por eso se asentó en los países del norte de Europa, donde los inviernos son duros. El centeno sigue siendo el principal ingrediente de los mejores vodkas rusos.

TRIGO: Más accesible y barato que el centeno, es ideal para la producción en masa. Brinda aromas de limón, anís y pimienta.

CEBADA: No muy extendida en Rusia. Popular en los vodkas finlandeses e ingleses. Produce un vodka más ligero que el de centeno.

MAÍZ: Típico vodka americano. Brinda aromas de mantequilla y maíz cocido.

PATATA: Antaño, el vodka se hacía con las mondas de patata. Actualmente, solo el 2 % de los vodkas usan este ingrediente.

Brennivín
de Islandia

Aquavit
escandinavo

Single malt
escocés

Whisky
irlandés

Cask ale
británica

Porter
inglesa

Trapense
belga

Jenever de los
Países Bajos

Ginebra
inglesa

Lambic
de Bruselas

Riesling
del Rin

Weizenbier
alemana

Kirsch de
la Selva Negra

Absenta
suiza

EUROPA DEL NORTE

Parece que los vikingos y los celtas tenían sus propias pociones mágicas que les dieran fuerza para enfrentarse al mar y a sus peligros. Explorar las bebidas de esta zona de Europa significa abrir las puertas de los monasterios trapenses, pasear por los huertos de la Selva Negra, sentarse en un pub inglés y despertarse en una destilería escocesa. El Reino Unido, donde predomina la malta, puede presumir de haber encumbrado tres bebidas mundialmente famosas: la cerveza, la ginebra y el whisky.

Aquavit escandinavo

A medio camino entre la ginebra y el vodka, el aquavit es un aguardiente de patata o de cereales aromatizado con hierbas.

Producción anual (en millones de litros)

10

Graduación alcohólica

40 %

Precio de una botella (70 cl)

25 €

> *El aquavit ayuda al pescado a bajar al estómago.*
>
> Proverbio danés

Origen

Entre el Mar del Norte y el Báltico, en esos países donde la reina es la naturaleza, el aquavit es el rey. Etimológicamente, su nombre proviene del latín *aqua vitae* que significa «agua de vida». Como muchas bebidas espirituosas, el aquavit se usaba como bebida medicinal. Tanto es así que en el siglo XVI se le atribuía el poder de curar... ¡el alcoholismo! ¡Qué pájaros son estos escandinavos! Noruega, Suecia y Dinamarca comparten una historia común: el aquavit apareció antes que las fronteras actuales. Los suecos y daneses producen aquavit con cereales, mientras que los noruegos utilizan la patata como materia prima. Estos últimos también la envejecen en barriles, lo que da un color más ámbar a la bebida. El museo del vino y los espirituosos de Estocolmo tiene más de 200 canciones festivas dedicadas al aquavit. No es de extrañar que esta bebida siga asociada con la Pascua y la Navidad.

Degustación

Una vez obtenido el alcohol neutro, se aromatiza con alcaravea (comino de prado), eneldo, anís o cilantro. A veces se utilizan varias hierbas en la producción de la misma botella. La paleta aromática es por lo tanto muy amplia. En Suecia, el aquavit se toma en un vasito, con una pinta de cerveza como acompañamiento. Marida perfectamente con el salmón o el pescado ahumado. El aquavit envejecido en barrica se toma a temperatura ambiente y el que no está envejecido se toma frío. *Skol!*

> **La paleta aromática es muy amplia**

Fechas para recordar

1531 → **2011**

Primer registro escrito de la existencia del aquavit.

Creación de la denominación «aquavit noruego».

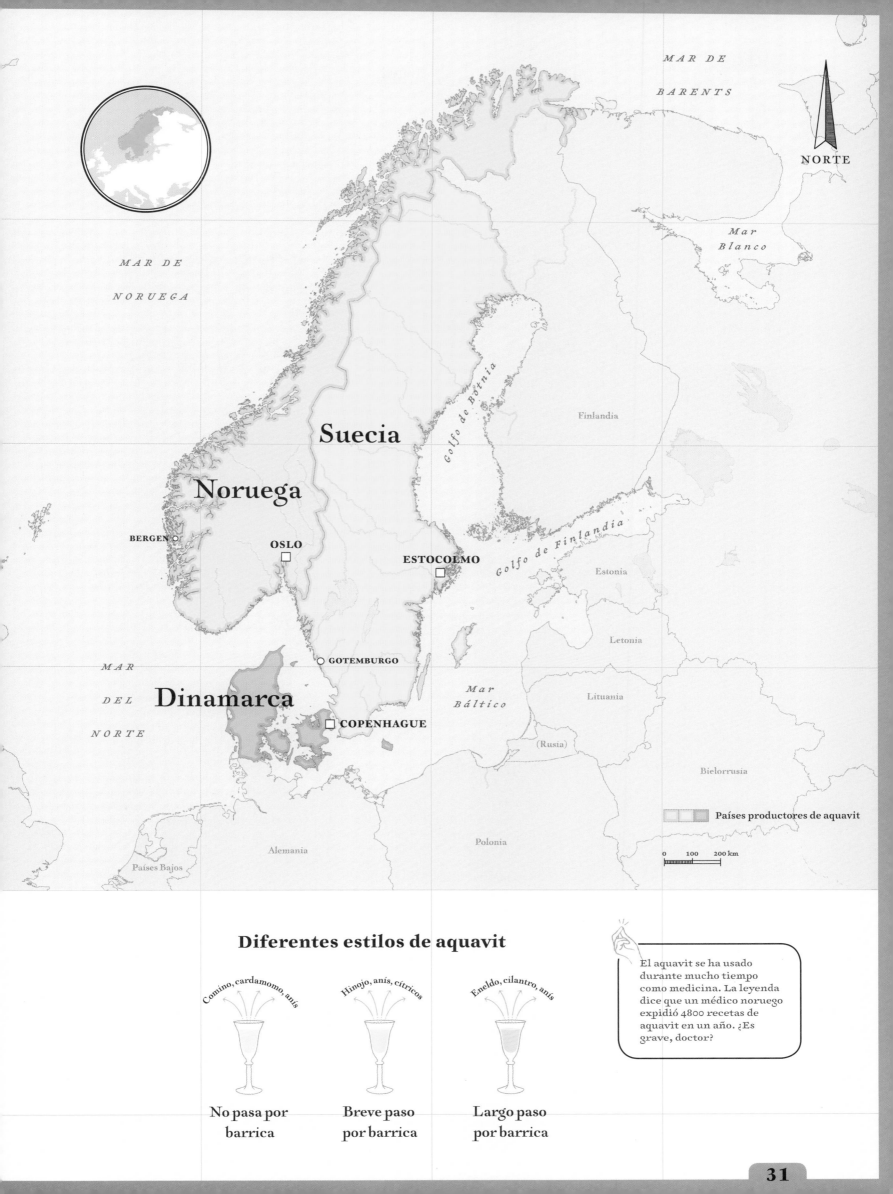

MAR DE BARENTS

NORTE

MAR DE NORUEGA

Mar Blanco

Golfo de Botnia

Finlandia

Suecia

Noruega

BERGEN ○

OSLO □

ESTOCOLMO □

Golfo de Finlandia

Estonia

MAR DEL NORTE

GOTEMBURGO ○

Dinamarca

Letonia

Mar Báltico

Lituania

COPENHAGUE □

(Rusia)

Bielorrusia

Países productores de aquavit

Alemania

Polonia

0   100   200 km

Países Bajos

Diferentes estilos de aquavit

Comino, cardamomo, anís

Hinojo, anís, cítricos

Eneldo, cilantro, anís

El aquavit se ha usado
durante mucho tiempo
como medicina. La leyenda
dice que un médico noruego
expidió 4800 recetas de
aquavit en un año. ¿Es
grave, doctor?

No pasa por
barrica

Breve paso
por barrica

Largo paso
por barrica

Single malt escocés

En el norte del Reino Unido, esta nación de poco más de cinco millones de habitantes elabora dos tercios de la producción mundial de whisky y domina la etapa reina: el single malt.

Capital del single malt

Dufftown

**Producción anual
(en millones de litros)**

27

Graduación alcohólica

35-55 %

Precio de una botella

50 €

> *La creencia popular de que el whisky mejora con la edad es correcta. Cuanto más viejo me hago, más me gusta el whisky.*
>
> Ronnie Corbett, actor escocés

Origen

Aunque los escoceses no inventaron el whisky, cuyo nacimiento parece ser que se produjo en Irlanda, puede decirse que lo llevaron a su quintaesencia. Fueron los primeros en trabajar con las nociones de *terroir* y, al establecer un sistema de denominaciones regionales, el país demostró rápidamente su deseo de excelencia y meticulosidad.

El whisky se presenta como el rey de los espirituosos

El whisky se presenta como el rey de los espirituosos y los especialistas coinciden en que el single malt sigue siendo su expresión más pura, como un Grand Cru si hablamos de vino. Un single malt es un whisky producido exclusivamente con cebada malteada. El calificativo single indica que se ha producido en una sola destilería. La cebada es un cereal repleto de almidón, que se transformará en azúcares fermentables por la acción de las enzimas liberadas durante el malteado.

El maestro bodeguero selecciona una serie de barriles que se mezclarán para producir un single malt. La edad indicada en una botella es la del barril más joven usado para hacer la mezcla.

Degustación

Olvide por un rato los libros de cócteles: el single malt se bebe solo. El whisky es sobre todo una cuestión de tiempo. Piense en la edad del alambique por el que ha pasado su néctar. En el número de años que pasó después en barriles en suelo escocés antes de terminar en su salón. Piense en la turba blanca, tomada del suelo, que tarda 3000 años en formarse. Y el agua del manantial, esencial para la producción de whisky, que corre desde el principio de los tiempos. En su vaso hay mucho más que cebada malteada destilada: hay historia. *Cheers!*

Fechas para recordar

432	1579	1826	1920
Primer registro escrito de la existencia del whisky en un documento tributario escocés.	Una ley del Parlamento escocés reserva el derecho de destilación a los nobles.	Invención del alambique tal como lo conocemos por el escocés Robert Stein.	La ley seca en los Estados Unidos y la Gran Depresión provocan una caída de las exportaciones y una explosión del comercio ilegal en Escocia.

Los aromas del single malt

DALMORE
King Alexander III
HIGHLANDS

Melocotón, pomelo, cítricos, nuez,

LAGAVULIN
16 años y 43 %
ISLAY

Lila, clavo, albaricoque, cuero

BALVENIE
Caribbean Cask
SPEYSIDE

Miel, cereales, caramelo, vainilla

GLENKINCHIE
12 años
LOWLANDS

Caramelo, chocolate, mandarina, vainilla

SPRINGBANK
15 años
CAMPBELTOWN

Chocolate negro, caramelo, cítricos, cuero,

La ley del Scotch Whisky Act establece que el whisky, para tener derecho a la denominación «scotch», debe ser destilado y envejecido en Escocia durante tres años como mínimo.

Brennivín de Islandia

A las puertas del Círculo Polar Ártico, Islandia tiene aires de fin del mundo. Y su bebida nacional abrasa tanto como sus volcanes.

Capital del brennivín

Reikiavik

Producción anual (en litros)

200 000

Graduación alcohólica

37,5 %

Precio de una botella

40 €

Islandia, tierra de hielo y fuego.

Expresión popular

Origen

En islandés, brennivín significa «vino quemado», aunque esta bebida no tiene nada que ver con el vino, ya que se obtiene por destilación de patatas y se aromatiza con semillas de alcaravea, una planta también conocida como comino de prado. El brennivín es, por lo tanto, primo del aquavit escandinavo, lo que puede explicarse por los vínculos históricos entre estas dos regiones: los vikingos. El comienzo del siglo XX se caracterizó por una prohibición similar a la de los Estados Unidos para combatir el alcoholismo (1915-1935). Posteriormente, el gobierno islandés impuso etiquetas negras para que las botellas no fueran demasiado «atractivas». Las marcas se sometieron a las reglas, pero se produjo el efecto contrario: los islandeses y los turistas se pirran por estas botellas oscuras. ¡Vaya publicidad!

Degustación

No le vamos a mentir, esta bebida es tan ruda como los inviernos islandeses. Los marineros del país, gente con hielo en las venas y sin miedo, lo apodaron «la muerte negra», lo que da una idea de su poderío. Lo ideal es beberlo bien helado, en un vaso de chupito. El brennivín puede llegar a ser más interesante que un simple vodka por su aroma a comino, que puede revelar notas anisadas, así como su final ligeramente dulce.

> Tan rudo como los inviernos islandeses

Para redondearlo, acompañe el chupito con un filete de tiburón fermentado: un clásico de la gastronomía islandesa. Agárrese, el primer chupito es el más difícil. *Skál!*

Fechas para recordar

870	→	s. XV	→	1915-1935
Los vikingos fueron los primeros en colonizar la isla.		Primer vestigio de destilación de brennivín.		Período de prohibición en Islandia.

NORTE

Mar de Groenlandia

Estrecho de Dinamarca

Grímsey

Flatey

Bakkaflói

BOLUNGARVÍK
○ ÍSAFJÖRDUR   NORDHURFJÖRDHUR ○   ○ DALVÍK   ○ HÚSAVÍK

Húnaflói   ○ SAUDÁRKRÓKUR   *Héradhsflói*

BLÖNDUÓS ○   AKUREYRI ○   ○ GRÍMSSTAÐIR   FOSSVELLIR ○

○ LAUGARBAKKI   ○ EGILSTAÐIR

Breiðafjördur

○ VEGAMÓT   *Glaciar Langjökull*   *Glaciar Hofsjökull*

○ BORGARNES   *Glaciar Vatnajökull*

Faxaflói   ○ HÖFN

AKRANES ○   **Reikiavik**

KÓPAVOGUR ○   ○ SKAFTAFELL

KEFLAVÍK ○   HAFNARFJÖRÐUR ○

GRINDAVÍK ○   SELFOSS ○   ○ HELLA   *Glaciar Mýrdalsjökull*

Heimaey   ISLAS VESTMAN   VÍK ○

Surtsey

OCÉANO ATLÁNTICO

0   50   100 km

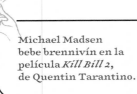

Michael Madsen
bebe brennivín en la
película *Kill Bill 2*,
de Quentin Tarantino.

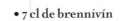

HERB & ORANGE

- 7 cl de brennivín
- 10 cl de zumo de naranja
- 10 cl de limonada
- romero

*Mezcle el brennivín y el zumo de naranja
con hielo en una coctelera.*

Sirva en el vaso.

Acabe de llenar con la limonada.

Decore con una ramita de romero.

ICED COFFEE

- 5 cl de brennivín
- 5 cl de ron
- 5 cl de café
- 15 cl de zumo de pomelo
- menta

*Mezcle todos los ingredientes
con hielo en una coctelera.*

Sirva en el vaso.

*Decore con unas hojas
de menta.*

Whisky irlandés

Antes de caer de su pedestal, la isla Esmeralda marcaba el ritmo en el mundo del whisky.

Capital del whisky irlandés

Dublín

Producción anual (en millones de litros)

100

Graduación alcohólica

40-50 %

Precio de una botella (70 cl)

35 €

Origen

Se cree que fueron los monjes irlandeses quienes llevaron un utensilio para destilar a tierras irlandesas. Los ingleses estaban convencidos de que los combatientes irlandeses obtenían su fuerza de cierta bebida destilada de los cereales. La ley seca los Estados Unidos (1920-1933) fue un duro golpe para la industria irlandesa del whisky, que perdió su principal mercado. Hubo que esperar hasta después de la Segunda Guerra Mundial y los acuerdos del Mercado Común Europeo (1966) para que las destilerías revivieran. Los cereales utilizados son los mismos que en Escocia, pero la producción se caracteriza por la ausencia de turba, el uso de cebada sin maltear y la triple destilación.

Degustación

Cuando sale del alambique, el whisky es incoloro. Por lo tanto, el paso por las barricas y el tiempo de envejecimiento es lo que le dará su color a esta ambrosía. La profundidad de los colores no es sinónimo de calidad, tan solo ayuda al consumidor a orientarse en los estilos. Algunos amantes del whisky consideran que no se debe agregar nada al whisky para no desnaturalizarlo. Y sin embargo, muchos profesionales a menudo añaden un chorrito de agua al catarlo. El agua pura tiene un efecto revelador y «abre» el whisky para permitirle disfrutar de todos sus aromas, ya que el hielo pude paralizarlos. Si hace mucho calor, es mejor enfriar la botella y/o el vaso durante unos minutos en la nevera. La triple destilación ofrece un whisky particularmente afrutado. *Cheers!*

> **La triple destilación ofrece un whisky afrutado**

> « *Lo que la mantequilla y el whiskey no pueden curar, es incurable.* »
>
> Proverbio irlandés

Fechas para recordar

1200	→	1608	→	1826	→	1950
Los misioneros trajeron a Irlanda de sus viajes la técnica de la destilación.		El condado de Antrim, en Irlanda del Norte, obtiene la primera licencia oficial de destilación.		Robert Stein inventa el sistema de destilación continua de alcohol de grano: el alambique de columna.		La *Irish Whiskey Act* fijó las condiciones necesarias para solicitar la denominación «Irish whiskey».

MAPA DE LAS DESTILERÍAS IRLANDESAS

OCÉANO ATLÁNTICO NORTE

NORTE

Canal del Norte

Bushmills Dist.

Niche Drinks

Sliabh Liag Dist.

IRLANDA DEL NORTE (R.U.)

Belfast Dist. Co.

○ BELFAST

Echlinville Dist.

Nephin

○ SLIGO

Rademon Estate Dist.

Lough Gill Dist.

The Connacht Whiskey Company

Great Northern Dist.

Boann Dist.

○ DUNDALK

The Shed Dist.

Cooley Dist.

Slane Castle Dist.

NAVAN ○

DROGHEDA

Teeling Whiskey Co.

Irish Fiddler Whiskey

Kilbeggan Dist.

Dublin Whiskey Dist.

○ SWORDS

□ DUBLÍN

Debemos a los ingleses el nombre «whiskey», que evolucionó así: *uisce, fuisce, uiskie, whisky*. Se dice «whiskey» en Irlanda y en los Estados Unidos, «whisky» en el resto del mundo.

GALWAY ○

Alltech Dist.

NAAS ○

BRAY ○

Dublin Whiskey Co.

Tullamore Dew

Glendalough Dist.

Burren

○ ENNIS

○ CARLOW

Chapel Gate

○ LIMERICK

KILKENNY ○

Walsh Whiskey Dist.

Tipperary Dust.

Kilkenny Whisky Dist.

Dingle Dist

○ TRALEE

Blackwater Dist.

○ WATERFORD

Kilmacthomas

Clonakilty Whisky Co.

Renegade Spitits

Gortinore Dist.

MAR DE IRLANDA

Dúchas Dist.

○ CORK

Irish Distillers

MAR CÉLTICO

0 30 60 km

Cuatro expresiones del whisky irlandés

Grosella, baya rosa, melocotón, madera quemada

Redbreast 12 años

Destilería Midleton

PURE POT STILL

Mezcla de cebada malteada y cebada sin maltear destilada en un «pot still»: un alambique de vaso

Vainilla, miel, limón, regaliz

Bushmills 10 años

Destilería Old Bushmills

SINGLE MALT

100 % cebada, producido en una sola destilería

Uva, miel, caramelo, vainilla

Teeling Single Grain

Destilería Teeling Whiskey Co.

SINGLE GRAIN

Mezcla de cereales (maíz, cebada, centeno y trigo), producido en una sola destilería

Melocotón, especias, madera tostada, almendra

Jameson 12 años

Destilería Irish Distillers

BLENDED

Whisky creado de la mezcla de al menos dos de los estilos citados anteriormente

Porter inglesa

Al contrario de lo que se podría pensar, la más oscura de las cervezas nació en Inglaterra.

Capital de la porter

Londres

Producción anual (en millones de litros)

330

Graduación alcohólica

4-12 %

Precio de una botella (33 cl)

3,50 €

> *Si la cerveza fuera un postre, la porter sería una mousse de chocolate.*
>
> Jeff Alworth, experto en cerveza

Origen

Este estilo nació con la idea de reunir las cualidades de las diferentes cervezas de la época. El resultado fue una cerveza refrescante y con poca graduación alcohólica, ideal para saciar la sed de los muchos estibadores del puerto de Londres, a los que se llamaba... *porters*. De ahí el nombre. Posteriormente, una stout porter designó a una porter más intensa y robusta. Y luego los dos nombres se separaron para convertirse en sinónimo de elaboración de cerveza. Por lo tanto, la porter es inglesa, aunque es Irlanda la que la ha convertido en su caballo de batalla gracias a la famosa marca Guinness. Este estilo de cerveza debe su color a la cebada tostada utilizada en el proceso de elaboración. Al pasar por la barrica, la cerveza adquiere aromas terciarios de coco y vainilla.

Este estilo de cerveza debe su color a la cebada tostada

Degustación

La porter no debe tomarse demasiado fría. Saque la cerveza de la nevera media hora antes de abrirla. Este tipo de cerveza casa de maravilla con los quesos azules (Roquefort, Bleu d'Auvergne, etc.).

Hay dos estilos de stout/porter: las secas y las dulces (más redondas, gustosas). Las secas maridan con mariscos y las dulces con postres de chocolate. Se aconseja tomarla en invierno, frente a la chimenea o para acompañar una buena comida. En trescientos años, la familia de las porter ha seguido creciendo con muchas adaptaciones y variaciones. Una de las más especiales es la oyster stout: una cerveza filtrada a través de una capa de conchas de ostras trituradas. Esta técnica le da un asombroso toque salino y yodado. *Cheers!*

Fechas para recordar

1718	→	1780	→	s. XX
Aparición del primer tipo de porter en Londres.		Arthur Guinness elabora su primera porter en Irlanda.		La cebada tostada sustituye a la malta tostada.

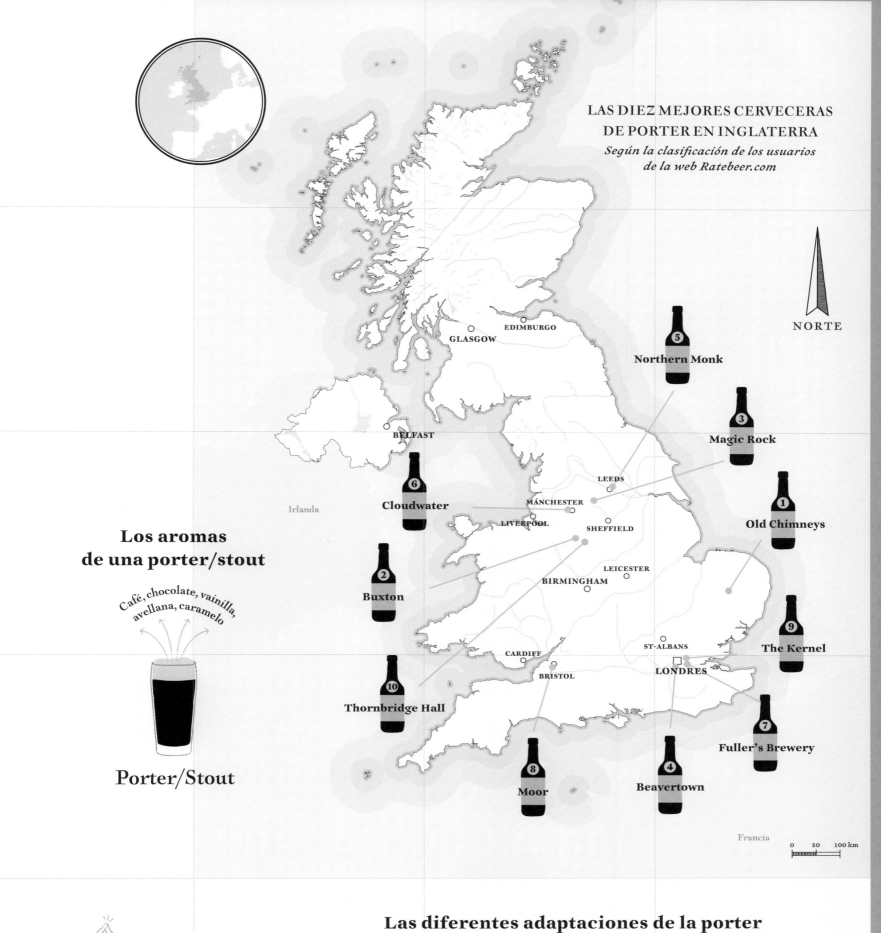

LAS DIEZ MEJORES CERVECERAS
DE PORTER EN INGLATERRA
*Según la clasificación de los usuarios
de la web Ratebeer.com*

NORTE

GLASGOW   **EDIMBURGO**

BELFAST

Irlanda

❺ **Northern Monk**

❸ **Magic Rock**

❻ **Cloudwater**

LEEDS
MÁNCHESTER
LIVERPOOL
SHEFFIELD

① **Old Chimneys**

Los aromas
de una porter/stout

*Café, chocolate, vainilla,
avellana, caramelo*

❷ **Buxton**

LEICESTER

BIRMINGHAM

❾ **The Kernel**

CARDIFF   **ST-ALBANS**

LONDRES

❿ **Thornbridge Hall**

BRISTOL

Porter/Stout

❼ **Fuller's Brewery**

❽ **Moor**

❹ **Beavertown**

Francia

0   50   100 km

Para tostar la cebada, se
calientan los granos a muy
alta temperatura para
obtener la malta que se
utilizará en el proceso de
elaboración. Cuanto más
se tuesta la cebada, más
oscura es la cerveza y más
intenso el aroma a café.

Las diferentes adaptaciones de la porter

Irish Stout
Poco alcoholizada,
seca, fresca
Alcohol: 4 %

Milk Stout
Textura cremosa gracias a
un toque de lactosa añadida
durante la elaboración
Alcohol: 6 %

Imperial
Russian Stout
Más redonda y amarga
porque tiene más lúpulo
Alcohol 10 %

Oyster Stout
Cerveza elaborada con ostras,
esta stout ofrece increíbles
notas saladas y yodadas
Alcohol: 6 %

Ginebra inglesa

Aparecida en los Países Bajos, popularizada en Inglaterra y ampliamente producida en Filipinas, la ginebra es una viajera incansable.

Capital de la ginebra

Londres

Producción anual (en millones de litros)

380

Graduación alcohólica

37,5 - 47 %

Precio de una botella

30 €

Origen

Como su antepasado el jenever (una bebida tradicional holandesa), la ginebra es un aguardiente de grano con sabor a bayas de enebro. El alcohol neutro básico puede elaborarse a partir de diferentes cereales, solos o en mezcla, como la cebada, el centeno o el trigo. La baya de enebro domina la aromatización, pero se pueden elegir otros ingredientes botánicos, como la cáscara de cítricos, las semillas de cilantro, cardamomo o incluso canela. Actualmente, se elabora en todo el mundo: los filipinos son los principales productores y consumidores de ginebra.

Degustación

La ginebra no suele beberse sola. Es una de las bebidas alcohólicas más de moda en el mundo de la mixología, en parte gracias al famoso gin-tonic: un cóctel omnipresente. Su invención se debe a un problema... sanitario. En el siglo XVIII, los colonos ingleses en la India no podían beber el agua del país, que no era apta para el consumo. El agua tónica, que contiene quinina, fue la solución que encontraron. Y para contrarrestar su sabor amargo, le añadían un chorrito de ginebra. Además, al ser incoloro, el cóctel parece una simple agua con gas.

La ginebra es la bebida que acepta el mayor número de ingredientes; su paleta aromática ofrece, por tanto, un agradable patio de recreo para los amantes de los cócteles. Es fundamental diferenciar entre dos tipos de ginebra: la natural (aromatización por infusión o maceración del alcohol con especias) y la artificial (mezcla de esencias aromáticas). *Cheers!*

El patio de recreo para los amantes de los cócteles

> *El gin-tonic ha salvado más vidas y mentes inglesas que cualquier médico del Imperio.*
>
> Winston Churchill

Fechas para recordar

s. XVII	→	1736	→	s. XVIII	→	1980
Los holandeses destilan jenever.		La venta de ginebra se regula en Inglaterra.		Los británicos llevan la ginebra a Filipinas.		La ginebra vuelve a estar de moda en los bares europeos.

Canadá

Estados Unidos

Gran
Bretaña

Países Bajos

Alemania

Eslovaquia

España

Filipinas

Uganda

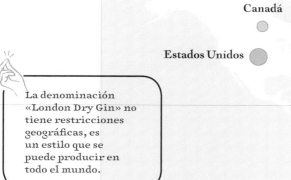

La denominación «London Dry Gin» no tiene restricciones geográficas, es un estilo que se puede producir en todo el mundo.

1,4
1,2
1,0
0,8
0,6
0,4
0,2
0

PRINCIPALES PAÍSES CONSUMIDORES DE GINEBRA

En litros por persona al año

GIN-TONIC

- 5 cl de ginebra
- 10 cl de tónica
- hielo

Vierta la ginebra y luego la tónica sobre el hielo, en ese orden.

Añada una rodaja de limón y especias.

Las 4 variantes principales de la ginebra

London Dry Gin

La más prestigiosa: no se pueden añadir aromas o colorantes artificiales.

Distilled Gin

Es el estilo de ginebra más popular del mundo. Posibilidad de colorear y aromatizar el producto final.

Sloe Gin

Licor de endrinas con aromas de cereza, almendra, ciruela. Alcohol: 30 %.

Barrel Aged Gin

La London Dry Gin envejecida en barriles utilizados para la producción de brandy o whisky. Suave color ámbar.

El enebro

El enebro, también llamado «pimienta de los pobres», pertenece a la familia de las *Cupressaceae*.

Arbusto cuyo tamaño puede variar de 50 cm a 15 m de altura.

En la Antigüedad y en la Edad Media, se usaba por sus virtudes medicinales.

Algunas especies de enebro pueden vivir más de 1000 años.

WHITE LADY

- 5 cl de ginebra
- 2 cl de triple seco
- 2 cl de zumo de limón recién exprimido
- hielo

Remueva todos los ingredientes con el hielo.

Sirva colado, sin el hielo.

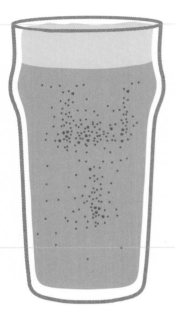

Cask ale británica

Ni filtrada ni pasteurizada, es una cerveza dinámica
y típica de los pubs ingleses. *God save the beer!*

**Capital
de la cask ale**

St Albans

**Producción anual
(en millones de litros)**

600

Graduación alcohólica

3-6%

**Precio de una pinta
en un pub**

4€

Origen

Este término no se refiere a un
estilo de cerveza, sino a un tipo
de envasado y servicio. Es una
cerveza elaborada con ingredientes
tradicionales y fermentada en el
mismo recipiente que se utiliza
para servirla. A diferencia de otras
cervezas de barril, no se le añade
gas. La presión se la aporta el brazo
del camarero que «bombea» cuatro
o cinco veces para servir una pinta.
El uso de este tipo de servicio está
sobre todo vinculado a una realidad
económica. La invención de la
botella de cerveza en el siglo XVII
fue una revolución cervecera, pero
las clases trabajadoras no podían
permitirse ese lujo y continuaron
sacando la cerveza directamente
del barril. Actualmente, este estilo
sigue siendo muy popular en
Inglaterra, donde se ha convertido
en un símbolo tradicional de los
pubs. Todas las cask ale se sirven
con presión manual, pero no todas
las presiones manuales son cask
ale. Algunos pubs norteamericanos
o europeos recrean el folclore
para hacerlo más «british».

Degustación

La cask ale no tiene un perfil
aromático definido, ya que puede
ser de cualquier estilo (stout, IPA,
English Bitter, etc.). Lo que tienen
en común es que la cerveza no es
especialmente fresca y tiene una
efervescencia más baja
que otras cervezas.
Los puristas señalan
que la cask ale enfatiza
particularmente
los lúpulos y maltas
utilizados en el
proceso de elaboración de la
cerveza. Evidentemente, como
todas las cervezas inglesas, se
sirve en una pinta. *Cheers!*

**Enfatiza
los
lúpulos
y maltas**

54 a.C. →	1393 →	1971
Primeros indicios de una cerveza elaborada en la región.	Las *ales houses* pasan a denominarse *public houses*, lo que se convertirá en *pub*.	Creación de la organización CAMRA (CAMpaign for Real Ale) para promover el estilo tradicional de cerveza.

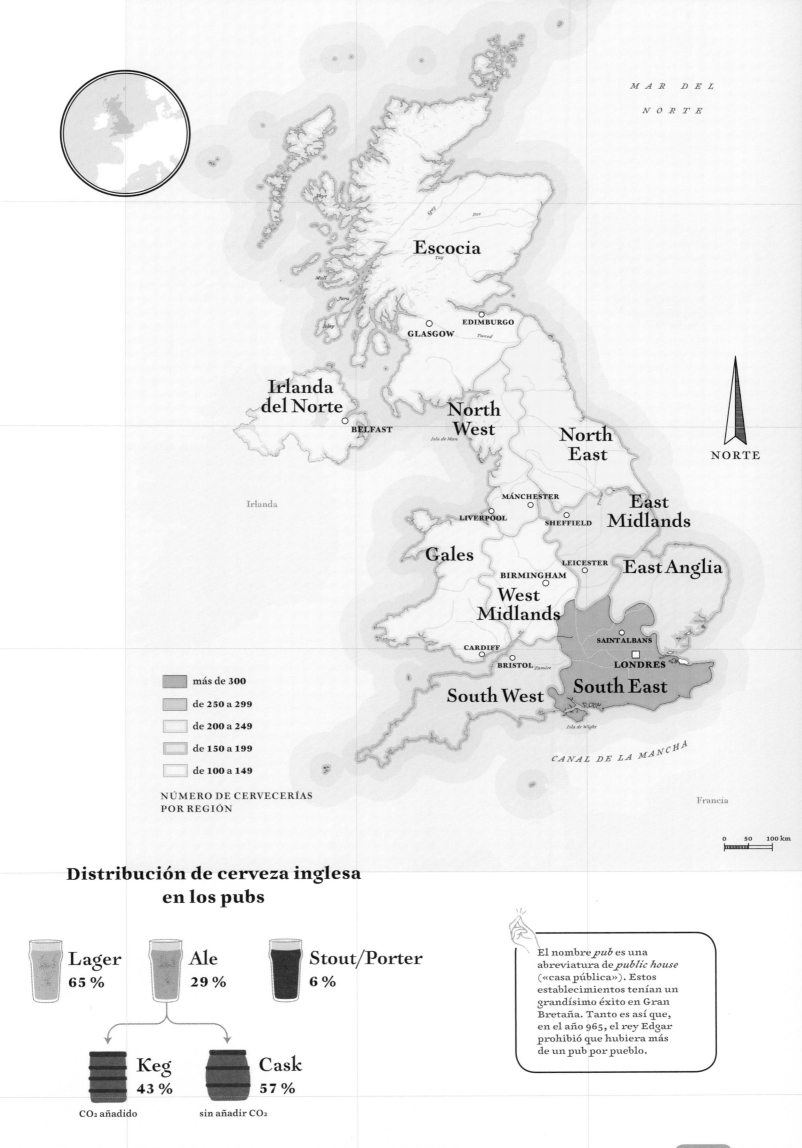

MAR DEL
NORTE

Escocia
Tay

Spey *Dee*

○ EDIMBURGO
GLASGOW ○
Tweed

Irlanda
del Norte

North
West

North
East

Isla de Man

BELFAST ○

NORTE

Irlanda

MÁNCHESTER ○
LIVERPOOL ○
SHEFFIELD ○

Trent

East
Midlands

Gales

LEICESTER ○

East Anglia

BIRMINGHAM ○

West
Midlands

CARDIFF ○

SAINT ALBANS ○

BRISTOL ○ *Támesis*

□ LONDRES

South West

South East

Isla de Wight

CANAL DE LA MANCHA

▨	más de **300**
▨	de **250** a **299**
☐	de **200** a **249**
☐	de **150** a **199**
☐	de **100** a **149**

NÚMERO DE CERVECERÍAS
POR REGIÓN

Francia

0   50   100 km

Distribución de cerveza inglesa en los pubs

Lager
65 %

Ale
29 %

Stout/Porter
6 %

El nombre *pub* es una
abreviatura de *public house*
(«casa pública»). Estos
establecimientos tenían un
grandísimo éxito en Gran
Bretaña. Tanto es así que,
en el año 965, el rey Edgar
prohibió que hubiera más
de un pub por pueblo.

Keg
43 %

Cask
57 %

CO_2 añadido

sin añadir CO_2

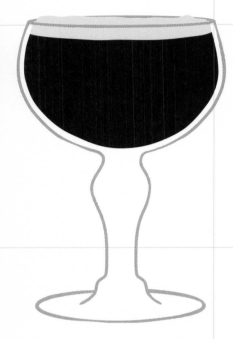

Trapense belga

El vino francés tiene sus grandes caldos, la cerveza belga tiene sus trapenses: un selecto club cuyos miembros se cuentan (casi) con los dedos de una mano.

Capital de la trapense

Vleteren

Producción anual (en millones de litros)

39

Graduación alcohólica

6 - 12 %

Precio de una botella (33 cl)

A partir de

2,50 €

Origen

Una cerveza trapense no se corresponde con un estilo definido, sino más bien con un tipo de producción. Debe elaborarse en una abadía cisterciense trapense, por o bajo el control de sus monjes.

Hay once cerveceras trapenses en el mundo

Hay once cerveceras trapenses en el mundo: seis en Bélgica, dos en los Países Bajos, una en Austria, una en Italia y una en los Estados Unidos. Una vez que las necesidades de la abadía han sido satisfechas, los ingresos de la venta de cerveza se dedican a la caridad. Al cultivar su propia cebada y lúpulo, los monasterios contribuyeron en gran medida al progreso de la elaboración de la cerveza. El predominio de la cerveza en el norte de Europa está relacionado con la desaparición de la vid durante la Pequeña Edad de Hielo en la Edad Media.

Degustación

Las cervezas trapenses no tienen un sabor uniforme, pero tienen algo en común: la fermentación alta. Este método de elaboración se refiere al uso de un tipo de levadura «alta», lo que da como resultado cervezas menos carbonatadas, con más graduación y con mayor contenido de fruta y especias. Estas cervezas no deben beberse demasiado frías, sino entre 8 y 12 °C. Las cervezas trapenses tienen mucho cuerpo y dan mucho juego a la hora de maridarlas. Al servir, deje el último centímetro en el fondo de la botella para evitar servir el poso de levadura en el vaso. *Santé! Proost! Prost!*

> *Si Adán hubiera sido el primero en saber hacer cerveza, Eva nunca habría podido tentarlo con el zumo de manzana.*

Marcel Gocar, escritor

Fechas para recordar

1308	1831	1962	2016
Se crea la primera agrupación de cerveceros en Brujas.	La abadía de San Sixto en Westvleteren elabora su primera cerveza.	La Asociación Trapense Internacional establece normas estrictas para la denominación «cerveza trapense».	La cerveza belga entra en la lista del Patrimonio Cultural Inmaterial de la UNESCO.

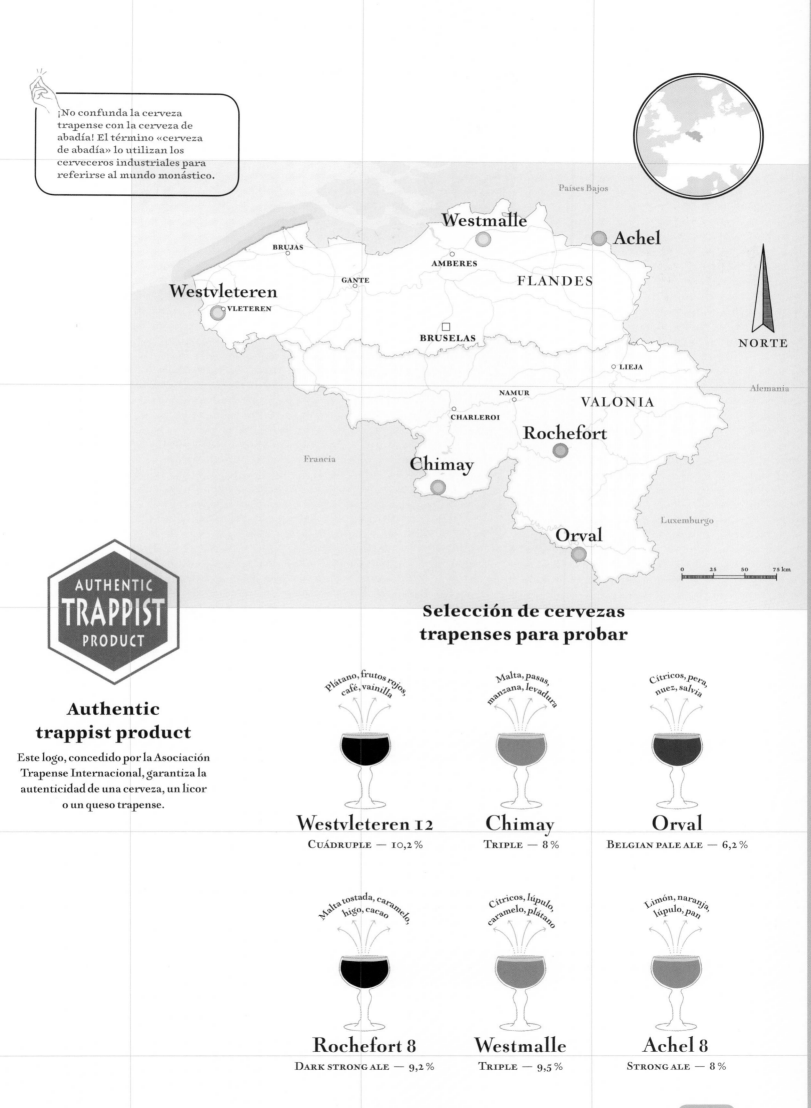

¡No confunda la cerveza trapense con la cerveza de abadía! El término «cerveza de abadía» lo utilizan los cerveceros industriales para referirse al mundo monástico.

Países Bajos

Westmalle

Achel

BRUJAS

AMBERES

GANTE

FLANDES

Westvleteren

VLETEREN

BRUSELAS

LIEJA

Alemania

NAMUR

VALONIA

CHARLEROI

Rochefort

NORTE

Francia

Chimay

Luxemburgo

Orval

0   25   50   75 km

AUTHENTIC TRAPPIST PRODUCT

Authentic trappist product

Este logo, concedido por la Asociación Trapense Internacional, garantiza la autenticidad de una cerveza, un licor o un queso trapense.

Selección de cervezas trapenses para probar

Plátano, frutos rojos, café, vainilla,

Malta, pasas, manzana, levadura

Cítricos, pera, nuez, salvia,

Westvleteren 12
CUÁDRUPLE — 10,2 %

Chimay
TRIPLE — 8 %

Orval
BELGIAN PALE ALE — 6,2 %

Malta tostada, caramelo, higo, cacao

Cítricos, lúpulo, caramelo, plátano

Limón, naranja, lúpulo, pan

Rochefort 8
DARK STRONG ALE — 9,2 %

Westmalle
TRIPLE — 9,5 %

Achel 8
STRONG ALE — 8 %

Jenever de los Países Bajos

Este abuelo de la ginebra ha tenido menos éxito que su heredero en la escena internacional. Pero no tiene intención de quedarse atrás.

Capital del jenever

Schiedam

Graduación alcohólica

35-45 %

Precio de una botella (1 litro)

30 €

> *Es como la ginebra... pero distinta.*

Origen

En 1650, se dice que el médico Franciscus de le Boë fue el primero en destilar alcohol con bayas de enebro para obtener una bebida medicinal que sirvió para combatir los retortijones. Se elaboraba en los Países Bajos, pero la amenaza de la prohibición hizo que buscara refugio en Bélgica, y luego en Alemania y en el norte de Francia.

Un cruce entre la ginebra y el whisky

También sirvió para que algunos se inspiraran al otro lado del canal de la Mancha para crear la ginebra. La principal diferencia entre la ginebra y el jenever es cómo se elaboran. A diferencia de la ginebra, el jenever se destila de un mosto de cereales. Por eso algunos productores de jenever lo describen como un cruce entre la ginebra y el whisky. Otra diferencia es que la ginebra puede producirse en todo el mundo, mientras que la denominación jenever se reserva para los Países Bajos, Bélgica y ciertas regiones de Francia y Alemania.

Degustación

Hay ginebras que tienen varias decenas de ingredientes, mientras que el jenever presenta una receta básica concentrada en torno al sabor de las bayas de enebro. El sabor final del jenever variará según los granos utilizados, sus proporciones, el método de producción, la calidad y la cantidad de bayas de enebro, pero también por su eventual maduración en barricas de roble. Distinguimos entre el jenever joven (*jong*) y el jenever añejo (*oud*). Esta clasificación es engañosa porque no se refiere al tiempo de envejecimiento, sino más bien a una práctica de destilación reciente o antigua. Un jenever joven es un aguardiente poco o nada aromatizado, mientras que los añejos o muy añejos se han infusionado con bayas de enebro, comino, anís o cualquier otra especia, de ahí su color. *Proost!*

Fechas para recordar

1650	→	1664	→	2016
Primeros indicios de un aguardiente de grano aromatizado con bayas de enebro.		Primera comercialización del jenever por la destilería Bols.		Apertura del Museo del Jenever en Schiedam.

0 20 40 km

MAR

DEL

NORTE

GRONINGEN

Jenever
Países
Bajos

ÁMSTERDAM

SCHIEDAM

NORTE

Genever
Alemania

LONDRES

DEINZE   AALST   HASSELT

HOULLE

BRUSELAS

WAMBRECHIES

Peket
Bélgica

Genièvre
Francia

PARÍS

● CIUDADES DEL JENEVER

Fundada en 1575, la
destilería Bols, situada
en Ámsterdam, es
posiblemente la más
antigua del mundo.

Diferentes tipos de jenever

Jonge jenever

Oude jenever

Entre un 1,5 % y un 15 % de mosto

Entre un 15 % y un 25% de mosto

Mínimo 35 % de contenido
de alcohol

Mínimo 38 % de contenido
de alcohol

Lambic de Bruselas

¿Cómo resumir la lambic? Es simplemente el estilo de cerveza más complejo, raro y antiguo del mundo. ¡Nada más y nada menos!

Capital de la lambic

Bruselas

Producción anual (en millones de litros)

50

Graduación alcohólica

5 %

Precio de una botella (75 cl)

A partir de

8 €

Origen

Según algunos escritos, la palabra *lambic* proviene de Lembeek, un pueblo al sur de Bruselas, en el valle del Senne, famoso por sus cervezas de fermentación espontánea. Se dice que una fermentación es «espontánea» cuando el mosto se convierte en cerveza sin la adición de levadura por parte del cervecero. Las levaduras que están en el aire ambiente (particularmente controladas) son las que «infectan» la cerveza. Por lo tanto, es la única cerveza en la que se habla claramente de *terroir*, ya que las partículas del aire ambiente juegan un papel fundamental. Gracias a la obra de Pasteur, que destaca la influencia de la levadura durante la fermentación (1857), todos los países cerveceros adoptaron sus métodos de elaboración utilizando cultivos de levadura. Todos menos un puñado de irreductibles belgas convencidos de que la fermentación espontánea sigue siendo el camino hacia la excelencia.

Degustación

Es una cerveza enfocada en la acidez, baja en alcohol y que tiene menos espuma que una cerveza tradicional. Una lambic joven sabrá más dulce que su hermana mayor. Las mejores lambics pueden guardarse, en buenas condiciones, hasta treinta años. Por tanto, para resumir: noción de *terroir*, período de producción limitado, gran capacidad de conservación… ¡La lambic no tiene nada que envidiar a un gran vino! *Santé!*

No tiene nada que envidiar a un gran vino

> *La lambic es el alma de la cerveza. Su pasado, presente y futuro.*

Jean Hummler, copropietario del bar Moeder Lambic Fontainas en Bruselas

Fechas para recordar

4000 a. C. →	1857 →	1875 →	1998
Una cerveza llamada «sikaru», ancestro de la lambic, se elabora en Mesopotamia.	El trabajo de Louis Pasteur demuestra el papel esencial de las levaduras durante la fermentación.	Primera mención a la *gueuze* en el *Dictionnaire de la Brasserie* de A. Laurent.	Creación de S.T.G. (Especialidades Tradicionales Garantizadas) «Lambic», «Gueuze» y «Kriek».

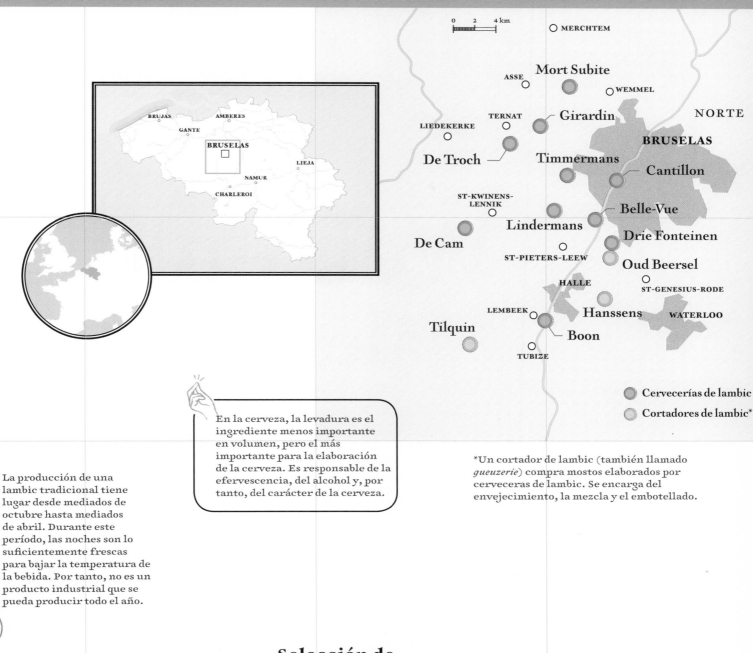

O MERCHTEM

Mort Subite

ASSE

WEMMEL

TERNAT   Girardin

LIEDEKERKE   NORTE

De Troch   Timmermans   BRUSELAS

                            Cantillon

ST-KWINENS-
LENNIK   Belle-Vue

                Lindermans   Drie Fonteinen

De Cam

ST-PIETERS-LEEW   Oud Beersel

            HALLE   ST-GENESIUS-RODE

        LEMBEEK   Hanssens   WATERLOO

Tilquin   Boon

        TUBIZE

BRUJAS   AMBERES
    GANTE
        BRUSELAS
                LIEJA
            NAMUR
        CHARLEROI

○ Cervecerías de lambic
○ Cortadores de lambic*

En la cerveza, la levadura es el ingrediente menos importante en volumen, pero el más importante para la elaboración de la cerveza. Es responsable de la efervescencia, del alcohol y, por tanto, del carácter de la cerveza.

*Un cortador de lambic (también llamado *gueuzerie*) compra mostos elaborados por cerveceras de lambic. Se encarga del envejecimiento, la mezcla y el embotellado.

La producción de una lambic tradicional tiene lugar desde mediados de octubre hasta mediados de abril. Durante este período, las noches son lo suficientemente frescas para bajar la temperatura de la bebida. Por tanto, no es un producto industrial que se pueda producir todo el año.

Léxico

LAMBIC
Cerveza de fermentación espontánea producida en la región de Bruselas

GEUZE
Mezcla de diferentes añadas de lambic

OUDE GEUZE
Ensamblaje de lambics envejecidas

KRIEK
Lambic con infusión de cerezas ácidas

FRAMBOISE
Lambic con infusión de frambuesas

FARO
Lambic con infusión de azúcar piedra

Selección de lambics para probar

Frambuesa, manzana, paja

Rosé de Gambrinus

ESTILO: Frambuesa
CERVECERÍA: Cantillon
5,5 %

Manzana, limón, nuez

Gueuze 100 % Lambic bio

ESTILO: Gueuze
CERVECERÍA: Cantillon
5,5 %

Frutos secos, sotobosque, caramelo

Lindemans Faro

ESTILO: Faro
CERVECERÍA: Lindemans
4,5 %

Cereza, vainilla, clavo

Boon Kriek Mariage Parfait

ESTILO: Kriek
CERVECERÍA: Boon
8 %

Naranja, melocotón, manzana

Oude Gueuze Cuvée Armand & Gaston

ESTILO: Oude Gueuze
CERVECERÍA: Brouwerij 3 Fonteinen
5,4 %

Weizenbier alemana

A lo largo de la historia de la cerveza, muchos estilos han estado a punto de desaparecer. Este es un verdadero superviviente de un tira y afloja entre cerveceros y panaderos.

Capital de la weizenbier

Múnich

Producción anual (en millones de litros)

700

Graduación alcohólica

5 - 6 %

Precio de una botella (50 cl)

2,50 €

Origen

Weizenbier, literalmente «cerveza de trigo», es una cerveza de fermentación alta, generalmente elaborada con un 70 % de malta de trigo. El origen de este estilo se remonta a Bohemia (actual República Checa), pero en Baviera ha sido donde la weizenbier ha echado raíces. Sin embargo, este estilo casi desapareció por una ley: la Reinheitsgebot. Este decreto de 1516 sobre la pureza de la cerveza es uno de los mandatos alimentarios más antiguos de Europa. Impuso restricciones al uso de trigo para la elaboración de cerveza, con el fin de reservar este grano para la producción de pan. Esto desalentó a algunos cerveceros, de modo que a principios del siglo XIX solo había dos cerveceras weizenbier en Alemania. Hicieron falta dos siglos, un puñado de entusiastas empedernidos y una buena dosis de convicción para que este estilo se convirtiera de nuevo en un símbolo bávaro en la década de 1980.

Degustación

Esta cerveza se elabora con una levadura especial que aporta notas de plátano y clavo. No suele filtrarse, por lo que es turbia. La weizenbier bávara se sirve tradicionalmente en vasos grandes y finos con una generosa y duradera cabeza espumosa. Al contrario de lo que se recomienda con algunas cervezas, debe verterse la botella entera en el vaso. Enjuague el vaso con agua fría. Incline el vaso ligeramente y vierta tres cuartos de la botella. Remueva el fondo de la botella, que contiene la levadura y, por lo tanto, sabores adicionales. Añada el último cuarto. *Prost!*

> **Aporta notas de plátano y clavo**

> **En Alemania, la cerveza se considera una hortaliza.**
>
> Jean-Marie Gourio, autor y guionista

Fechas para recordar

s. V	→	1516	→	1812
Primera elaboración de una cerveza de trigo de inspiración checa.		Decreto sobre la pureza de la cerveza, conocido como Reinheitsgebot.		Solo hay dos cerveceras weizenbier en Alemania.

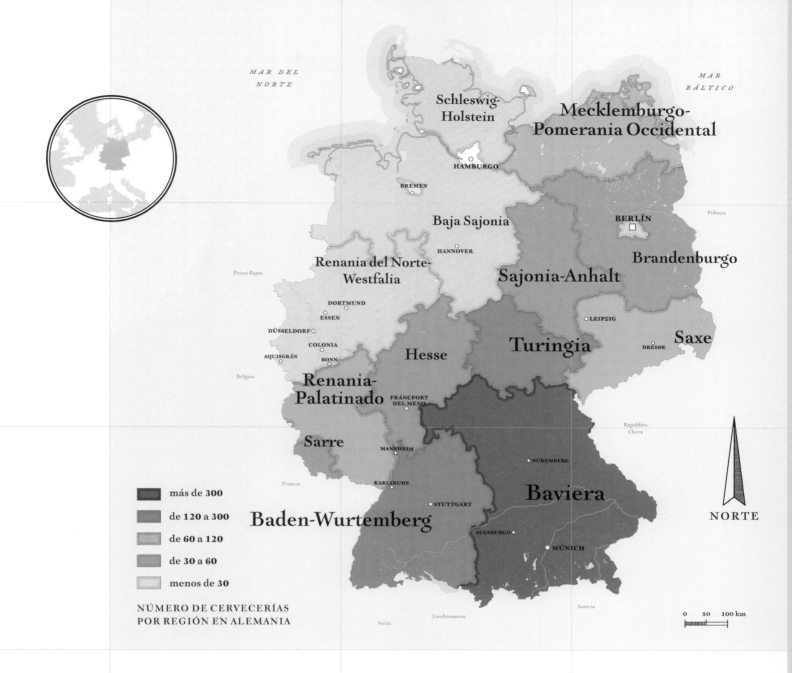

MAR DEL
NORTE

MAR
BÁLTICO

Schleswig-
Holstein

Mecklemburgo-
Pomerania Occidental

HAMBURGO

BREMEN

Baja Sajonia

BERLÍN

Polonia

HANNOVER

Renania del Norte-
Westfalia

Brandenburgo

Sajonia-Anhalt

Países Bajos

DORTMUND

ESSEN

LEIPZIG

DÜSSELDORF

Saxe

COLONIA

Hesse

Turingia

DRESDE

AQUISGRÁN

BONN

Bélgica

Renania-
Palatinado

FRÁNCFORT
DEL MENO

República
Checa

Sarre

MANNHEIM

NÚREMBERG

Francia

KARLSRUHE

Baviera

NORTE

más de 300

STUTTGART

Baden-Wurtemberg

AUGSBURGO

de 120 a 300

de 60 a 120

MÚNICH

de 30 a 60

menos de 30

Austria

Liechtenstein

0   50   100 km

NÚMERO DE CERVECERÍAS
POR REGIÓN EN ALEMANIA

Suiza

Los muniqueses están muy
orgullosos de sus cervezas.
Cada año, la fiesta de la cerveza
de Múnich, conocida como
Oktoberfest, da la bienvenida
a más de seis millones de
visitantes de todo el mundo.

Las tres variedades
principales de weizenbier

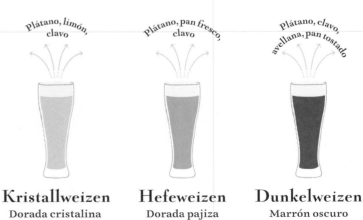

Plátano, limón,
clavo

Plátano, pan fresco,
clavo

Plátano, clavo,
avellana, pan tostado

Kristallweizen
Dorada cristalina
Cerveza filtrada

Hefeweizen
Dorada pajiza
Cerveza sin filtrar

Dunkelweizen
Marrón oscuro
Cerveza sin filtrar

51

Riesling del Rin

Es difícil saber si el Riesling habla mejor francés o alemán. Lo que sí es verdad es que tiene mucho que contarnos.

**Capital
del riesling
en Alemania**
Tréveris
en Francia
Colmar

**Producción anual
(en millones de litros)**

10

Graduación alcohólica

12,5 %

**Precio de una
botella (75 cl)**
A partir de
17 €

Origen

Esta variedad de uva blanca es originaria del valle del Rin, en la parte alemana, donde se dice que la trajeron los romanos. Descendiente de la variedad de uva blanca gouais, actualmente se planta en todo el mundo (Nueva Zelanda, California, etc.), pero en su región natal es donde da lo mejor de sí misma. Salvo algunas excepciones regionales en las que se mezcla con otras variedades, el Riesling siempre se vinifica como monovarietal. Le gustan los climas fríos y se expresa perfectamente allá donde las variedades de uva tinta no se atreven a poner un pie. Tanto en Francia como en Alemania, las viñas se refugian en las escarpadas riberas del Rin y sus afluentes, donde encuentran generosos rayos de sol y protección contra los vientos helados.

> Originaria del valle del Rin, en la parte alemana

Degustación

Su notable potencial aromático la convierte en una de las mejores variedades de uva blanca, junto con la chardonnay, la chenin y la sauvignon blanc. La riesling es un verdadero espejo del suelo. A diferencia de otras variedades más exuberantes, revela principalmente el *terroir* donde se cultiva. Un buen Riesling puede guardarse de 10 a 15 años. No dude en decantarlo para que se abra. Al igual que todos los grandes vinos, el Riesling no debe beberse demasiado frío porque este enmascara los aromas y sabores. En la mesa, es una muy buena opción para acompañar aves de corral, pescado, mariscos, así como algunos platos asiáticos. Al oscilar entre la maleabilidad de un Chenin y el vigor de un Sauvignon Blanc y al disponer de un potencial de envejecimiento que haría sonrojar a algunos Chardonnay, el Riesling es un valor seguro. *Santé! Prost!*

> " *¿Hay un mejor quitapenas
> que el amor y
> el vino de Alsacia?*
> "
>
> Joseph Graff, músico y poeta

Fechas para recordar

1435 → **s. XV** → **1996**

Primera mención escrita de la palabra *Rieslingen* en un estado contable agrícola alemán.

Se introduce la riesling en Francia, en la región de Alsacia.

La riesling se convierte en la variedad más extendida de Alemania.

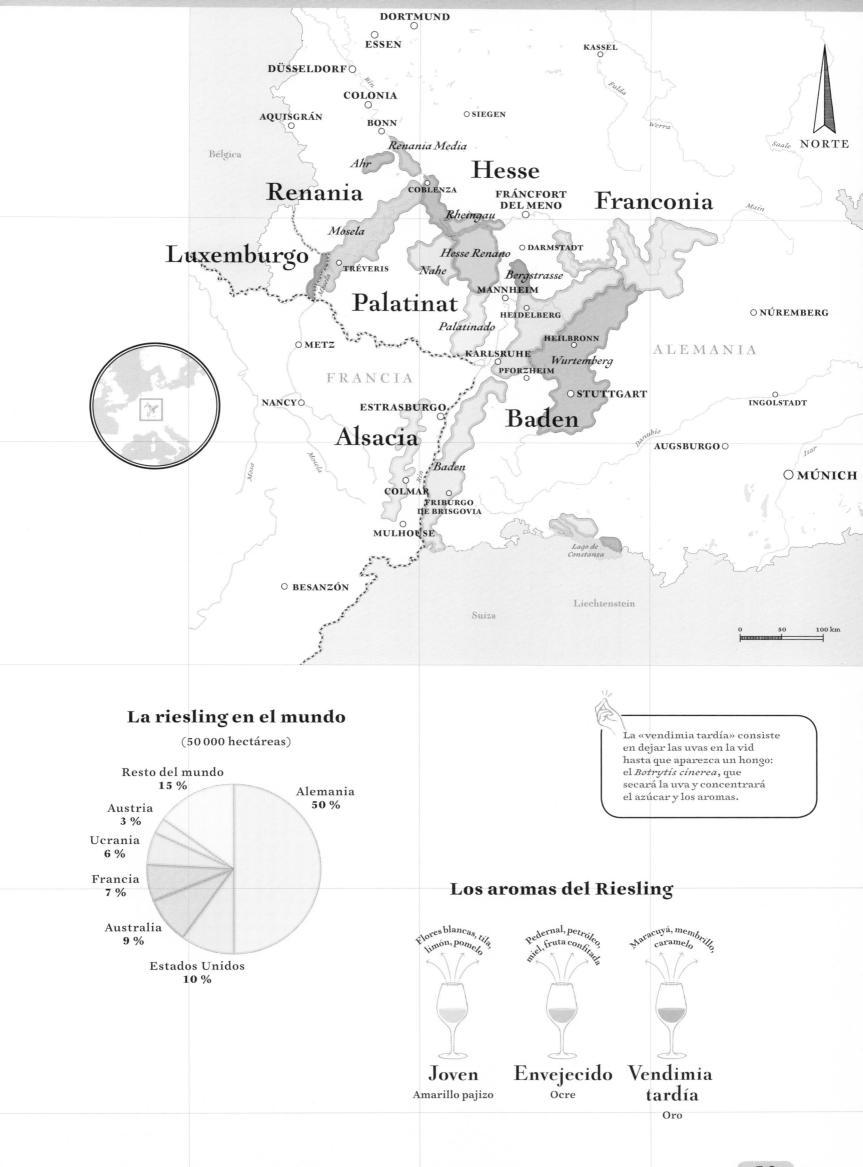

DORTMUND

ESSEN

DÜSSELDORF

COLONIA

AQUISGRÁN

BONN

KASSEL

SIEGEN

Bélgica

Renania Media

Ahr

Hesse

COBLENZA

Renania

FRÁNCFORT DEL MENO

Rheingau

Franconia

Mosela

Main

Luxemburgo

DARMSTADT

TRÉVERIS

Hesse Renano

Nahe

Bergstrasse

MANNHEIM

Palatinat

HEIDELBERG

NÚREMBERG

Palatinado

HEILBRONN

METZ

KARLSRUHE

Wurtemberg

A L E M A N I A

PFORZHEIM

F R A N C I A

STUTTGART

INGOLSTADT

NANCY

ESTRASBURGO

Baden

Alsacia

Danubio

AUGSBURGO

Isar

Mosa

Mosela

Rin

Baden

MÚNICH

COLMAR

FRIBURGO DE BRISGOVIA

MULHOUSE

Lago de Constanza

BESANZÓN

Liechtenstein

0   50   100 km

Suiza

↑ NORTE

Saale

Fulda

Werra

La riesling en el mundo

(50 000 hectáreas)

Resto del mundo
15 %

Alemania
50 %

Austria
3 %

Ucrania
6 %

Francia
7 %

Australia
9 %

Estados Unidos
10 %

La «vendimia tardía» consiste en dejar las uvas en la vid hasta que aparezca un hongo: el *Botrytis cínerea*, que secará la uva y concentrará el azúcar y los aromas.

Los aromas del Riesling

Flores blancas, tila, limón, pomelo

Pedernal, petróleo, miel, fruta confitada

Maracuyá, membrillo, caramelo

Joven

Amarillo pajizo

Envejecido

Ocre

Vendimia tardía

Oro

Kirsch de la Selva Negra

Una prestigiosa pastelería y un aguardiente de sabor único: las cerezas de la Selva Negra son el centro de la gastronomía de la región de Baden, donde hay miles de destilerías.

Capital del kirsch

Oberkirch

Producción anual (en millones de litros)

10

Graduación alcohólica

40-45 %

Precio de una botella (70 cl)

50 €

Actualmente hay 14 000 destilerías en la Selva Negra

Origen

El aguardiente de cereza, llamado kirsch («cereza», en alemán) y kirschwasser («agua de cereza»), surgió entre los campesinos de la Selva Negra en el siglo XVIII. Destilaban un aguardiente de cereza casero, llamado *brentz*, que se hacía con cerezas silvestres recogidas en la Selva Negra. Esta bebida solo se servía en ocasiones muy especiales, ya que se necesitaban como mínimo 10 kilos de cerezas silvestres para hacer un litro de este aguardiente. Con el desarrollo del cultivo de los cerezos en la región, el kirsch se hizo popular en los bares de Friburgo y Baden-Baden.

Actualmente hay 14 000 destilerías de todos los tamaños en la Selva Negra donde se destilan cerezas junto con otras frutas, como peras y distintos tipos de ciruelas. Hay que recordar que el derecho a hervir (derecho a destilar) sigue siendo hereditario en Alemania, lo que no ocurre en otros países, de ahí que las destilerías sean a menudo empresas familiares. Aunque procede de la Selva Negra, el kirsch también se ha producido durante decenios en Alsacia, los Vosgos y las zonas circundantes (el kirsch de Fougerolles es muy famoso), así como en Suiza y el norte del Rin.

Degustación

En la Selva Negra, la temporada de cerezas comienza en mayo, hay que recogerlas cuando están totalmente maduras para garantizar que la fruta rebosa dulzor y aromas. Nada más recogerlas, se ponen en barriles para que fermenten entre dos y cuatro semanas. Los huesos, alrededor del 5 % del volumen de la cereza, se machacan y añaden al mosto: así adquiere ese aroma de almendra amarga tan característico del kirsch de la Selva Negra. Una maduración de dos años garantiza un mejor sabor.

Lo tradicional en la región es consumir el kirsch en la sobremesa y desempeña un papel fundamental en la repostería y confitería local, incluida la famosísima Selva Negra, un bizcocho genovés de cacao con sabor a kirsch, cubierto con cerezas en almíbar y crema chantillí. *Prost!*

> *Mathurine trajo el kirsch. Brindamos. A Mésange no le pareció que estuviera malo. El posadero volvió a llenar los vasos.*
>
> *Mi amigo Pierrot* (1942), de Raymond Queneau

Fechas para recordar

S. XVIII	→	1726	→	2000
Los campesinos de la Selva Negra destilan cerezas para hacer su aguardiente.		El obispo de Estrasburgo emite un decreto a favor de los habitantes de Oberkirch para asegurar una fuente de ingresos a los agricultores mediante la producción de destilados.		La región de la Selva Negra alberga 14 000 destilerías.

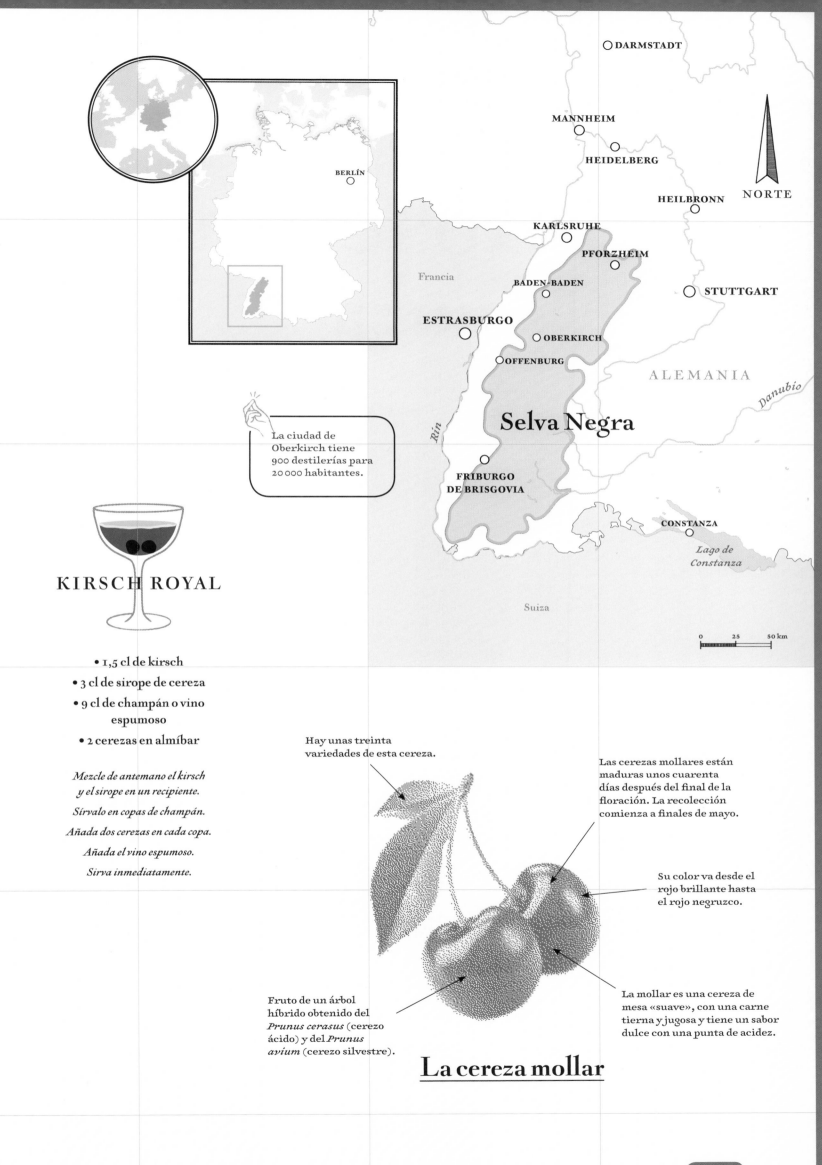

DARMSTADT

MANNHEIM

HEIDELBERG

HEILBRONN

KARLSRUHE

PFORZHEIM

BADEN-BADEN

STUTTGART

ESTRASBURGO

OBERKIRCH

OFFENBURG

ALEMANIA

Danubio

Selva Negra

Rín

FRIBURGO
DE BRISGOVIA

CONSTANZA

*Lago de
Constanza*

Suiza

BERLÍN

Francia

NORTE

La ciudad de
Oberkirch tiene
900 destilerías para
20 000 habitantes.

0   25   50 km

KIRSCH ROYAL

- 1,5 cl de kirsch
- 3 cl de sirope de cereza
- 9 cl de champán o vino
  espumoso
- 2 cerezas en almíbar

*Mezcle de antemano el kirsch
y el sirope en un recipiente.*

Sírvalo en copas de champán.

Añada dos cerezas en cada copa.

Añada el vino espumoso.

Sirva inmediatamente.

Hay unas treinta
variedades de esta cereza.

Las cerezas mollares están
maduras unos cuarenta
días después del final de la
floración. La recolección
comienza a finales de mayo.

Su color va desde el
rojo brillante hasta
el rojo negruzco.

Fruto de un árbol
híbrido obtenido del
Prunus cerasus (cerezo
ácido) y del *Prunus
avíum* (cerezo silvestre).

La mollar es una cereza de
mesa «suave», con una carne
tierna y jugosa y tiene un sabor
dulce con una punta de acidez.

La cereza mollar

Absenta suiza

«El licor que enloquece» sigue impresionando hoy por la cantidad de historias reales o imaginarias que ha generado desde hace dos siglos. ¿Peligrosa o virtuosa? Ahí reside su ambivalencia.

Capital de la absenta

Couvet

Producción anual mundial (en millones de litros)

1

Graduación alcohólica

45 - 70 %

Precio de una botella (70 cl)

40 €

> *La absenta trae el olvido, pero se paga con migrañas. Después del primer vaso, uno ve las cosas como le gustaría que fuesen. Después del segundo, uno ve las cosas que no existen. Finalmente, uno acaba viendo las cosas tal y como son, y eso es lo más horrible que puede ocurrir.*
>
> Oscar Wilde, escritor

Origen

Pitágoras e Hipócrates ya hablaban de las virtudes del alcohol de absenta cuatro siglos antes de Cristo como afrodisíaco y estimulante de la creatividad, pero en realidad fue en el siglo XVIII cuando comenzó su historia en el Val-de-Travers, en la Suiza francófona. Un médico francés desarrolla una receta a base de ajenjo que prescribe a sus pacientes. Henri-Louis Pernod es quien tiene el ojo comercial y funda la primera destilería en Couvet.

La absenta tiene una mala reputación

En un visto y no visto, la bebida adquirió una gran notoriedad, hasta conquistar el París de la *Belle Époque* y sus ilustres artistas, poetas, pintores y escritores. Esta bebida debe su mala reputación a la tujona, el principio activo de la planta del ajenjo, de la que se decía que era alucinógena en los círculos artísticos y tóxica en los círculos de abstemios. Su consumo cada vez mayor y los estragos que causaba hicieron que los abstemios se organizasen para su prohibición, a veces de manera exagerada. Su causa triunfó en Francia en 1915 y le siguieron Suiza y los Estados Unidos. Actualmente, la absenta renace en Francia y Suiza, sin borrar la imagen simbólica e imborrable de la bebida conocida como el «hada verde».

Degustación

La receta original del alcohol de absenta contiene seis plantas: ajenjo grande y ajenjo pequeño, anís verde, hisopo, melisa e hinojo, a las que a veces se les añade cilantro, menta, verónica o cálamo.

La absenta siempre se bebe con agua, generalmente tres o cuatro partes de agua por una de absenta. Si se sigue el ritual suizo, es imperativo que el agua helada se vierta suavemente, ya que es la única manera de liberar los aromas contenidos en los aceites esenciales de las plantas. La bebida se vuelve opaca con un hermoso color verde turbio y ya se puede tomar. De este ritual procede la fuente de absenta, que libera gota a gota el agua helada en el vaso de absenta. En Francia la costumbre es poner un terrón de azúcar en una cucharilla con absenta y verter suavemente el agua sobre un vaso. *Santé!*

Fechas para recordar

1798	→	1830	→	1915	→	2005
Henri-Louis Pernod crea la primera fábrica de absenta en Couvet.		La absenta se convierte en una bebida de moda.		Se prohíbe la absenta en Francia.		La producción y comercialización de la absenta vuelve a autorizarse en Suiza.

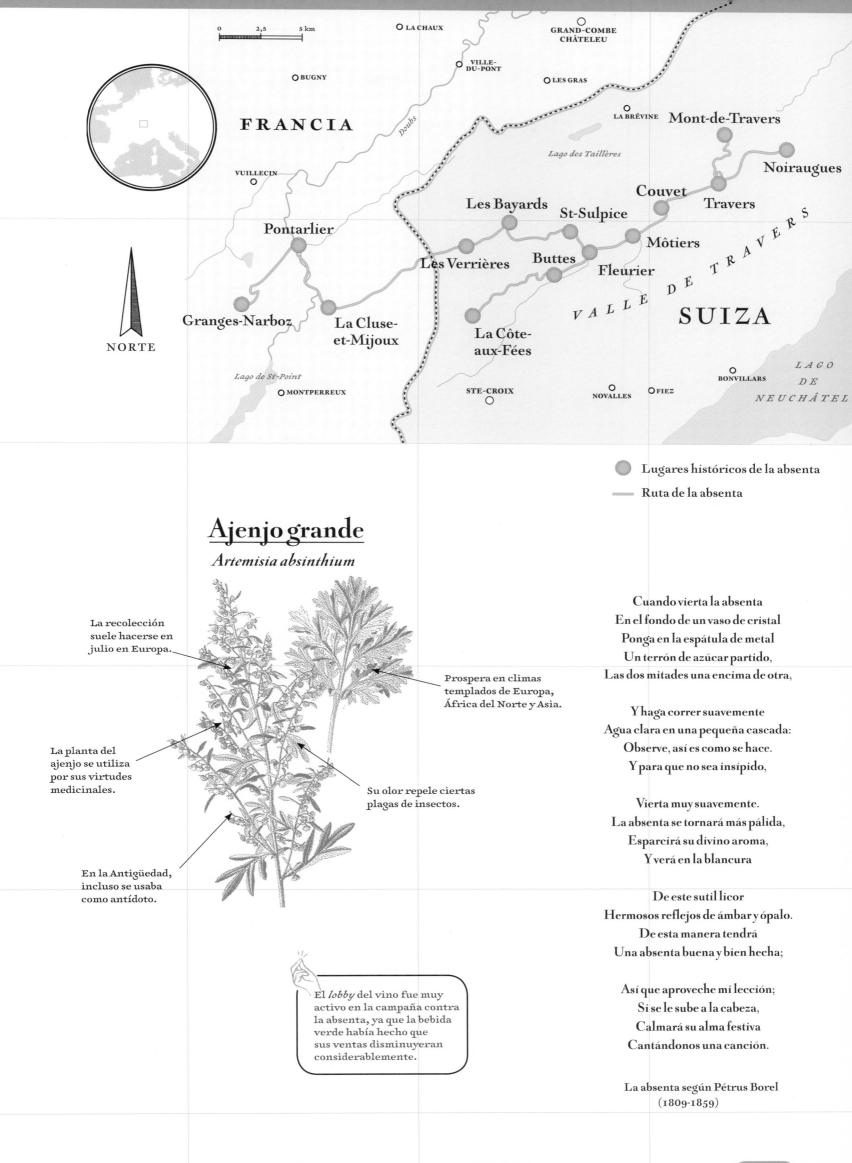

FRANCIA

0 2,5 5 km

○ LA CHAUX

GRAND-COMBE
CHÂTELEU

○ VILLE-
DU-PONT

○ BUGNY

○ LES GRAS

○ LA BRÉVINE

Mont-de-Travers

Doubs

Lago des Taillères

Noiraugues

○ VUILLECIN

Couvet

Travers

Les Bayards

St-Sulpice

Pontarlier

Môtiers

V A L L E   D E   T R A V E R S

Les Verrières

Buttes

Fleurier

NORTE

Granges-Narboz

La Cluse-
et-Mijoux

SUIZA

La Côte-
aux-Fées

Lago de St-Point

○ BONVILLARS

*L A G O
D E
N E U C H Â T E L*

○ MONTPERREUX

STE-CROIX
○

○ NOVALLES ○ FIEZ

● Lugares históricos de la absenta

— Ruta de la absenta

Ajenjo grande
Artemisia absinthium

La recolección
suele hacerse en
julio en Europa.

Prospera en climas
templados de Europa,
África del Norte y Asia.

La planta del
ajenjo se utiliza
por sus virtudes
medicinales.

Su olor repele ciertas
plagas de insectos.

En la Antigüedad,
incluso se usaba
como antídoto.

El *lobby* del vino fue muy
activo en la campaña contra
la absenta, ya que la bebida
verde había hecho que
sus ventas disminuyeran
considerablemente.

Cuando vierta la absenta
En el fondo de un vaso de cristal
Ponga en la espátula de metal
Un terrón de azúcar partido,
Las dos mitades una encima de otra,

Y haga correr suavemente
Agua clara en una pequeña cascada:
Observe, así es como se hace.
Y para que no sea insípido,

Vierta muy suavemente.
La absenta se tornará más pálida,
Esparcirá su divino aroma,
Y verá en la blancura

De este sutil licor
Hermosos reflejos de ámbar y ópalo.
De esta manera tendrá
Una absenta buena y bien hecha;

Así que aproveche mi lección;
Si se le sube a la cabeza,
Calmará su alma festiva
Cantándonos una canción.

La absenta según Pétrus Borel
(1809-1859)

FRANCIA

Se dice que en Francia hay tantos quesos como días tiene el año. ¡Y lo mismo puede decirse de las bebidas alcohólicas! Cada región, departamento o pueblo tiene su propio vino, aguardiente, sidra o licor local. El famoso «apéro» francés es toda una institución a lo largo y ancho del país, es la ocasión de relajarse y estar con los amigos. De la sidra a la sidra cartujana, del coñac a la mirabelle, Francia es uno de los países que ofrece la mayor diversidad de bebidas.

Calvados
de Normandía

Champán
de Épernay

Vino de Borgoña

Coñac de
Charente

Chartreuse
de los Alpes

Vino de Burdeos

Armañac
de Gascuña

Rosado de Provenza

Pastis
de Marsella

BEBIDA
N.°
21
vino

Vino de Borgoña

En esta región, la ruta del vino es también la de la excelencia, donde reinan las variedades de uva pinot noir y chardonnay.

Capital del Borgoña

Beaune

Producción anual (en millones de litros)

141

Graduación alcohólica

12 %

Precio de una botella (75 cl)

35–50€

"
Hay que esforzarse por ser joven como un Beaujolais y viejo como un Borgoña.

Robert Sabatier, escritor

Origen

La historia del vino va de la mano de la del ser humano. Y Borgoña es un ejemplo palmario. Durante dos mil años, esta región no ha dejado de vivir con y por su vino. Desde las primeras vides traídas por los comerciantes romanos hasta el reconocimiento de su excepcional patrimonio vinícola por la UNESCO, la ruta de la viña ha mantenido el mismo rumbo: el de la calidad. Este vino, que era el favorito de Napoleón y de un buen número de clérigos, tuvo que vérselas con la competencia del champán. Llegó a la región por

El favorito de Napoleón y de un buen número de clérigos

necesidad (la sed de las legiones romanas), pero no se quedó allí por casualidad. La región sigue una falla geológica que da lugar a una concentración excepcional de depósitos de sedimentos. La fragmentación del viñedo se debe en parte al código napoleónico que impuso una distribución igualitaria de la herencia entre los descendientes. Actualmente, el tamaño medio de una finca es de unas 7 hectáreas.

Degustación

Todos los vinos de Borgoña son monovarietales, es decir, están hechos con la misma variedad de uva: chardonnay en los blancos, pinot noir en los tintos.

Estas dos variedades son oriundas de la región y se cultivan en laderas donde predomina la piedra caliza.

Tanto los blancos como los tintos de Borgoña se distinguen por su finura y elegancia. En el norte, los blancos son tensos y minerales, mientras que los del sur son más maleables y afrutados.

El tinto es el rey en côte de Nuits y en côte de Beaune. Como vino joven, ofrece aromas de frutas frescas como frambuesa, cereza o mora. Con el tiempo, se pueden distinguir notas de cuero, trufa y sotobosque. La capacidad de envejecimiento de un Pinot noir depende de su clasificación.

Un Grand Cru puede consumirse quince o veinte años después. Así que sí, tenga un poco de paciencia. *Santé!*

Fechas para recordar

S. I	→	1395	→	S. XVIII	→	2015
Nacimiento del viñedo bajo la influencia galorromana.		Felipe el Audaz prohíbe el cultivo de la gamay en beneficio de la pinot noir.		Tras la Revolución, los viñedos, que pertenecían a la Iglesia y a la nobleza, se vendieron como bienes nacionales.		Los *terroirs* de Borgoña (donde denominan *climats*) pasan a formar parte del patrimonio de la UNESCO.

Borgoña representa solo el 0,5 % de la producción mundial de vino, pero sus vinos son los más buscados. En la clasificación de los cincuenta vinos más caros del mundo, treinta y dos son de Borgoña.

Los aromas del Chardonnay según el *terroir*

Cítricos, manzana verde, sílex, acacia

Melocotón, flores blancas, mantequilla, madera

Frutos secos, pera, miel, vainilla

Chablis

Côte de Beaune

Mâconnais

Los aromas del Pinot noir según su edad

Frambuesa, grosella, mora

Mermelada, pimienta, café

Cuero, sotobosque, trufa

4 años

8 años

12 años

DIJON

Côte de Nuits

Marsannay-la-Côte

Fixin

Gevrey-Chambertin

Morey-St-Denis

Chambolle-Musigny

Vougeot

Vosné-Romanée

HAUTES CÔTES DE NUITS

NUITS-ST-GEORGES

Pernand-Vergelesses

Savigny-lès-Beaune

Ladoix-Serrigny

Aloxe-Corton

HAUTES CÔTES DE BEAUNE

Pommard

BEAUNE

St-Romain

Volnay

Monthélie

Auxey-Duresses

Meursault

Côte de Beaune

Puligny-Montrachet

St-Aubin

Chassagne-Montrachet

Santenay

CHAGNY

Sampigny-lès-Maranges

Bouzeron

Rully

Mercurey

CHALON-SUR-SAÔNE

Givry

Côte chalonnaise

Montagny-lès-Buxy

Canal Central

Saona

Mâconnais

Mancey

TOURNUS

Bray

Chardonnay

Uchizy

Lugny

Viré

Péronne

Cluny

Clessé

Senozan

Berzé-la-Ville

Bussières

Hurigny

Prissé

Vergisson

MÂCON

Serrières

Pouilly-Fuissé

Chasselas

Loché

St-Vérand

Vinzelles

Romanèche-Thorins

YONNE

Châtillonnais

AUXERRE

Chablis

CÔTE-D'OR

DIJON

NIÈVRE

Côte de Nuits

Côte de Beaune

SAONA Y LOIRA

Côte chalonnaise

MÂCON

Mâconnais

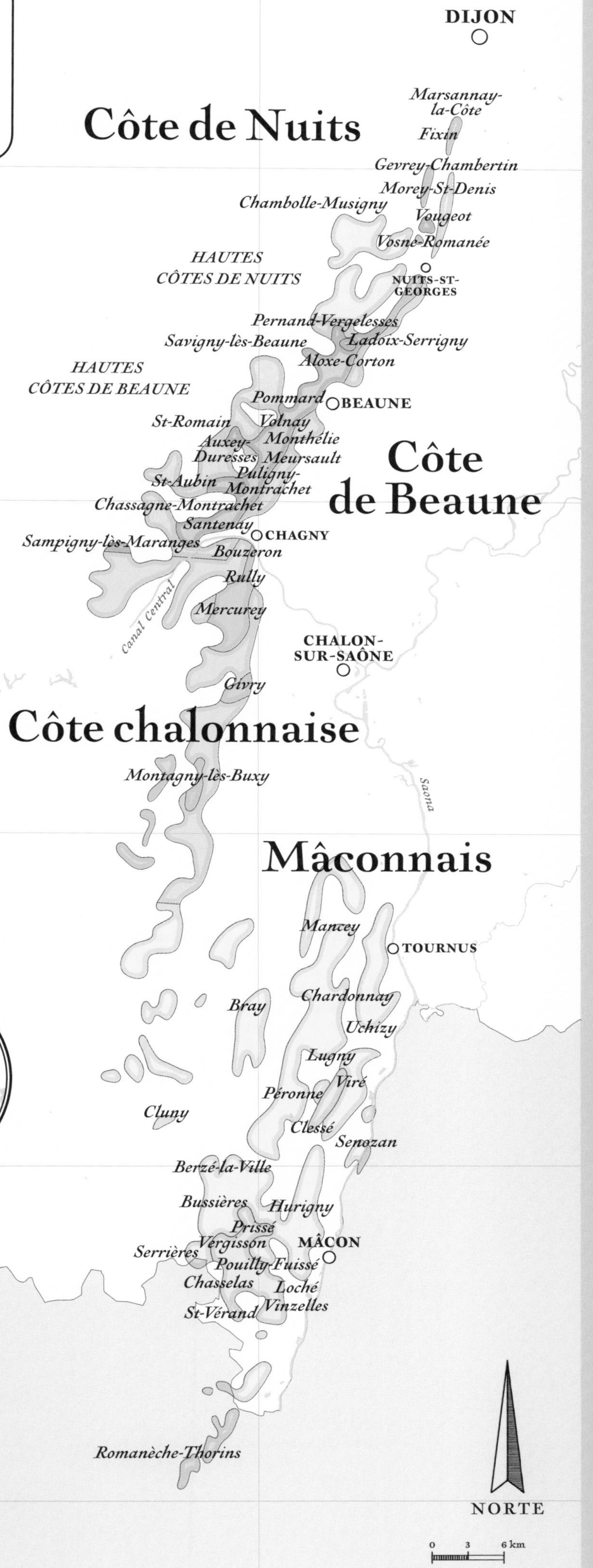

NORTE

0 3 6 km

BEBIDA
N.°
22
vino

Champán de Épernay

Símbolo de fiesta y celebración, la burbuja más prestigiosa del mundo sigue deslumbrando. El viaje de una estrella, de Luis XIV a los videoclips de Snoop Dogg.

Capital del champán

Épernay

Producción anual (en millones de litros)

264

Graduación alcohólica

12 %

Precio de una botella (75 cl)

25 €

Origen

La introducción de la vid en la región de Champaña se la debemos a los romanos. Durante siglos, los vinos de la región se comercializaron bajo el nombre de «vin de France». Hasta el siglo XVII no apareció el término «vin de Champagne»: lo más chic para la burguesía parisina e inglesa. El champán le debe mucho a un hombre: Dom Pérignon (1638-1715). Ni viticultor ni alquimista, este monje era responsable del cultivo de las uvas, de las vides a las prensas. Fue el precursor de la idea de mezclar diferentes uvas para obtener el sabor deseado. Actualmente, aparte de los millesimés, todos los champanes son mezclas de diferentes parcelas y años. Esta región vinícola consta de tres variedades de uva: pinot noir, pinot meunier y chardonnay. Antes del dominio del método *champenoise*, la efervescencia de los vinos era natural e incontrolable. Tanto era así que miles de botellas explotaban sin previo aviso.

Degustación

La copa de flauta sigue siendo una tradición popular, pero los catadores están de acuerdo en que una copa de vino tradicional es más adecuada para concentrar y apreciar los aromas del champán. Se sirve muy frío, así que sáquelo en el último segundo. Para servirlo, no incline la copa delante de un champañés, se lo llevarán los demonios.

La nobleza del champán reside en su efervescencia, así que deje que la espuma se asiente en la copa. A modo de ascensor de aromas, la burbuja desempeña un papel esencial en la difusión de los sabores hacia la parte superior de la copa. El champán suele limitarse al aperitivo, pero es el perfecto aliado para maridarlo con la comida. Póngalo en su mesa para acompañar pescado, aves asadas o ciertos quesos.

> No incline la copa delante de un champañés, se lo llevarán los demonios

> « No es Francia por lo que luchamos, es por el champán. »
>
> Winston Churchill, estadista británico

Fechas para recordar

S. IV	→	1837	→	1844	→	2015
Los romanos introducen la vid en la región.		Control de la «formación de espuma».		Invención del bozal: un hilo de alambre para mantener el tapón en su sitio.		«Coteaux, maisons et caves de Champagne» pasan a formar parte del Patrimonio de la Humanidad de la UNESCO.

NORTE

Vesle

Macizo de Saint-Thierry

Valle de Marne

Valle del Ardre

REIMS

Montaña de Reims

CHÂTILLON-SUR-MARNE

Vesle

CHÂTEAU-THIERRY

ÉPERNAY

CHÂLONS-EN-CHAMPAGNE

Vitry-le-François

Marne

Côte des Blancs

VITRY-LE-FRANÇOIS

Lago del Der-Chantecoq

Côte de Sézanne

Aube

Sena

Sena

Lago de Amance

Montgueux

Lago de Auzon-Temple

Lago de Orient

TROYES

BAR-SUR-AUBE

Côte des Bar

BAR-SUR-SEINE

Aube

0   10   20   30 km

> Un champán «blanc de blanc» está hecho solo de chardonnay.
>
> Un champán «blanc de noir» está hecho de pinot noir y/o meunier.

El color de las vides

Porcentaje de producción de uvas blancas (chardonnay) y tintas (pinot noir, pinot meunier) en la región vinícola de Champaña.

Uva blanca
45 %

Uva tinta
55 %

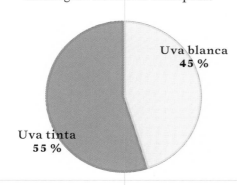

> Para sorpresa de muchos, la mayoría de champanes están hechos con uvas tintas. Pero como se vinifican sin la piel (que es lo que da el color), los mostos son blancos.

La vida de un champán

Los matices de los aromas también dependen de la mezcla de las variedades de uva. La chardonnay aporta vivacidad, la meunier redondez y la pinot noir estructura.

Flores blancas, pera, manzana, melocotón

Juventud

Menos de 5 años después de la compra

Color amarillo pálido

Brioche, almendra, miel, higo, regaliz

Madurez

De 5 a 9 años después de la compra

Color dorado pálido

Tostadas, pan de jengibre, sotobosque, cacao

Plenitud

Más de 9 años después de la compra

Color dorado / ámbar

Calvados de Normandía

Hijo de la huerta normanda, alimentado por el rocío marino del canal de la Mancha, el calvados también recibe los nombres familiares de «calva» o «gota».

Capital del calvados

Lisieux

Producción anual (en millones de litros)

2

Graduación alcohólica

40-45 %

Precio de una botella (70 cl)

45 €

> *¿Qué queremos? Que se deje de considerar al calvados un producto caduco.*
>
> Guillaume Desfrièches, productor en Lisieux

Origen

La historia dice que «Calvados» es la transformación de la expresión latina *Calva dorsa* que solía designar, en viejas cartas náuticas, las alturas de un acantilado entre Port-en-Bessin y Arromanches. Este es el nombre del departamento francés desde 1790 y del aguardiente desde 1884.

El calvados ya existía 300 años antes de que lo bautizaran

Pero este aguardiente ya existía por lo menos 300 años antes de que lo bautizarán así. Las manzanas utilizadas para la producción de «sidra caliente» se dividen en tres categorías: dulces, ácidas y amargas. El productor dosifica la proporción de cada variedad según el resultado deseado. Se necesitan entre 20 y 30 kg de manzanas para obtener 15 litros de sidra, que al destilarse da 1 litro de calvados.

Degustación

El calvados es persistente, intenso y sedoso. Por lo tanto, es un mundo muy interesante para los amantes del whisky, que encuentran en él cierta concentración de aromas.

El calvados ya no es el simple «calva» del siglo xx (un pelotazo para currantes muy poco sutil). Los esfuerzos en pro de la calidad de los destiladores en los últimos veinte años

El calvados ya no es el simple «calva»

han permitido que el calvados vuelva a posicionarse como un producto de altura. Generalmente se bebe como aperitivo o en la sobremesa, a temperatura ambiente, sin hielo. Sigue siendo, por supuesto, el compañero de viaje ideal del «trou normand», una tradición gastronómica que consiste, durante las comilonas, en tomar una copa de calvados entre plato y plato para facilitar la digestión. *Santé!*

Fechas para recordar

1553 → **1884** → **1942**

Primer registro escrito de una destilación de sidra en Normandía.

Primera mención escrita del término «calvados».

Creación de la denominación de origen «Calvados AOC».

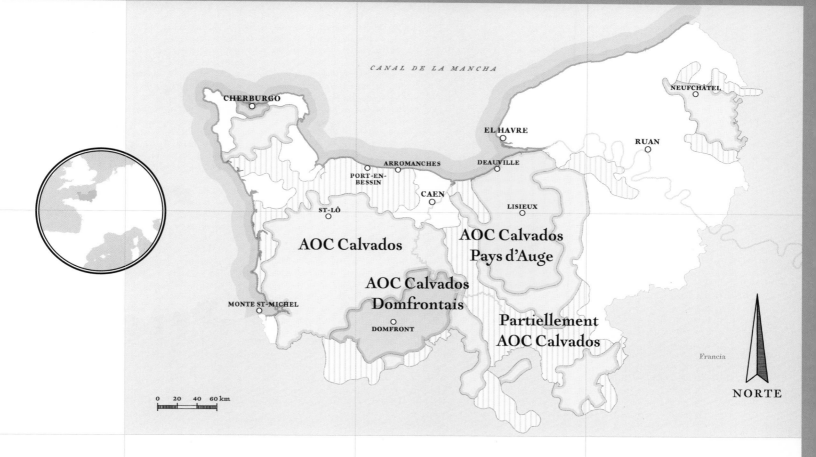

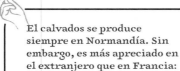

El calvados se produce siempre en Normandía. Sin embargo, es más apreciado en el extranjero que en Francia: más del 50 % de la producción de calvados se exporta.

Calvados Domfrontais 1 %

Calvados del País de Auge 24 %

Calvados 75 %

PORCENTAJE DE PRODUCCIÓN POR DENOMINACIÓN

Tres denominaciones de calvados:

CALVADOS: aguardiente destilado con sidra de Normandía. Envejecimiento mínimo de 2 años.

CALVADOS DU PAYS D'AUGE: aguardiente destilado en alambiques de vaso. La operación se repite dos veces para obtener un aguardiente más «fino». Se hace obligatoriamente con sidra del Pays d'Auge. Envejecimiento mínimo de 2 años.

CALVADOS DOMFRONTAIS: aguardiente destilado en alambiques de columna (destilación continua) y con un 30 % mínimo de pera de la región de Domfrontais. Envejecimiento mínimo de 3 años.

Aromas de un calvados según su edad

2 a 5 años
Naranja claro

5 a 15 años
Anaranjado

15 a 25 años
Ámbar

Coñac de Charente

Moldeado por la historia y disfrutado en todo el mundo, el coñac pertenece a la alta costura de los espirituosos franceses.

Capital del coñac

Cognac

Producción anual (en millones de litros)

71

Graduación alcohólica

40 %

Precio de una botella (70 cl)

60 €

" *Cualquiera puede producir coñac, basta que tu padre, tu abuelo y tu bisabuelo lo hayan producido antes que tú.* "

Proverbio de Charente

Origen

La región vinícola de Charente tiene 2000 años de antigüedad, pero hasta el siglo XVII no se elaboró la primera producción de aguardiente de vino en la región. Los holandeses, que ya eran expertos en destilación, contribuyeron a esta innovación. Dos siglos más tarde, el geólogo Henri Coquant (1811-1881) trabajó en una clasificación de los suelos en seis *crus* según la calidad del aguardiente que podían producir. El mosto se elabora a partir de variedades de uva blanca, principalmente de ugni blanc y luego, en cantidades más pequeñas, colombard y folle-blanc. Este mosto se fermenta para convertirse en una especie de vino que se destilará dos veces antes de ser envejecido en barrica de roble. Solo las flemas del segundo destilado se usarán para hacer coñac. Este proceso garantiza una notable concentración y sutileza de aromas. Para conseguir la denominación «Coñac», el espirituoso debe pasar al menos dos años en barrica de roble.

Un coñac debe producirse en los alrededores del municipio de Cognac, en el departamento francés de Charente. Antes de embotellar, el maestro bodeguero se encarga de mezclar aguardientes de diferentes edades y añadas. Es la nariz y el recuerdo de cada casa.

Degustación

Una copa con un cuello estrecho ayuda a apreciar mejor la sutileza de los aromas. No agite demasiado la copa, deje que el tiempo y los sorbos revelen la identidad de esta ambrosía. Suele servirse alargado, es decir, con hielo o en cóctel. Los coñacs más jóvenes se prestan más a la mixología,

El 98 % de la producción anual se exporta

mientras que el VSOP y el XO deben degustarse puros. El coñac sigue siendo un producto de lujo al que le gusta viajar: el 98 % de la producción anual se exporta a más de 160 países. *Santé!*

Fechas para recordar

S. XVII	→	1909	→	1938
Primera producción de aguardiente de vino en la región.		Delimitación de la zona de producción de coñac.		Creación de la denominación de origen controlada «Cognac».

LA ROCHELLE

Isla de Ré

○ SURGÈRES

Bois ordinaires

Isla de Oleron

○ ROCHEFORT

○ ST-JEAN-D'ANGÉLY

Fins bois

MATHA

○ MARENNES

ROUILLAC

SAINTES

Borderies

○ COGNAC

ANGULEMA

OCÉANO ATLÁNTICO

○ ROYAN

PONS

Grande Champagne

CHÂTEAUNEUF

Petite Champagne

○ JONZAC

Bons bois

Gironda

0   10   20 km

Bois ordinaires
1101 ha

Borderies
3987 ha

Bons bois
9308 ha

Fins bois
31 001 ha

Grande Champagne
13 159 ha

Petite Champagne
15 246 ha

DISTRIBUCIÓN
DE LOS VIÑEDOS
DE COGNAC

Se necesitan diez litros de vino para producir un litro de coñac. Con un periodo de envejecimiento de hasta siete años, el precio de algunas botellas se entiende mejor.

Diferentes tipos de coñac

Uva, naranja, vainilla, almendra

Pasas, regaliz, ciruela, clavo

Fruta confitada, cacao, canela, pimienta, cedro

VS (Very Special)

o *** (3 estrellas)

Coñac cuyo aguardiente más joven tiene al menos 2 años

VSOP

(Very Superior Old Pale)

Coñac cuyo aguardiente más joven tiene al menos 4 años

XO (Extra Old)

Napoléon, Hors d'âge

Coñac cuyo aguardiente más joven tiene al menos 6 años

Vino de Burdeos

Un color, una ciudad y, sobre todo, una región vinícola. A lo largo de los siglos, Burdeos se ha instituido como una de las capitales mundiales del vino tinto.

Capital del vino de Burdeos

Burdeos

Producción anual (en millones de litros)

570

Graduación alcohólica

14 %

Precio de una botella (70 cl)

20 €

Origen

La vid salvaje no crecía en la región. Las primeras cepas las plantaron los celtas, pero tamaña región vinícola es fruto de la llegada de los romanos en el siglo I. El gusto de los europeos por los vinos de Burdeos aumentó durante el Renacimiento, gracias al puerto de la ciudad, que se ocupaba de la mayor parte del comercio con los mercaderes ingleses. Con motivo de la Exposición Universal de París de 1855, Napoleón III ordenó una clasificación oficial de los vinos de Burdeos. Este es el origen de los famosos Grands Crus que conocemos hoy en día. Aunque la pertinencia de esta clasificación es objeto de debate, sigue siendo una referencia en el mundo del vino.

La de Burdeos es una de las regiones vinícolas más afectadas por el calentamiento global. Basta con observar la evolución de la graduación alcohólica de los vinos, elemento vinculado a la madurez de las uvas. Los vinos que estaban en un 9 % hace 30 años, ahora se acercan al 14 %.

Degustación

Los vinos de Burdeos se distinguen por su carácter tánico y su gran capacidad de envejecimiento. Son vinos de mezcla: cada año, los enólogos deciden la proporción exacta de cada variedad en la finca.

Las variedades se vinifican por separado

Las variedades se vinifican por separado y luego se mezclan. Los vinos de la orilla izquierda (Médoc, Graves) se componen principalmente de cabernet sauvignon, y los vinos de la orilla derecha (Libourne), de merlot.

La incidencia de la añada es un elemento capital en esta región. Hay que esperar entre 7 y 15 años para degustar los mejores vinos de Burdeos. La calidad de un año ayuda a definir su potencial de conservación. Los blancos secos se encuentran en la región de Graves, y los blancos licorosos, en la de Sauternes. *Santé!*

> " *El mejor es el Burdeos, porque los médicos lo recetan.* "
>
> Gustave Flaubert, escritor (1821-1880)

Fechas para recordar

1152 → **S. XII** → **1855** → **2016**

1152	S. XII	1855	2016
Leonor, duquesa de Aquitania, se casa con Enrique II, futuro rey de Inglaterra.	La región es inglesa: desarrollo de la región vinícola y el puerto de Burdeos.	Clasificación oficial de los vinos de Burdeos.	Apertura de la Cité du Vin en Burdeos.

OCÉANO ATLÁNTICO

Charente Marítimo

NORTE

Gironda

Médoc

ST-CIERS-
SUR-GIRONDE

Blayais-
Bourgeais

Dordoña

Médoc

Saint-Estèphe

Pauillac
PAUILLAC

Blaye
Blaye Côtes
de Bordeaux
Côtes de Blaye

Canon-Fronsac

Lalande-de-Pomerol

Haut-Médoc

Saint-Julien

BLAYE

Pomerol

Lussac-Saint-Émilion

Montagne-Saint-Émilion

Lagos
de Hourtin
y
Carcans

Bourg
Côtes de Bourg

BOURG

Saint-Georges-Saint-Émilion

Puisseguin-Saint-Émilion

Listrac-Médoc

Moulis

ST-ANDRÉ-
DE-CUBZAC

Garona

Dordoña

Isla

Fronsac

Francs Côtes de Bordeaux

Lago de
Lacanau

Margaux

LIBOURNE
SAINT-ÉMILION

Libournais

Haut-Médoc

Saint-Émilion

Saint-Émilion

BURDEOS

MÉRIGNAC

Castillon Côtes
de Bordeaux

SAINTE-FOY-
LA-GRANDE

PESSAC   BÈGLES

CRÉON

CASTILLON-
LA-BATAILLE

Bahía
de Arcachón

ARCACHÓN

Pessac-Léognan

LÉOGNAN

Premières Côtes
de Bordeaux

Entre-
Deux-Mers

Sainte-Foy-
Bordeaux

SAUVETERRE-
DE-GUYENNE

Entre-
Deux-Mers

Graves

Cadillac
Côtes de Bordeaux
Cadillac

Graves
Graves
Supérieures

Loupiac

Cérons

Barsac

Côtes de Bordeaux-
Saint-Macaire

Entre-Deux-Mers
Haut-Benauge
Bordeaux Haut-Benauge

LANGON

Sauternes

Sainte-Croix-du-Mont

Sauternais

Lot y Garona

0 5 10 km

Los tintos de Burdeos

Inaugurada en la ciudad de
Burdeos en 2016, la Cité du Vin
es el mayor centro cultural
dedicado al vino del mundo. Allí
conocerá la historia de los vinos
de Burdeos, así como la historia
de los países productores de
vino de todos los rincones del
mundo, de Chile a Australia.

Médoc & Graves
(ribera izquierda)

Grosella, cereza,
menta, regaliz

Cuero, cedro,
ciruela, trufa

Juventud
De 2 a 6 años

Madurez
De 7 a 15 años

Suelo con grava

Variedad dominante: **cabernet sauvignon**

Variedades complementarias: **merlot,
cabernet franc, petit verdot, malbec**

Libournais
(ribera derecha)

Fresa, mora,
violeta, regaliz

Cuero, tabaco,
chocolate, cereza negra

Juventud
De 2 a 6 años

Madurez
De 7 a 15 años

Suelo arcillo-calcáreo

Variedad dominante: **merlot**

Variedades complementarias:
**cabernet sauvignon, cabernet franc,
petit verdot, malbec**

Armañac de Gascuña

Viña romana, alambique árabe y barrica celta: el aguardiente más antiguo de Francia tiene sus raíces en la historia de su región.

Capital del armañac

Eauze

Producción anual (en millones de litros)

4,2

Graduación alcohólica

40-50 %

Precio de una botella (70 cl)

40 €

Origen

Durante su conquista de la península ibérica y parte del suroeste de Francia, los musulmanes introdujeron el alambique. Lo utilizaban para hacer perfumes y remedios medicinales. Hasta el siglo XVII el aguardiente no pasó de ser un producto médico raro a un producto de consumo más común. El armañac es un espirituoso artesanal, elaborado en pequeñas cantidades. Siempre noble, pero nunca elitista.

Las variedades de uva blanca utilizadas son folle blanche, colombard, ugni blanc y baco. La zona de producción se extiende ahora por tres departamentos: Gers, Landas y Lot y Garona. El clima es templado, con influencia oceánica en el oeste y mediterránea en el este. La destilación se hace durante el invierno en un alambique continuo de armañac.

Degustación

Al igual que con el coñac, la copa balón no es la más adecuada: es preferible una copa tulipán. Hay que reconocer que no todo el mundo tiene una copa tulipán, así que se puede usar en su lugar una copa de vino con un cuello estrecho. El armañac necesita oxígeno para desvelar sus encantos. No dude en servirlo veinte minutos antes de beberlo. La aireación en la copa debe ser mucho más delicada que la de un vino. Si se precipita, puede liberar sus aromas demasiado rápido. El primer sorbo debe ser pequeño, despertará el paladar y le preparará para el siguiente. Los armañacs jóvenes se prestan más a la mixología, mientras que los VSOP y los Hors d'âge deben degustarse puros, sin hielo. Cuando la copa esté vacía, huélala: los aromas más nobles seguirán presentes. *Santé!*

> ### Los VSOP y los Hors d'âge deben degustarse puros, sin hielo

> *Un viejo armañac es mejor que un viejo maníaco.*
>
> Marc Hillman, músico

Fechas para recordar

718-973 → **S. XII** → **1310** → **1936**

Los árabes ocupan el suroeste: la región descubre el alambique.

Primeros indicios de destilación con fines medicinales.

Primer registro escrito de un aguardiente de vino.

Creación de la denominación de origen controlada «Armagnac».

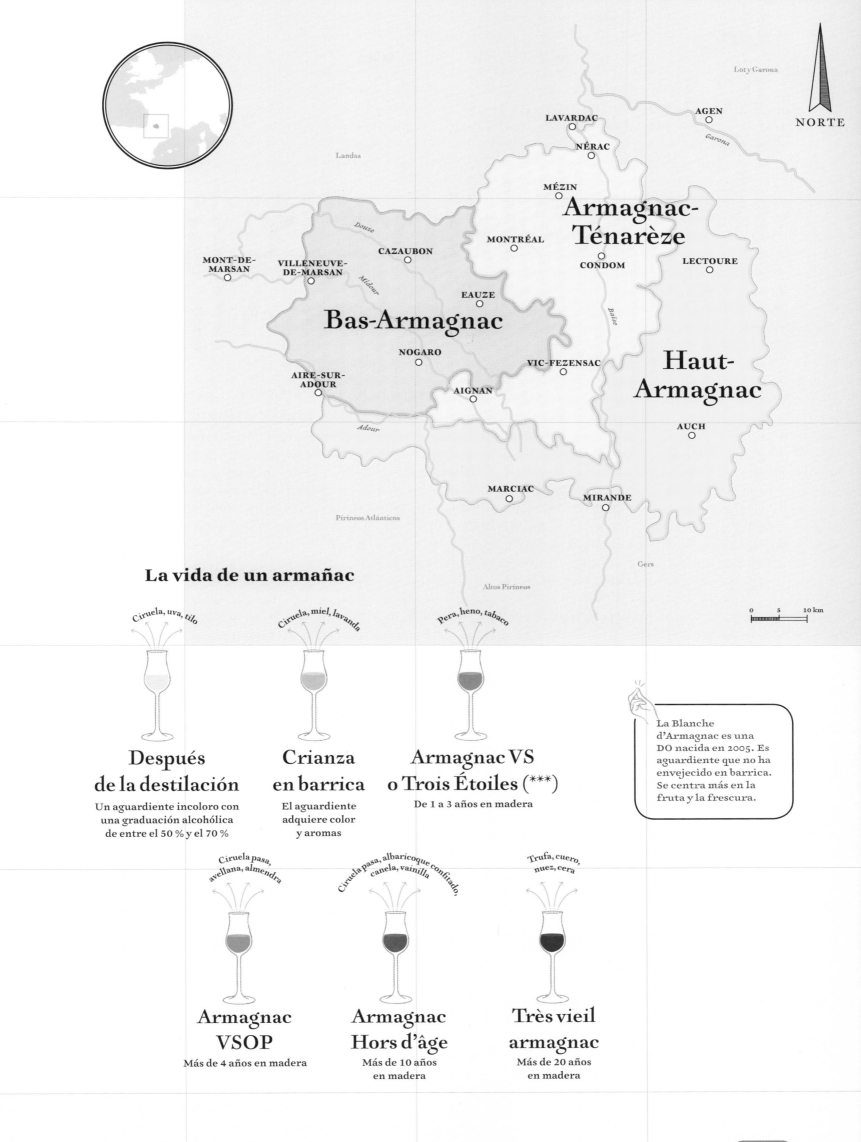

NORTE

Loty Garona

AGEN

LAVARDAC

NÉRAC

Landas

MÉZIN

Douze

MONTRÉAL

Armagnac-Ténarèze

CAZAUBON

MONT-DE-MARSAN

VILLENEUVE-DE-MARSAN

CONDOM

LECTOURE

Midour

EAUZE

Baïse

Bas-Armagnac

Haut-Armagnac

NOGARO

VIC-FEZENSAC

AIRE-SUR-ADOUR

AIGNAN

Adour

AUCH

MARCIAC

MIRANDE

Pirineos Atlánticos

Gers

Altos Pirineos

0   5   10 km

La vida de un armañac

Ciruela, uva, tilo

Después de la destilación
Un aguardiente incoloro con una graduación alcohólica de entre el 50 % y el 70 %

Ciruela, miel, lavanda

Crianza en barrica
El aguardiente adquiere color y aromas

Pera, heno, tabaco

Armagnac VS o Trois Étoiles (***)
De 1 a 3 años en madera

La Blanche d'Armagnac es una DO nacida en 2005. Es aguardiente que no ha envejecido en barrica. Se centra más en la fruta y la frescura.

Ciruela pasa, avellana, almendra

Armagnac VSOP
Más de 4 años en madera

Ciruela pasa, albaricoque confitado, canela, vainilla

Armagnac Hors d'âge
Más de 10 años en madera

Trufa, cuero, nuez, cera

Très vieil armagnac
Más de 20 años en madera

Chartreuse de los Alpes

El elixir verde de las ciento treinta plantas capea los siglos gracias al duro trabajo de los monjes de la orden de los Cartujos, que tuvieron que superar muchos obstáculos para preservar su receta.

Capital de la chartreuse

Voiron

Producción anual (en litros)

800 000

Graduación alcohólica

43 - 55 %

Precio de una botella (70 cl)

40 €

> *Pero ¿por qué todos estos muros y portones están cerrados? ¿Qué hacen esos monjes ahí dentro?*
>
> Dom Marcellin, padre cartujo

Origen

Todo comenzó en 1605 en la Cartuja de Vauvert, en París (los actuales Jardines de Luxemburgo). Un duque dio a los monjes de la orden cartujana la receta de un elixir de larga duración cuya composición incluía casi todas las plantas medicinales de la época.

Dada la complejidad de la receta, el manuscrito se utilizó poco, pero reapareció en 1735 en la casa madre de la orden, en el macizo de la Chartreuse. El cartujo Jérôme Maubec, boticario del monasterio, retomó la receta y elaboró un licor con un 71 % de alcohol. El licor se refinó con el tiempo, y aunque la orden fue expulsada de Francia en 1903, la receta sobrevivió. Los monjes continuaron elaborando el elixir en Tarragona y luego en Marsella, antes de volver a la ubicación original de la Chartreuse.

La tradición del secreto está destinada a ser eterna, ya que actualmente solo dos hermanos de la orden conocen la receta y guardan el secreto de las plantas y flores que le dan ese color verde o amarillo tan particular. El secado y la mezcla de las plantas se sigue haciendo en el monasterio, pero la destilería está en Entre-Deux-Guiers. Es el único lugar donde se hace la chartreuse.

La tradición del secreto sigue hasta nuestros días

Degustación

La chartreuse no es una bebida única, es una gama de licores basada en una receta central cuyo producto estrella sigue siendo la chartreuse verde, la más consumida. Suele tomarse con hielo en la sobremesa. La chartreuse amarilla se prepara con los mismos ingredientes, pero en diferentes proporciones. Tiene aromas a flores, miel y especias y es más suave y esponjosa que la verde. A principios de la década de 2000, la chartreuse vivió una nueva juventud en el mundo de la mixología y se convirtió en un licor de moda en la composición de diversos cócteles. *Santé!*

Fechas para recordar

1084	→	1605	→	1764	→	s. XIX
Fundación de la Orden de los Cartujos por San Bruno en el macizo de la Chartreuse.		Los monjes cartujos recibieron del duque de Estrées un misterioso manuscrito que contenía la receta de un elixir de larga duración.		La chartreuse adopta el color verde que conocemos actualmente.		Expansión comercial de la chartreuse.

Map labels:
PARÍS

LYON
GRENOBLE

ENTRE-DEUX-GUIERS

Destilería de la Chartreuse

Bodegas de la Chartreuse

ST-ÉTIENNE-DE-CROSSEY

ST-LAURENT-DU-PONT

VOIRON

Monasterio de la Grande Chartreuse

MOIRANS

ST-PIERRE-DE-CHARTREUSE

PARQUE NATURAL REGIONAL DE CHARTREUSE

VOREPPE

NORTE

SARCENAS

ST-ISMIER

Isère

ST-EGRÈVE

Isère

MEYLAN

Drac

GRENOBLE

0   2   4 km

CHARTREUSE MULE

- 3 cl de chartreuse verde
- 1 cl de zumo de lima
- 10 cl de cerveza de jengibre (o tónica)
- hielo

Ponga dos hielos en el vaso.

Exprima la lima y vierta 1 cl en el vaso.

Añada la chartreuse verde y la cerveza de jengibre.

Mezcle y ¡a disfrutar!

La chartreuse en la historia

La chartreuse formaba parte del menú del restaurante de primera clase la noche del hundimiento del *Titanic*. El menú ofrecía en los postres, como décimo plato, melocotones en gelatina con chartreuse.

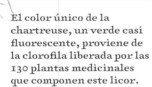

El color único de la chartreuse, un verde casi fluorescente, proviene de la clorofila liberada por las 130 plantas medicinales que componen este licor.

La gama de chartreuse

Chartreuse verte
55 % - 70 cl
Licor original de 130 plantas, envejecido en barricas de roble y en botella

Chartreuse jaune V.E.P
42 % - 100 cl
Chartreuse jaune original con un envejecimiento muy prolongado

Liqueur d'élixir
56 % - 100 cl
Licor elaborado según la receta original de 1605

Chartreuse verte V.E.P
54 % - 100 cl
Chartreuse verte original con un envejecimiento muy prolongado

Chartreuse jaune
43 % - 70 cl
Licor dulce y meloso, con aroma a flores, miel y especias

Liqueur du 9ᵉ centenaire
47 % - 70 cl
Sutil mezcla de licores añejos para conmemorar el noveno centenario de la fundación de la Grande Chartreuse en 1084

Élixir végétal
69 % - 10 cl
Unas gotitas en un terrón de azúcar, una infusión o un grog

Rosado de Provenza

Los aires del Sur... El rosado de Provenza es el vino de verano por excelencia, un placer fresco y con notas de acidez producido en la región vinícola más antigua de Francia.

Capital del rosado de Provenza

Les Arcs
(Var)

Producción anual
(en millones de litros)

130

Graduación alcohólica

12,5 - 14 %

Precio de una botella (75 cl)

8 €

A los norteamericanos les encanta el rosado de Provenza. De las botellas exportadas, una de cada dos termina en los Estados Unidos.

Origen

Las viñas llegaron a Provenza gracias a los foceanos quienes, después de fundar Massalia (Marsella) en el 600 a. C., empezaron a producir vino en los alrededores de la ciudad. Así que la región vinícola de Provenza es la más antigua de Francia.

En la historia contemporánea, el éxito del vino rosado de Provenza va de la mano del desarrollo del turismo durante el siglo XX en el sur de Francia, donde es muy apreciado por los veraneantes por su frescura. Los viticultores de la región, tras un

Supone el 42 % de la producción francesa de vino rosado

período de producción sin cuotas que se antepuso a la calidad, decidieron organizarse para poner en común sus medios de producción. Este movimiento cooperativo benefició a la región vinícola, ya que despertó un mayor interés por los *terroirs* y por la producción de vino de calidad. La creación de la AOC Côtes de Provence en 1977 recompensó este

trabajo y la presencia de los vinos rosados de Provenza en todo el mundo es una realidad. El rosado de Provenza representa el 42 % de la producción francesa de vino rosado y el 6 % de la producción mundial. ¡La región vinícola de Provenza dedica el 89 % de su producción a los vinos rosados!

Degustación

Los rosados de Provenza son vinos de gran variedad y calidad. Las vides gozan de un clima cálido y seco, barrido por el mistral. A pesar de tener un suelo pobre, está bien drenado por la garriga. Este tipo de suelo se adapta perfectamente al desarrollo de la vid y le da al vino rosado una acidez refrescante. El rosado a menudo es tenido por un vino «sencillo», sin embargo, si se busca con suficiente atención (evitando las trampas de los «rosados de pomelo»), encontrará vinos gourmet y afrutados que casan con el verano. Es un vino para el placer inmediato, para los placeres compartidos, ¡un vino de libertad! *Santé!*

Fechas para recordar

600 a. C. →	1880 →	s. XX →	1977
Los foceanos (antiguo pueblo griego) fundaron Marsella e introdujeron por primera vez el cultivo de la vid en la región.	Crisis de filoxera en la región vinícola de Provenza.	Los viticultores de Provenza se organizan en cooperativas para producir vino de calidad.	Creación de la primera DO de Provenza: Coteaux de Provence.

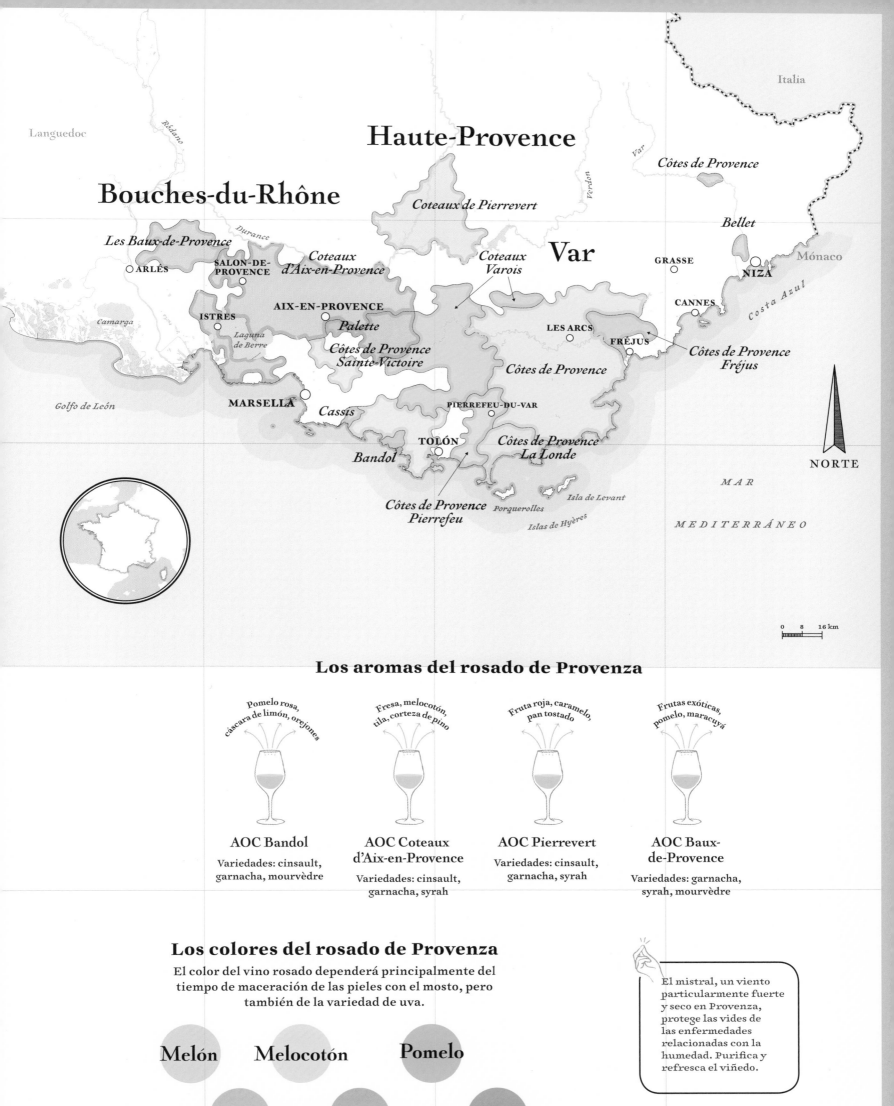

Los aromas del rosado de Provenza

Pomelo rosa, cáscara de limón, orejones

AOC Bandol

Variedades: cinsault, garnacha, mourvèdre

Fresa, melocotón, tila, corteza de pino

AOC Coteaux d'Aix-en-Provence

Variedades: cinsault, garnacha, syrah

Fruta roja, caramelo, pan tostado

AOC Pierrevert

Variedades: cinsault, garnacha, syrah

Frutas exóticas, pomelo, maracuyá

AOC Baux-de-Provence

Variedades: garnacha, syrah, mourvèdre

Los colores del rosado de Provenza

El color del vino rosado dependerá principalmente del tiempo de maceración de las pieles con el mosto, pero también de la variedad de uva.

Melón **Melocotón** **Pomelo**

Mango **Mandarina** **Grosella**

El mistral, un viento particularmente fuerte y seco en Provenza, protege las vides de las enfermedades relacionadas con la humedad. Purifica y refresca el viñedo.

Pastis de Marsella

Anisette, petit jaune, pastaga... no faltan apodos para este aperitivo icónico del sur de Francia, el compañero ideal para las tardes de verano, que ha conquistado a todo el país. ¡Abran sus tumbonas!

Capital del pastis

Marsella

Producción anual (en millones de litros)

135

Graduación alcohólica

40-45 %

Precio de una botella (70 cl)

15 €

Origen

La historia del pastis está íntimamente ligada a la de la absenta, que podría considerarse como su antepasado o su hermana mayor. A principios del siglo xx, la absenta era el aperitivo más extendido en el sur de Francia y se bebía con agua fría. Pero sufrió una ola de protestas populares por su gran consumo y se convirtió en sinónimo de alcoholismo. Tras la prohibición en 1914 por parte del gobierno de cualquier tipo de bebida alcohólica con una graduación superior al 16 %, se buscó un equivalente a esta bebida. A finales de los años 1920, Paul Ricard popularizó una bebida llamada pastis (que significa «mezcla» en provenzal). Es una receta erudita que resulta de la maceración de anís, regaliz, hinojo y otras plantas mediterráneas en un alcohol neutro. El éxito del pastis fue innegable y se extendió por toda Francia para convertirse en uno de los aperitivos más consumidos del país.

Paul Ricard populariza una bebida llamada pastis

Degustación

Símbolo de la cultura del sur de Francia y de su arte de vivir, el pastis es el aperitivo estival por excelencia, evoca el calor, las vacaciones, el terraceo... Se sirve en un vaso una parte de pastis (2 cl) por cinco de agua fría (10 cl) con hielo, con un maravilloso acompañamiento de aceitunas y sardinas. Actualmente hay decenas de marcas de pastis, que difieren en las dosis de los ingredientes de su composición. Algunas producciones artesanales añaden un sinnúmero de plantas aromáticas al anís y al regaliz. *Santé!*

> *¡Ah! Quien no haya sentido ganas de tomarse un pastis después de un baño en el Mediterráneo no sabe lo que es un buen baño en el Mediterráneo.*
>
> *El marinero de Gibraltar,* Marguerite Duras

Fechas para recordar

1932	1936	1939-45	1951
Es la primera vez que la palabra «pastis» aparece en la etiqueta de una bebida anisada.	El pastis se populariza en la era de las vacaciones pagadas.	Las bebidas que superan el 16 % de graduación alcohólica vuelven a estar prohibidas.	Renacimiento del pastis.

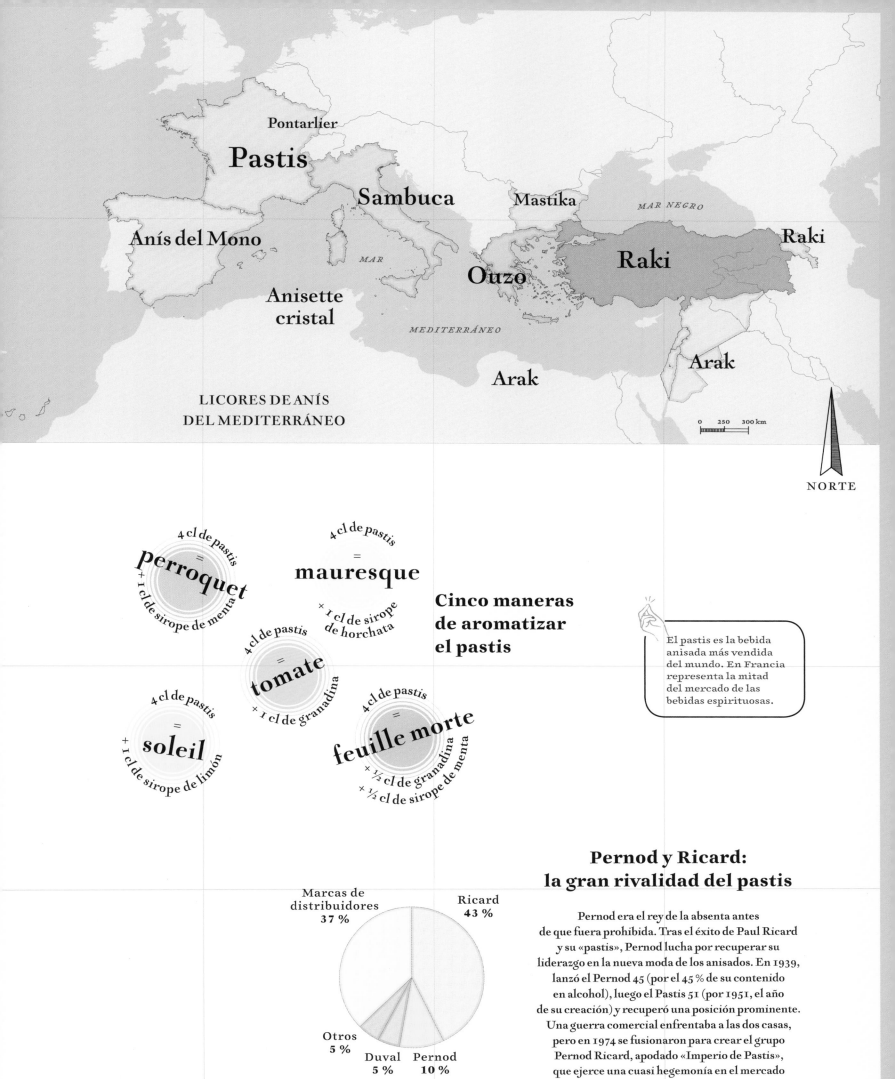

Pontarlier

Pastis

Sambuca

Mastika

MAR NEGRO

Anís del Mono

MAR

Raki

Ouzo

Raki

Anisette
cristal

MEDITERRÁNEO

Arak

Arak

LICORES DE ANÍS
DEL MEDITERRÁNEO

0   250   300 km

NORTE

4 cl de pastis
=
perroquet
+ 1 cl de sirope de menta

4 cl de pastis
=
mauresque
+ 1 cl de sirope
de horchata

**Cinco maneras
de aromatizar
el pastis**

4 cl de pastis
=
tomate
+ 1 cl de granadina

4 cl de pastis
=
soleil
+ 1 cl de sirope de limón

4 cl de pastis
=
feuille morte
+ ½ cl de granadina
+ ½ cl de sirope de menta

El pastis es la bebida
anisada más vendida
del mundo. En Francia
representa la mitad
del mercado de las
bebidas espirituosas.

Pernod y Ricard:
la gran rivalidad del pastis

Marcas de
distribuidores
37 %

Ricard
43 %

Otros
5 %

Duval
5 %

Pernod
10 %

Pernod era el rey de la absenta antes
de que fuera prohibida. Tras el éxito de Paul Ricard
y su «pastis», Pernod lucha por recuperar su
liderazgo en la nueva moda de los anisados. En 1939,
lanzó el Pernod 45 (por el 45 % de su contenido
en alcohol), luego el Pastis 51 (por 1951, el año
de su creación) y recuperó una posición prominente.
Una guerra comercial enfrentaba a las dos casas,
pero en 1974 se fusionaron para crear el grupo
Pernod Ricard, apodado «Imperio de Pastis»,
que ejerce una cuasi hegemonía en el mercado
de los anisados.

Orujo de Galicia

Sidra de Asturias

Vino de Rioja

Vinho verde
del Minho

Porto
del Douro

Anís del Mono

Cava catalán

Jerez
andaluz

PENÍNSULA IBÉRICA

La península ibérica está marcada fundamentalmente por el vino, que encontramos por todos los rincones en ambos países y en formas muy diferentes. España tiene la mayor superficie de viñedo del mundo y Portugal la undécima. Tierra de paso para el comercio o de salida para los grandes exploradores, la península ibérica transportó rápidamente sus elixires y viñas, que los colonos plantaron por donde pasaban.

Vino de Rioja

Se trata de la región vinícola más famosa de España por su vigoroso y complejo vino tinto, se extiende a ambos márgenes del río Ebro en la encrucijada de los climas oceánico y mediterráneo.

Capital del vino de Rioja

Logroño

Producción anual (en millones de litros)

29

Graduación alcohólica

13 - 14,5 %

Precio de una botella (75 cl)

10 €

> " *La tempranillo es una variedad fantástica que estructura nuestros vinos.* "
>
> Maria Vargas, enóloga de Marqués de Murrieta

Origen

Es uno de los viñedos más emblemáticos y nobles de España y se extiende principalmente por la provincia homónima en más de 65 000 hectáreas, 600 bodegas, 14 800 viticultores y 362 millones de botellas vendidas. La producción de vino se remonta al siglo XI y a la retirada de los árabes del norte de España. El desarrollo cualitativo de esta región vinícola se debe a la crisis de filoxera en la región de Burdeos, que obliga a algunos de sus viticultores a emigrar al sur. De este modo es cómo se importan usos propios de Burdeos, como la mezcla o el envejecimiento en barrica de roble. La tempranillo es una variedad de uva autóctona. Es la reina de la región y ocupa un 70 % de los viñedos. Cuando se mezcla con graciano o garnacha, revela el típico vino tinto de viñedo, un vino

La variedad tempranillo es la reina de la región

con cuerpo, tánico y con aromas de frutas rojas.

El viñedo se divide en tres regiones: la Rioja Alavesa y la Rioja Alta comparten la parte oeste con un clima oceánico, mientras que al este encontramos la Rioja Oriental, con un clima más mediterráneo. Su topografía es compleja, con llanuras y mesetas alternas. Las vides de las llanuras suelen destinarse a vinos jóvenes, mientras que las vides en altitud ofrecen vinos complejos que pueden conservarse durante mucho tiempo.

Degustación

El típico tinto de Rioja es un vino potente, con cuerpo y robusto, de color rojo rubí y un fuerte aroma a cerezas negras. Un Rioja reserva debe envejecer durante tres años, uno de ellos en barrica de roble, y presenta aromas de tabaco y cuero. En la mesa casa a las mil maravillas con carnes estofadas, rojas o blancas o terrina de foie gras. ¡Salud!

Fechas para recordar

S. XII	→	1900	→	1970	→	1991
Inicio de la producción de vino en la región.		Mejora cualitativa del viñedo con la llegada de los viticultores de Burdeos.		Crisis cualitativa en el viñedo.		Renovación del viñedo y obtención de la DOCa.

Rioja Alavesa

Ebro

Navarra

HARO

CUZCURRITA

EL CIEGO

LOGROÑO

SANTO DOMINGO
DE LA CALZADA

NÁJERA

Rioja Alta

CLAVIJO

Ebro

Rioja Baja

ARNEDO

ALFARO

TORRECILLA
EN CAMEROS

ORTIGOSA

GRÁVALOS

NORTE

Castilla y León

0   5   10 km

Los aromas de los vinos de la Rioja

Frutos rojos confitados,
ciruela, cuero,

Cereza negra madura, hierbas,
frutos rojos, canela,

Fruta fresca, notas florales,
especias, regaliz

Notas florales, galleta,
fruta amarilla

Fruta blanca, notas minerales,
hierba, pan tostado

Tempranillo
100 %

Tempranillo -
garnacha negra -
graciano

Graciano -
Garnacha

Viura
100 %

Garnacha
blanca 100 %

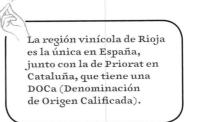

La región vinícola de Rioja
es la única en España,
junto con la de Priorat en
Cataluña, que tiene una
DOCa (Denominación
de Origen Calificada).

Sidra de Asturias

La sidra corre a raudales en Asturias, casi literalmente. De las sidrerías a las grandes fiestas de verano, se escancia para liberar todo su sabor.

Capital de la sidra asturiana

Nava

Producción anual (en millones de litros)

30

Graduación alcohólica

4-6 %

Precio de una botella (75 cl)

3 €

Aquí se elabora el 80 % de la producción nacional

Origen

Aunque también se produce en el País Vasco, la sidra española adquiere todo su valor y sabor en el Principado de Asturias, en el corazón de la «España Verde». La sidra es un estandarte cultural y económico, una verdadera institución e incluso se puede llegar a pensar que ha existido siempre, ya que la producción de manzanas es antigua y se remonta a antes de la invasión de los romanos. La ausencia del cultivo de la vid es una posible explicación de la expansión de los campos de manzanas en este territorio de clima templado y suave, favorable para el cultivo de los manzanos. Aquí se elabora el 80 % de la producción nacional de sidra en 6500 hectáreas de campos, pero el 95 % de esta producción no sale de Asturias y se consume allí, en los numerosos bares o sidrerías de Gijón, Oviedo, Avilés, etc. ¡Ni se le ocurra pedir un vaso de sidra, solo se vende en botellas de 75 cl!

Degustación

Se dice que la sidra asturiana es la única que se escancia. Para describir esta práctica única, lo mejor es verla con sus propios ojos, pero a la espera de su viaje a Asturias, he aquí un anticipo: la sidra se vierte desde arriba, el brazo que sostiene la botella debe estar estirado al máximo por encima de la cabeza; el otro brazo que sostiene el vaso también debe estar estirado al máximo por debajo de la cadera. En esta posición, se deja caer la sidra desde una altura considerable, y al estamparse contra el vidrio forma una especie de espuma conocida como «espalma». De esta forma se le da una buena oxigenación. Solo se sirve un «culín», que hay que beber de un trago. El último sorbo sirve para enjuagar el vaso antes de pasárselo al acompañante: la tradición dicta que los amigos compartan el mismo vaso. ¡Salud!

Fechas para recordar

60 a. C. → **ss. XII-XIII** → **1970**

Un geógrafo griego llamado Estrabón hace referencia a la producción de manzanas en Asturias.

El manzano es el primer cultivo arbóreo de la región.

Siglo en el que se vive la mayor expansión de los campos de manzanos para sidra en el Principado de Asturias.

OCÉANO ATLÁNTICO

AVILÉS

GIJÓN

OVIEDO

LANGREO

LLANES

CANGAS DEL NARCEA

NORTE

DENSIDAD DE LOS CAMPOS
DE MANZANOS EN ASTURIAS

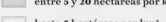 más de **120** hectáreas por km²

 entre **5 y 20** hectáreas por km²

 hasta **5** hectáreas por km²

Pequeño diccionario asturiano

Culete, culín:
Pequeña cantidad de sidra
que se bebe de un trago

Chigre:
Taberna o tienda donde se
vende la sidra

Escanciar:
Verter la sidra desde cierta
altura para oxigenarla
(se «espalma»: rompe en
espuma al golpear el borde
del vaso)

Llagar:
Lugar donde se elabora la
sidra. Prensa utilizada para
obtener el zumo

Mayar:
Machacar las manzanas para
extraer el zumo durante el
proceso de prensado en el
llagar

Palu:
Características (color,
aroma, sabor...) que definen
la sidra

Pipe:
Barril donde fermenta el
zumo y se convierte en sidra

En 2019, en Gijón, se batió
el récord Guiness de
escanciado simultáneo
de sidra con 9721 personas
escanciando a la vez en la
playa de Poniente.

El escanciado mancha, por lo
que en el suelo de las sidrerías
suele haber serrín para
absorber la sidra que no llega
al vaso. También se utilizan
absorbentes artificiales, sal o
«nomechisques» (barreños).

Orujo de Galicia

El uso de las viñas es doble en Galicia: sirven para producir numerosos vinos y también el célebre licor llamado orujo.

Capital del orujo

Potes

Graduación alcohólica

37-45 %

Precio de una botella (75 cl)

20 €

Origen

Al igual que en países como Italia, Francia o Portugal, España produce vino en casi todas las regiones de su territorio. En Galicia y Cantabria, el residuo seco del prensado o del pisado de las uvas, conocido como «orujo», se ha utilizado desde el siglo XVII para producir un aguardiente que, por metonimia, se bautizó con ese mismo nombre y se asemeja a la grappa italiana.

Los hollejos, semillas y escobajos se fermentan en cubas abiertas y luego se destilan. El alambique, que introdujeron los árabes durante la ocupación de la península ibérica en la Edad Media, iba de aldea en aldea y allí acudían los paisanos con su orujo para producir el famoso brebaje. Aunque sigue produciéndose de manera artesanal y doméstica, la concesión en 1989 de la denominación protegida «Orujo de Galicia» ha profesionalizado su producción. Actualmente hay 20 destiladores de orujo repartidos entre Galicia y Cantabria.

Degustación

Hay dos categorías principales de orujo: el que sale del alambique en forma de un licor incoloro y el que envejece en barrica de roble durante al menos dos años, reconocible por su color más ámbar. Aunque es bastante común tomarlo solo, para hacer la queimada el orujo sigue siendo el aguardiente más popular. Esta preparación consiste en poner cáscara de limón, azúcar y granos de café en un recipiente de barro. Tras poner el aguardiente, la mezcla se flamea hasta que la llama se vuelve azul. La leyenda cuenta que antaño se declamaban conjuros para preparar la bebida... *Saúde!*

> **Para hacer la queimada, el orujo sigue siendo el aguardiente más popular**

Fechas para recordar

s. XVII	s. XIX	1989	1991
Aparición de la producción de aguardiente de orujo en Galicia.	La prohibición de hacer orujo se aplica en España.	Creación de la Denominación Específica Orujo de Galicia, que reúne a una veintena de productores.	Organización de la primera fiesta del Orujo en Galicia.

MAPA DE GALICIA

A CORUÑA

SANTIAGO DE
COMPOSTELA

LUGO

PONTEVEDRA

OURENSE

RIBADAVIA

VIGO

NORTE

Portugal

0   15   30 km

Cada segundo fin de semana de noviembre, en Potes, un pequeño pueblo de Cantabria, se celebra la Fiesta del Orujo, una gran fiesta con música tradicional, mercado, concursos y degustación de orujo y destilación en público. ¡No se la pierda si está por la zona!

Ritual de preparación de la queimada

Este ritual está destinado a ahuyentar a los malos espíritus y a las brujas, pero cualquier ocasión es buena para hacer una queimada.

Siempre después de la cena, en la oscuridad de la noche, los comensales deben reunirse alrededor de la queimada para su preparación. Se necesita aguardiente, azúcar (120 gramos por litro de alcohol) y luego a elegir: piel de limón o naranja, granos de café, rodajas de manzana o uva.

Vierta en un gran recipiente de barro el aguardiente y el azúcar con la cáscara de limón y el café (o frutas) y remueva.

Recoja en un recipiente más pequeño una pequeña cantidad de queimada sin café ni fruta y préndale fuego.

Vierta el contenido en llamas en el recipiente grande hasta que el fuego se propague por completo. Remueva lentamente la poción con un cucharón, dejando que las llamas caigan en cascada.

Recite el siguiente conjuro mientras la poción arde y sirva tan pronto como las llamas se apaguen...

CONXURO DA QUEIMADA

GALEGO

Mouchos, coruxas, sapos e bruxas;
demos, trasnos e diaños;
espíritos das neboadas veigas,
corvos, píntegas e meigas;
rabo erguido de gato negro
e todos os feitizos das menciñeiras...
Podres cañotas furadas,
fogar de vermes e alimañas,
lume da Santa Compaña,
mal de ollo, negros meigallos;
cheiro dos mortos, tronos e raios;
fucuño de sátiro e pé de coello;
ladrar de raposo, rabiño de martuxa,
oubeo de can, pregoeiro da morte...
Pecadora lingua de mala muller
casada cun home vello;
Averno de Satán e Belcebú,
lume de cadáveres ardentes,
lumes fatuos da noite de San Silvestre,
corpos mutilados dos indecentes,
e peidos dos infernais cus...
Bruar da mar embravecida,
agoiro de naufraxios,
barriga machorra de muller ceibe,
miañar de gatos que andan á xaneira,
guedella porca de cabra mal parida
e cornos retortos de castrón...
Con este cazo
levantarei as chamas deste lume
que se asemella ao do inferno
e as meigas ficarán purificadas
de tódalas súas maldades.
Algunhas fuxirán
a cabalo das súas escobas
para iren se asulagar
no mar de Fisterra.
Ouvide! Escoitade estos ruxidos...!
Son as bruxas que están a purificarse
nestas chamas espiritosas...
E cando este gorentoso brebaxe
baixe polas nosas gorxas,
tamen todos nós quedaremos libres
dos males da nosa alma
e de todo embruxamento.
Forzas do ar, terra, mar e lume!
a vós fago esta chamada:
se é verdade que tendes máis poder
ca humana xente,
limpade de maldades a nosa terra
e facede que aquí e agora
os espíritos dos amigos ausentes
compartan con nós esta queimada.

CASTELLANO

Búhos, lechuzas, sapos y brujas;
Demonios, duendes y diablos;
espíritus de las vegas llenas de niebla,
cuervos, salamandras y hechiceras;
rabo erguido de gato negro
y todos los hechizos de las curanderas...
Podridos leños agujereados,
hogar de gusanos y alimañas,
fuego de la Santa Compaña,
mal de ojo, negros maleficios;
hedor de los muertos, truenos y rayos;
hocico de sátiro y pata de conejo;
ladrar de zorro, rabo de marta,
aullido de perro, pregonero de la muerte...
Pecadora lengua de mala mujer
casada con un hombre viejo;
Averno de Satán y Belcebú,
fuego de cadáveres ardientes,
fuegos fatuos de la noche de San Silvestre,
cuerpos mutilados de los indecentes,
y pedos de los infernales culos...
Rugir del mar embravecido,
presagio de naufragios,
vientre estéril de mujer soltera,
maullar de gatos en busca gatas en celo,
melena sucia de cabra mal parida
y cuernos retorcidos de castrón...
Con este cazo
elevaré las llamas de este fuego
similar al del Infierno
y las brujas quedarán purificadas
de todas sus maldades.
Algunas huirán
a caballo de sus escobas
para irse a sumergir
en el mar de Finisterre.
¡Escuchad! ¡Escuchad estos rugidos...!
Son las brujas que se están purificando
en estas llamas espirituales...
Y cuando este delicioso brebaje
baje por nuestras gargantas,
también todos nosotros quedaremos libres
de los males de nuestra alma
y de todo maleficio.
¡Fuerzas del aire, tierra, mar y fuego!
a vosotros hago esta llamada:
si es verdad que tenéis más poder
que los humanos,
limpiad de maldades nuestra tierra
y haced que aquí y ahora
los espíritus de los amigos ausentes
compartan con nosotros esta queimada.

Vinho verde del Minho

Un vino joven, vivo y expresivo: es la expresión perfecta de este territorio que bordea el Atlántico, DE exuberante vegetación y donde las vides crecen junto a los árboles.

Capital del vinho verde

Braga

Producción anual (en millones de litros)

65

Graduación alcohólica

8,5 - 14 %

Precio de una botella (75 cl)

10 €

> *El vinho verde es el más singular de los vinos. Es raro, original, refrescante, dietético. No embriaga.*
>
> António Augusto de Aguiar, profesor de Química

Origen

El vinho verde, producido en la parte más septentrional de Portugal, entre los ríos Miño y Duero, es un tipo de vino original que debe su nombre a su vendimia temprana, a su juventud en contraposición al *vinho maduro*. La región se caracteriza por un relieve irregular, un clima oceánico sin grandes variaciones de temperatura, pero con fuertes precipitaciones y un suelo granítico ideal para la producción de vinos blancos jóvenes, vivos y expresivos.

Tradicionalmente las vides se plantan donde el espacio lo permite y se disponen en forma de pérgola de gran altura para dejar espacio para otros cultivos. De este modo, se pueden encontrar a la vera de los caminos y a lo largo de los campos y la vendimia suele hacerse con escaleras para llegar a los racimos que están a dos o tres metros del suelo. Actualmente, el viñedo se ha organizado y mecanizado, está dividido en nueve subregiones indicadas sistemáticamente en la etiqueta, desde Monção, el de más calidad, hasta Baião, a las puertas del valle del Duero. Sus vinos están hechos con múltiples variedades de uvas, la mayoría de las cuales son autóctonas. Entre las más sembradas están la alvarinho, la arinto y la loureiro, si hablamos de uva blanca.

Degustación

Aunque el vinho verde puede ser un vino tinto o rosado, es el blanco el que le da la fama (90 % de la producción). Es un vino ligero y fresco, muy vivo en boca, con una acidez natural bien marcada y suaves aromas frutales y florales. Su otra particularidad es su perfil ligeramente espumoso debido al dióxido de carbono

Es un vino ligero y fresco, muy vivo en boca

que contienen naturalmente las uvas y que se conserva durante el proceso de vinificación. Es un vino con bajo contenido de alcohol, lo que lo hace particularmente agradable en verano, si se sirve frío como aperitivo o para acompañar mariscos y frituras. Se debe beber el mismo año de su embotellado. *Saúde!*

Fechas para recordar

1549	→	1929	→	1984
Primer uso del nombre «vinho verde».		Delimitación de las nueve subregiones de vinho verde.		Atribución de la DOC (Denominação de Origem Controlada).

Monção

PAREDES DE COURA

España

NORTE

Lima

PONTE DE LIMA

VIANA DO CASTELO

Ave

Cávado

BRAGA

RIBEIRA DE PEINA

GUIMARÃES

Basto

VILA DO CONDE

Amarente

Sousa

OCÉANO

ATLÁNTICO

BAIÃO

Douro

PORTO

Baião

Paiva

El viñedo de vinho verde cuenta con unos 15 000 viticultores.

0   5   10 km

Los aromas del vinho verde

Limonada, melón blanco, grosella espinosa, flor de lima

Vinho verde blanco

Las principales variedades de uva utilizadas en la mezcla de vinho verde

Arinto

Aromas de melón jugoso y cítricos

Azal

Ácido con sabor a limonada

Avesso

Aromas de pomelo y melocotón, notas de almendra verde amarga

Loubeiro

Parecida a la riesling

Alvarinho

Aromas de pomelo y flores

Trajadura

Aromas de pera y azahar

Porto del Douro

El río Duero es como una vena que atraviesa el norte de Portugal y el oporto lleva siglos corriendo por ella.

Capital del oporto
Vila Nova de Gaia

Producción anual
(en millones de litros)
61

Graduación alcohólica
20 %

Precio de una botella (1 litro)
30 €

> *¿El oporto? Fuego recubierto de azúcar.*
>
> Fabrice Sommier, sumiller

Origen

El oporto pertenece a la familia de los vinos fortificados. Durante la fermentación del mosto, se añade un aguardiente de vino con una graduación del 77 % (brandy). Detiene el proceso de fermentación, conserva el azúcar que no se ha transformado en alcohol y le da al vino su potencial de envejecimiento. La invención se la debemos a los ingleses, eternos viajeros y finos gourmets. En los tiempos del comercio marítimo, esto garantizaba que los barriles no se agriaran de camino a Londres.

La zona de producción corresponde a la del valle del Duero, una región vinícola que se extiende a lo largo del río en fuertes pendientes, lo que hace imposible la mecanización de la vendimia y el mantenimiento. Cada año, el Instituto dos Vinhos do Douro e do Porto (IVDP) determina la cantidad total de vino que puede producirse. Esta cifra se basa en las ventas y las existencias restantes. Cuanto más aumenten las ventas, más productores podrán ponerse a producir, y viceversa. Este sistema regula la producción y controla la calidad.

Degustación

Hay dos familias de oporto: los oxidantes, envejecidos en barrica, y los reductores, envejecidos en botella. Un oporto oxidante debe consumirse en un máximo de 24 horas tras abrir la botella, mientras que un oporto reductor puede consumirse un mes después de su apertura. El oporto no se sirve frío, sino ligeramente refrigerado (12 °C). Hay cuatro estilos principales de oporto y un número infinito de variaciones en función de la añada y el tiempo **El Tawny es el estilo más interesante** de envejecimiento. El Tawny es el estilo más interesante. Su paleta aromática es tan amplia como cautivadora. Casa perfectamente con los quesos azules (Cabrales, Roquefort, Bleu d'Auvergne, Gorgonzola, etc.). *Saúde!*

Fechas para recordar

1386 → **1756** → **1950**

Inglaterra y Portugal firman un tratado comercial.	El oporto es el primer vino del mundo que consigue una DOC.	Clasificación cualitativa de las parcelas: cada una recibe una puntuación según su suelo, clima y condiciones de cultivo.

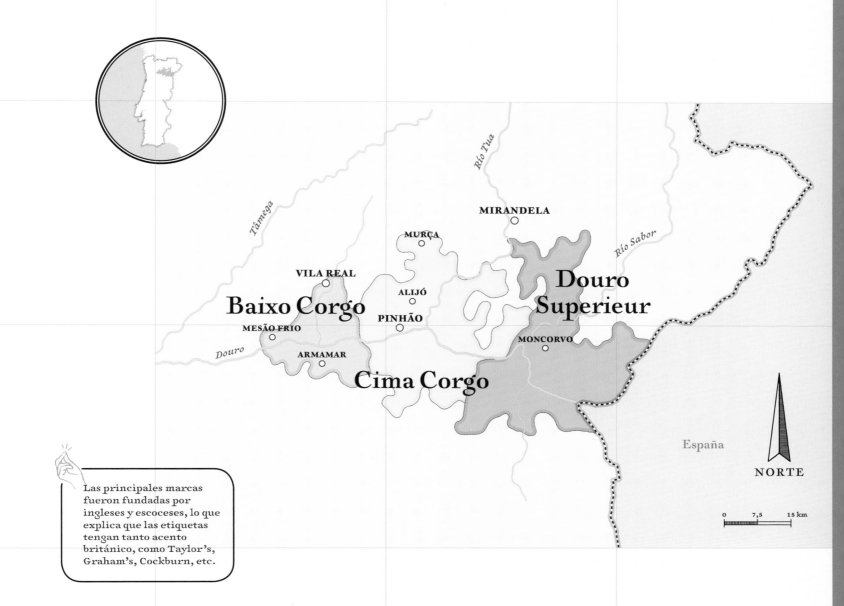

Río Tua

Tâmega

MIRANDELA

MURÇA

Río Sabor

VILA REAL

Baixo Corgo

ALIJÓ

Douro Superieur

PINHÃO

MESÃO FRIO

MONCORVO

Douro

ARMAMAR

Cima Corgo

España

NORTE

0   7,5   15 km

Las principales marcas fueron fundadas por ingleses y escoceses, lo que explica que las etiquetas tengan tanto acento británico, como Taylor's, Graham's, Cockburn, etc.

Los cuatro estilos principales de oporto

Nuez, café, pan tostado

Tawny
Mezcla de variedades tintas
Envejecido 5 años en barrica
Color naranja oscuro

Mora, ciruela, pimienta

Ruby
Mezcla de variedades tintas
Envejecido 2 años en botella
Color rojo oscuro

Fresa, violeta, caramelo

Rosado
Mezcla de variedades tintas
Sin envejecimiento
Color rosado

Almendra, miel, pan de jengibre

Blanco
Mezcla de variedades blancas
Envejecido en barrica
Color naranja claro

Jerez andaluz

Con trescientos días de sol al año, el viñedo andaluz ofrece unas uvas colmadas de azúcar y buenas intenciones.

Capital del jerez

Jerez de la Frontera

**Producción anual
(en millones de litros)**

15

Graduación alcohólica

15-21 %

**Precio de una
botella (75 cl)**

30 €

Origen

Esta es la historia de un vino blanco fortificado con aguardiente. El jerez también se conoce en Francia como *xérès* y *sherry* en el Reino Unido. Todos estos nombres hablan por sí solos del camino recorrido y su éxito internacional. La particularidad del jerez radica en su crianza. Es un «vino de velo»: se deja aire deliberadamente en la barrica para que la oxidación forme una capa de levadura en la superficie que se denomina «flor», lo que ayuda a oxidarlo muy lentamente y le da su inimitable sabor avellanado. Vino y oxígeno, una larga historia de amor... ¡o de aburrimiento! Como todo, es una cuestión de dosis. El viticultor debe asegurarse de controlar la oxidación

Vino y oxígeno, una larga historia de amor

del vino para obtener el resultado deseado. Las uvas pueden venir de toda la región, pero es esencial que el vino se críe en un triángulo formado por las ciudades de Jerez de la Frontera, Sanlúcar de Barrameda y el Puerto de Santa María.

Degustación

Hay dos familias de jerez: finos (crianza natural) y olorosos (crianza oxidativa). Un jerez puede dividirse en varias denominaciones según su zona de producción y su periodo de crianza. Los finos son más secos y tensos, mientras que los olorosos son más ricos y golosos. Los finos de jerez son perfectos con el pescado o como aperitivo. Los olorosos se reservan para sabores más pronunciados, como la carne en salsa o los quesos azules. ¡Salud!

> *Si mil hijos tuviera, el primer principio humano que les enseñaría sería de abjurar de toda bebida insípida y dedicarse por entero al jerez.*
>
> Shakespeare (1564-1616)

Fechas para recordar

1100 a. C. →	s. XIV →	1933
Los fenicios desarrollaron la viticultura en la región.	Exportación de los primeros jereces al Reino Unido.	Creación de la denominación «Jerez», una de las primera de España.

Guadalquivir

LEBRIJA
○

TREBUJENA
○

Jerez

SANLÚCAR DE
BARRAMEDA
○

Triángulo de oro del jerez

JEREZ DE
LA FRONTERA
○

Golfo de Cádiz

PUERTO DE
SANTA MARÍA
○

Guadalete

CÁDIZ
○

PUERTO REAL
○

OCÉANO

ATLÁNTICO

CHICLANA DE
LA FRONTERA
○

NORTE

0   3   6 km

Dos familias de jerez

Brioche, almendra,
hierba cortada

Fino

Variedad: 100 % palomino fino

Flor abundante: envejecimiento
natural

Alcohol: 15-17 %

Servir a 7-9 °C

Pan tostado, tabaco,
avellana

Oloroso

Variedad: 100 % palomino fino

Flor ligera: envejecimiento
por oxidación

Alcohol: 17-22 %

Servir a 13-15 °C

Cava catalán

Las burbujas catalanas celebran su 150 aniversario y gozan de un merecido prestigio en el sector.

Capital del cava
Sant Sadurní d'Anoia

Producción anual (en millones de litros)
162

Graduación alcohólica
11,5 %

Precio de una botella (75 cl)
20 €

Origen

A finales del siglo XIX, la región del Penedès, como la mayoría de los viñedos europeos, se vio afectada por la filoxera, un pulgón que hizo estragos. La plaga hizo que muchos pensaran qué nuevas variedades podían plantar. En ese momento, el champán francés empezó a causar revuelo entre la alta sociedad. ¿Y si Cataluña tuviera sus propias burbujas? Se plantaron variedades de uva blanca para la producción de un vino espumoso: nació el cava.

> ¿Y si Cataluña tuviera sus propias burbujas?

Puede elaborarse en varias zonas de España, pero Cataluña lo produce casi todo. Las principales variedades de uva utilizadas son macabeo, xarel·lo, parellada y chardonnay. Para ganar frescura, la mayoría de viñedos están situados entre 200 y 300 metros sobre el nivel del mar. Las más altas están a 800 metros, en la comarca del Alt Penedès. La región goza de un clima mediterráneo con calor moderado. Este microclima, combinado con suelos calcáreos, permite conservar la estructura ácida necesaria para la elaboración del cava, que sigue el método *champenoise*: la segunda fermentación y la crianza del vino se producen en la propia botella.

Degustación

Hay tres familias de cava en función del tiempo de crianza: Cava, Cava Reserva y Cava Gran Reserva. Esta última es la quintaesencia de la denominación. Para obtener este título, las botellas deben pasar por lo menos 30 meses en la «cava» –de ahí su nombre– y estar elaboradas con un vino brut que contenga menos de 12 gramos de azúcar residual por litro. Es un vino gastronómico que va de maravilla con las especialidades catalanas: desde una simple *coca de recapte* hasta el más festivo conejo con caracoles. *Salut!*

> " *De Sant Sadurní, les dones, el cava i el vi. (De Sant Sadurní, las mujeres, el cava y el vino.)* "
>
> Refrán popular

Fechas para recordar

1865 → **1959** → **2009**

1865	1959	2009
Producción de la primera botella de cava en Sant Sadurní d'Anoia.	Creación de la DO «Cava».	El cava supera al champán en términos de volumen de ventas.

Alt Penedès

Anoia

SANT SADURNÍ D'ANOIA ○

BARCELONA

SANT MARTÍ SARROCA ○

SUBIRATS ○

SANT PAU D'ORDAL ○

PACS DEL PENEDÈS ○

AVINYONET DEL PENEDÈS

VILAFRANCA DEL PENEDÈS

Baix Penedès

OLÈRDOLA ○

Garraf

CASTELLDEFELS ○

EL VENDRELL ○

NORTE

MAR MEDITERRÁNEO

Antes de la creación de la DO Cava, los viticultores catalanes escribían «champagne» en sus etiquetas, lo que no era del agrado de los productores de la región de Champaña.

Los tres tipos de cava

Flores blancas, limón, pera

Cava
(mín. 9 meses)

Pomelo, brioche, manzana

Cava de guarda
(+ 9 meses)

Mantequilla, caramelo, naranja

Cava de guarda superior
(+ 18 meses)
Incluye Reserva, Gran Reserva y Paraje Calificado

Cava, la escalera del azúcar
(en gramos de azúcar por litro)

Brut nature	Extra brut	Brut	Extra seco	Seco	Semiseco	Dulce
sin azúcar añadido	hasta 6 g	hasta 12 g	entre 12 y 17 g	entre 17 y 35 g	entre 33 y 50 g	más de 50 g

Anís del Mono

Francia tiene el pastis y España el Anís del Mono, un licor que se ha hecho popular en todo el país y hasta en América Latina.

Capital del Anís del Mono

Badalona

Producción anual (en millones de litros)

5

Graduación alcohólica

35-40 %

Precio de una botella (70 cl)

10 €

> *Mi producto será de gran calidad. Usted perfuma por fuera… y yo puedo perfumar por dentro.*
>
> Vicente Bosch, fundador de la destilería Anís del Mono

Origen

El siglo XIX fue un período floreciente para las destilerías. Y muchos empresarios aprovecharon este frenesí para entrar en el negocio de las bebidas alcohólicas. Entre ellos, Vicente Bosch y su hermano José fundaron en 1870 una destilería en el paseo marítimo de Badalona, en Cataluña, para producir un licor de anís, el más famoso de España. Su fama y dominio en este mercado se deben en gran parte al

Su éxito se debe en gran parte al talento para el marketing de Vicente

talento para el marketing de Vicente, que innovó en la publicidad con nuevos dispositivos y concursos de carteles y en el diseño de la botella, ornamentada con cristales en relieve inspirados en un frasco de perfume de la Place Vendôme.

El nombre de Anís del Mono, bastante extraño para un licor, tiene al menos una explicación: Vicente Bosch, un hombre de negocios progresista, quería dar a conocer las entonces muy controvertidas teorías de Darwin sobre la evolución de las especies con una ilustración que representaba un mono con cabeza de científico (caricaturizado). El mono sostiene un papel donde está escrito: «Es el mejor. La ciencia lo dijo y yo no miento».

Degustación

Anís del Mono utiliza principalmente anís verde *Pimpinilla anisum*, pero también anís estrellado e hinojo. La esencia de anís obtenida mediante destilación de las semillas sirve como base para su composición. Se combina con azúcar de caña, agua desmineralizada y alcohol neutro. La mezcla se remueve suavemente, se filtra y se embotella. Existen dos versiones del licor: Seco y Dulce. Uno tiene una graduación del 40 % y el otro del 35 %, con una relación diferente destilado-materia prima. El primero es seco y fresco, el segundo es más dulce y aromático.

El Anís del Mono es un excelente licor digestivo, pero tradicionalmente se bebe en forma de palomita: agua helada y licor de anís. *Salut!*

Fechas para recordar

1870 → **1975** → **2012**

Los hermanos Bosch crean la fábrica Anís del Mono en Badalona.

Compra por el Grupo Osborne.

Se inaugura en el paseo marítimo de Badalona una estatua en honor al Anís del Mono, que representa un mono y su botella.

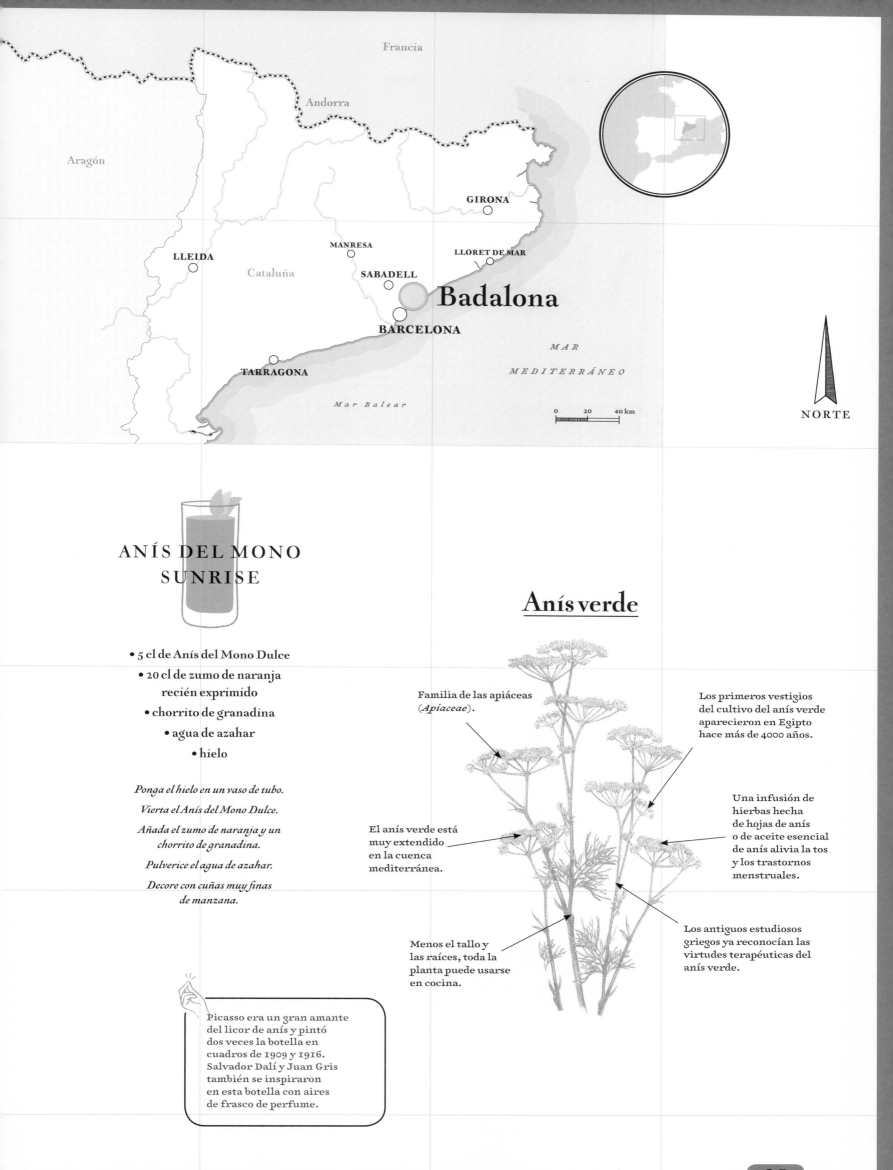

Francia

Andorra

Aragón

GIRONA

LLEIDA

MANRESA

Cataluña

SABADELL

LLORET DE MAR

Badalona

BARCELONA

MAR MEDITERRÁNEO

TARRAGONA

Mar Balear

0   20   40 km

NORTE

ANÍS DEL MONO SUNRISE

- 5 cl de Anís del Mono Dulce
- 20 cl de zumo de naranja recién exprimido
- chorrito de granadina
- agua de azahar
- hielo

Ponga el hielo en un vaso de tubo.

Vierta el Anís del Mono Dulce.

Añada el zumo de naranja y un chorrito de granadina.

Pulverice el agua de azahar.

Decore con cuñas muy finas de manzana.

Picasso era un gran amante del licor de anís y pintó dos veces la botella en cuadros de 1909 y 1916. Salvador Dalí y Juan Gris también se inspiraron en esta botella con aires de frasco de perfume.

Anís verde

Familia de las apiáceas (*Apiaceae*).

Los primeros vestigios del cultivo del anís verde aparecieron en Egipto hace más de 4000 años.

Una infusión de hierbas hecha de hojas de anís o de aceite esencial de anís alivia la tos y los trastornos menstruales.

El anís verde está muy extendido en la cuenca mediterránea.

Los antiguos estudiosos griegos ya reconocían las virtudes terapéuticas del anís verde.

Menos el tallo y las raíces, toda la planta puede usarse en cocina.

ITALIA

Bañado por el Mediterráneo, el país tiene un suelo rico y diversidad de influencias culturales. En la Antigüedad, los romanos plantaron vides en toda Europa, seguramente como recuerdo de su tierra natal, donde la vid está presente en todas las regiones. De las uvas de la Toscana a los limones del golfo de Nápoles, los licores de frutas ocupan un lugar central en la gastronomía italiana.

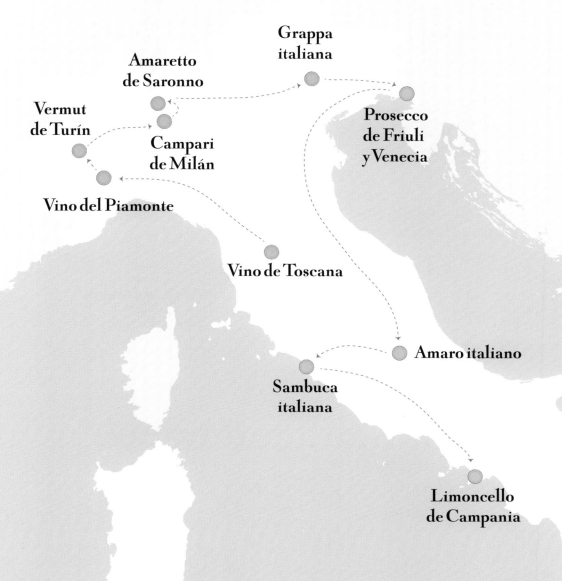

Grappa
italiana

Amaretto
de Saronno

Vermut
de Turín

Prosecco
de Friuli
y Venecia

Campari
de Milán

Vino del Piamonte

Vino de Toscana

Amaro italiano

Sambuca
italiana

Limoncello
de Campania

BEBIDA
N.º
38
vino

Vino de Toscana

Entre pueblos pintorescos y olivares, los viticultores cultivan las tierras a modo de mosaico.

Capital del vino de Toscana

Florencia

Producción anual (en millones de litros)

160

Graduación alcohólica

14 %

Precio de una botella (75 cl)

30 €

> *Quién es el hombre cuyo corazón no late solo al oír este nombre: ¡Toscana! En la propia palabra, con una sonoridad tan orgullosa y dulce.*
>
> Marcel Brion, novelista francés

Origen

En la Edad Media, los pueblos de Gaiole, Castellina y Radda, situados al sur de Florencia, decidieron formar la «Lega del Chianti» para limitar la producción de vino y, por lo tanto, la competencia: fueron los precursores de los sindicatos de viticultores. En los años setenta, la

Los *Super Tuscans* encarnan la renovación de la diversidad del vino

región estaba en crisis. Un grupo de viticultores decidió plantar variedades de Burdeos, como cabernet sauvignon y merlot. No pueden aspirar a la denominación Chianti, que impone la sangiovese, pero la calidad de sus vinos es irreprochable. La prensa anglosajona los apoda los *Super Tuscans* y encarnan la renovación de la diversidad del vino.

Degustación

Bienvenidos a la tierra de los sangiovese, nombre derivado de *sanguis Jovis*, «sangre de Júpiter». Se trata de una variedad robusta que gana en finura cuando se cultiva entre 300 y 600 metros sobre el nivel del mar. Por debajo de esa altitud, corre el riesgo de calentarse y por lo tanto de concentrar demasiado alcohol.

La Toscana es al vino italiano lo que Burdeos al vino francés. Una región tradicional donde se elabora gran parte de la producción nacional. No se debe confundir el chianti con el chianti clásico. La primera suele ser el resultado de la producción industrial, mientras que el segundo es mucho más exigente y concentrado. En los últimos años, el Brunello di Montalcino se ha impuesto como el vino toscano más codiciado. *Salute!*

Fechas para recordar

800 a. C.	400 a. C.	1716	1970
Los etruscos cultivaban vides en la zona.	Los romanos toman posesión de la Toscana.	El chianti es la primera región vinícola del mundo que dispone de una delimitación.	Los viticultores introducen las variedades de uva francesa: nacimiento de los *Super Tuscans*.

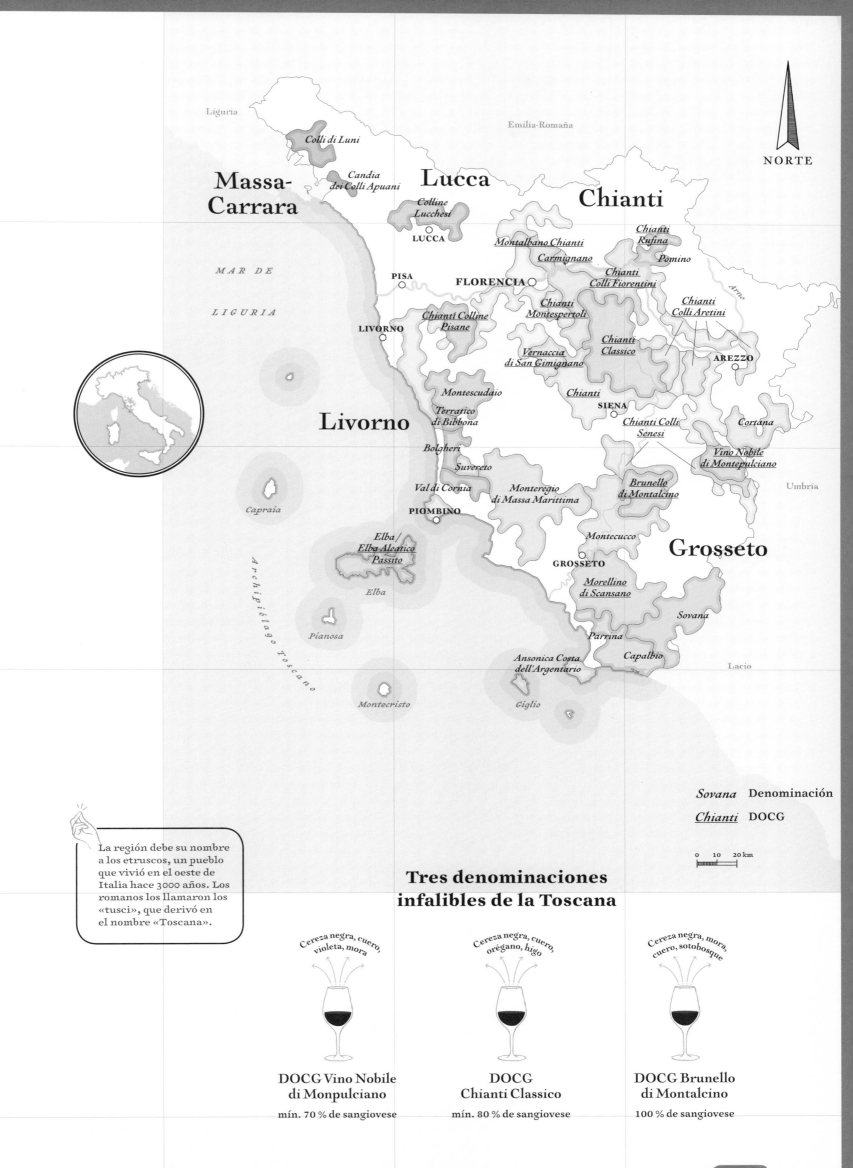

Liguria

Emilia-Romaña

NORTE

Colli di Luni

Massa-Carrara

Candia
dei Colli Apuani

Lucca

*Colline
Lucchesi*

LUCCA

Chianti

Montalbano Chianti

Carmignano

*Chianti
Rufina*

Pomino

PISA

FLORENCIA ○

*Chianti
Colli Fiorentini*

MAR DE

*Chianti
Colline
Pisane*

*Chianti
Montespertoli*

*Chianti
Colli Aretini*

Arno

LIGURIA

LIVORNO ○

*Vernaccia
di San Gimignano*

*Chianti
Classico*

AREZZO

Livorno

Montescudaio

*Terratico
di Bibbona*

Chianti

SIENA ○

*Chianti Colli
Senesi*

Cortana

Bolgheri

*Vino Nobile
di Montepulciano*

Umbría

Suvereto

Val di Cornia

*Monteregio
di Massa Marittima*

*Brunello
di Montalcino*

PIOMBINO ○

Montecucco

Grosseto

Capraia

*Elba /
Elba Aleatico
Passito*

GROSSETO ○

Elba

*Morellino
di Scansano*

Sovana

Pianosa

Archipiélago Toscano

Parrina

Capalbio

Lacio

*Ansonica Costa
dell'Argentario*

Montecristo

Giglio

Sovana Denominación

Chianti DOCG

0   10   20 km

La región debe su nombre
a los etruscos, un pueblo
que vivió en el oeste de
Italia hace 3000 años. Los
romanos los llamaron los
«tusci», que derivó en
el nombre «Toscana».

Tres denominaciones
infalibles de la Toscana

*Cereza negra, cuero,
violeta, mora*

*Cereza negra, cuero,
orégano, higo*

*Cereza negra, mora,
cuero, sotobosque*

DOCG Vino Nobile
di Monpulciano

mín. 70 % de sangiovese

DOCG
Chianti Classico

mín. 80 % de sangiovese

DOCG Brunello
di Montalcino

100 % de sangiovese

BEBIDA
N.°
39
vino

Vino del Piamonte

Tierra de la prestigiosa nebbiolo: tan rara como codiciada, esta antigua variedad de uva es la perla de los vinos italianos.

Capital del vino del Piamonte

Alba

Producción anual (en millones de litros)

8

Graduación alcohólica

14 %

Precio de una botella (75 cl)

40 €

Origen

Los viñedos se desarrollaron en la región para saciar la sed de los numerosos peregrinos que tomaban el «Camino francés», una red de caminos y senderos que unen Calais con Roma. La nebbiolo es una variedad de uva local muy antigua que toma su nombre de la niebla (*nebbia* en italiano) que cubre las colinas del Piamonte durante la época de vendimia. Este nombre también podría ser una referencia a la abundante pruina que hay en la piel de las uvas. El frío de los Alpes y la calidez del Mediterráneo son el caldo de cultivo

Unas tierras que producen grandes vinos

ideal para disponer de unas tierras que producen grandes vinos. Pero la región no siempre ha sido sinónimo de excelencia. Durante mucho tiempo las uvas se vendían al peso y hasta la década de 1980 no empezaron a ser conscientes de los beneficios de tener una

bajo rendimiento. Inspirados por las normas de Borgoña y el espíritu comercial de Toscana, los viticultores del Piamonte han elevado su región a la élite de las regiones productoras de vino.

Degustación

Hay tres variedades principales de uva tinta: barbera, dolcetto y nebbiolo. La región se ha ganado su reputación gracias a esta última; es una variedad difícil de cultivar, pero extraordinaria si se consigue.

¿No se dice que los más tozudos son los que más destacan? Es una de esas uvas «espejo» que reflejan el carácter del lugar donde crecen. Y aquí, la nebbiolo inspira resistencia y autoridad. Es áspera en su juventud, pero el tiempo le da una estructura más flexible y elegante. El potencial de envejecimiento de los mejores Nebbiolo es de entre 15 y 20 años. Si logra ser tan paciente, el vino se mostrará particularmente sedoso. *Salute!*

> *Aquí tenemos oro bajo los pies.*
>
> Giovanni Bosco, exalcalde de La Mora

Fechas para recordar

200 a. C.	→	1268	→	1986	→	2014
Los griegos desarrollaron el cultivo de la vid en la región.		El primer registro escrito de una producción de vino *nibiol* en los alrededores de Turín.		Una nueva generación decide primar la calidad a la cantidad.		Los viñedos de Piamonte entran en el Patrimonio de la Humanidad de la UNESCO.

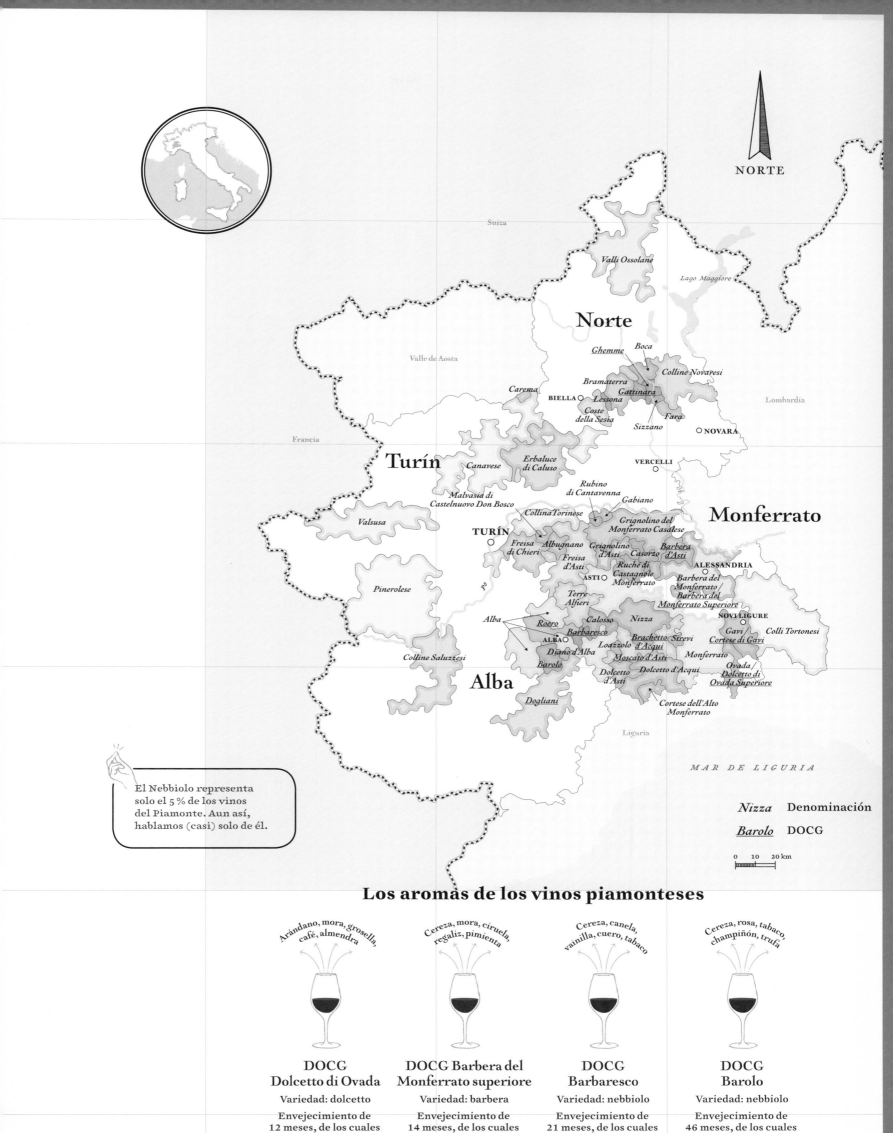

El Nebbiolo representa solo el 5 % de los vinos del Piamonte. Aun así, hablamos (casi) solo de él.

Nizza — Denominación
Barolo — DOCG

0   10   20 km

Los aromas de los vinos piamonteses

Arándano, mora, grosella, café, almendra,

Cereza, mora, ciruela, regaliz, pimienta

Cereza, canela, vainilla, cuero, tabaco

Cereza, rosa, tabaco, champiñón, trufa

DOCG Dolcetto di Ovada

Variedad: dolcetto

Envejecimiento de 12 meses, de los cuales 6 en madera

DOCG Barbera del Monferrato superiore

Variedad: barbera

Envejecimiento de 14 meses, de los cuales 6 en madera

DOCG Barbaresco

Variedad: nebbiolo

Envejecimiento de 21 meses, de los cuales 9 en madera

DOCG Barolo

Variedad: nebbiolo

Envejecimiento de 46 meses, de los cuales 12 en madera

101

Vermut de Turín

Seguramente es el aperitivo más famoso de Italia y Francia de todo el siglo XIX. Nacido en Turín y reinterpretado en Chambery, el vermut no ha dicho su última palabra.

Capital del vermut

Turín

Producción anual
(en millones de litros)

145

Graduación alcohólica

15,5-21 %

Precio de una botella (1 litro)

18 €

> *Tomamos vermut y absenta para abrir el apetito y nos pusimos de buen humor.*
>
> *Pierre y Jean* (1887), Guy de Maupassant

Origen

El vermut forma parte de una familia de vinos aromatizados que fueron muy populares en Europa Occidental desde principios del siglo XIX hasta la década de 1950. El nombre «vermut» nace en Turín en 1786. Antonio Benedetto Carpano fue el primero en comercializar un aperitivo hecho con vino blanco fortificado con alcohol e infusionado con más de treinta variedades de hierbas y especias, incluida la planta del ajenjo, traducida al alemán antiguo como *Wermut*. Fue un éxito rotundo y se exportó a toda Europa.

Hay dos familias principales de vermut, el rosso, que se atribuye a Italia, un vermut dulce de color ámbar debido al caramelo, y el bianco, asociado a Francia, un vermut seco y blanco inventado en Chambery. En Europa, para obtener la denominación de vermut, un vino aromatizado debe estar compuesto por al menos un 75 % de vino, tener entre 14,5 y 21 % de alcohol y estar aromatizado con diferentes plantas, incluida la artemisia (familia del ajenjo y del ajenjo pequeño).

Tras una verdadera edad de oro del vermut, el aperitivo perdió fuelle en la década de 1950 y pasó a ser cosa de «viejos».

Degustación

El vermut es el aperitivo por excelencia, tradicionalmente se bebe solo, con hielo, acompañado de la cáscara o una rodaja de naranja. También enriquece muchos cócteles clásicos como el manhattan o el negroni. Los aromas difieren de un vermut a otro y dependen en cierta medida de la variedad de uva utilizada –moscatel y trebbiano en Italia, clairette, picquepoul, ugni blanc en Francia– pero sobre todo de las hierbas y especias elegidas. Cada marca tiene su propia receta y su identidad se forja esencialmente en la diversidad de sus ingredientes. Cilantro, naranja amarga, angélica, clavo, canela, genciana, flor de saúco, cardamomo, anís, vainilla, corteza de quina, lirio, mejorana, manzanilla, salvia… ¡La lista es larga y las mezclas son infinitas! *Salute!*

Fechas para recordar

1786	→	1813	→	s. XIX	→	1950
Invención del término «vermut» en Turín por Antonio Benedetto Carpano.		Joseph Noilly produce el primer vermut francés seco llamado «bianco» en Chambery.		El vermut es muy popular en toda Europa.		El vermut pierde fuelle.

DRY MARTINI

- 1 cucharada de vermut seco
- 5 cl de ginebra
- 6 hielos

*Vierta la ginebra, el vermut
y el hielo en una coctelera.*

Remueva de 10 a 15 segundos.

*Filtre en la copa previamente
enfriada, sin que caigan los hielos.*

*Añada una aceituna verde
a la copa.*

Turín

NORTE

0 10 20 km

Estilos diferentes de vermut

Secco / Dry
de 18 a 20 %

contenido en azúcar
< 40 g/litro

Bianco
16 %

contenido en azúcar
de 100 a 150 g/litro

Rosso / Sweet
de 15 a 17 %

contenido en azúcar
> 150 g/litro

MANHATTAN

- 4 cl de whisky
- 2 cl de vermut rojo
- 4 gotas de angostura
- 1 guinda
- 5 hielos

*Vierta los ingredientes en una coctelera
junto con los hielos.*

Agite enérgicamente con una cuchara.

*Filtre en el vaso previamente enfriado,
sin que caigan los hielos.*

Sirva en una copa de martini.

Decore con una guinda.

NEGRONI

- 3 cl de Campari
- 3 cl de vermut rojo
- 3 cl de ginebra
- hielo

*Vierta los ingredientes
directamente en un vaso de whisky.*

Añada los hielos.

Adorne con una rodaja de naranja.

El vermut es muy popular en
España, tanto que la expresión
«tomar el vermut» o el propio
verbo «vermutear» ha vuelto
a ponerse de moda para
referirse al hecho de tomar
algo antes de ir a comer.

Campari de Milán

Su intenso aroma y su sabor amargo, apreciado en todo el mundo en los cócteles americano, negroni o spritz, han hecho del Campari el bíter de moda y el más italiano de todos.

Capital del Campari

Milán

Producción anual
(en millones de litros)

30

Graduación alcohólica

25 %

Precio de una botella (1 litro)

15 €

Origen

Gaspare Campari, hijo de campesinos piamonteses, se inició a los catorce años en la producción de bebidas alcohólicas de tipo bíter, licores de aperitivo hechos por infusión de plantas amargas. Sus diversos experimentos culminaron en 1860 tras una barra en Novara, cerca de Milán, donde finalizó un licor compuesto de 60 ingredientes –hierbas, especias, cáscaras de fruta, etc.– cuya receta sigue siendo un secreto. La adquisición de un negocio en Milán, donde quería vender su licor, fue seguida rápidamente por la creación del café Campari, donde el licor se serviría en cócteles que él mismo creó. Así nació el americano y el éxito del Campari.

El cuarto hijo de Gaspare Campari, Davide, desarrolló

> Campari es a Milán lo que Milán a Campari

el negocio familiar, levantó la primera fábrica en los suburbios de Milán y transformó la marca en un grupo de bebidas alcohólicas que hoy ocupa el séptimo lugar en el mercado mundial. Campari tiene una estrategia de marketing muy marcada y llama sistemáticamente a artistas conocidos para hacer sus anuncios.

Campari es a Milán lo que Milán a Campari. El café Campari todavía existe, un local más que ha servido durante un siglo y medio al mejor americano de Italia.

Degustación

El Campari se consume principalmente como aperitivo. Su intenso aroma y sabor amargo puede disfrutarse solo con hielo o en cócteles. El americano y el negroni son las dos preparaciones insignia que lo subliman. *Salute!*

> *Red Passion*

Eslogan de Campari

Fechas para recordar

1860	→	1904	→	1932	→	2010
Gaspare Campari inventa el Campari en Novara.		Apertura de la primera fábrica de Campari en Sesto San Giovanni, en las afueras de Milán.		Campari basa su estrategia de marketing en colaboraciones con artistas para la creación de carteles publicitarios.		Campari celebra su 150 aniversario.

Americano y negroni

El primero, ideado por Gaspare Campari con el nombre de Milano-Torino (por la alianza del Campari de Milán y el vermut de Turín), combina una medida de Campari con una de vermut regada con un chorrito de agua con gas y adornada con cáscara de naranja; fue rebautizado en 1917 en homenaje a los soldados estadounidenses presentes en Italia, que lo adoptaron inmediatamente y lo popularizaron en todo el mundo. El segundo lo inventó en 1919 en Florencia el conde Negroni, un gran amante del americano. A su regreso de un viaje a Londres, reemplazó el agua con gas por una medida de ginebra, igual a la del vermut y el Campari. El éxito fue inmediato.

AMERICANO

- 3 cl de Campari
- 3 cl de vermut rojo
- un chorrito de agua con gas

Vierta los ingredientes directamente en un vaso de whisky.

Añada el hielo.

Añada un chorrito de agua con gas.

Adorne con una rodaja de naranja o cáscara de limón.

NEGRONI

- 3 cl de Campari
- 3 cl de vermut rojo
- 3 cl de ginebra

Vierta los ingredientes directamente en un vaso de whisky.

Añada el hielo.

Adorne con una rodaja de naranja.

Cócteles de Campari

CAMPARI SPRITZ

- 4 cl de Campari
- 2 cl de agua con gas
- 18 cl de prosecco

Vierta los ingredientes directamente en una copa de vino.

Adorne con una rodaja de naranja.

BOULEVARDIER

- 3 cl de Campari
- 3 cl de vermut rojo
- 9 cl de bourbon

Vierta todos los ingredientes en una coctelera con hielo.

Remueva y cuele en una copa de cóctel, previamente enfriada en el refrigerador.

Adorne con una cáscara de limón.

Se dice que en Milán nace el concepto del aperitivo: tomar una bebida alcohólica para abrir el apetito.

Amaretto de Saronno

Los placeres de Lombardía son numerosos y entre ellos está el amaretto, un licor agridulce.

Capital del amaretto

Saronno

Producción anual (en millones de litros)

5

Graduación alcohólica

25-28 %

Precio de una botella (1 litro)

12 €

Origen

El amaretto es un famoso licor italiano con un pronunciado sabor a almendra originario de Lombardía, la cuna de muchas bebidas alcohólicas famosas, concretamente en la ciudad de Saronno, al norte de Milán. Su origen lo relatan dos historias: una leyenda cuenta que el pintor Bernardino Luini, discípulo de Da Vinci, que se trasladó a Saronno para pintar un fresco, tomó como modelo a la posadera que lo hospedaba. A cambio, recibió una receta de una poción alcohólica con sabor a almendra. La segunda, más concreta, afirma que un fabricante de galletas de almendra *amaretti* tuvo la idea de infusionarlas en alcohol e inventó el amaretto.

A diferencia de la mayoría de las bebidas de sobremesa, el amaretto no se destila: es una simple infusión de almendras y de semillas de los huesos de albaricoque en alcohol con la adición de hierbas aromáticas y especias como la canela o el cilantro. A continuación, se añade una mezcla de agua y azúcar para suavizar la bebida. Es necesario diferenciar entre la almendra del almendro y la semilla del corazón del hueso de albaricoque. Esta última es el principal ingrediente del amaretto. Llamada *avellina*, la semilla del hueso de albaricoque es muy amarga y olorosa. El amaretto toma el nombre de esta amargura, «un poco amargo». Debido a su elevado coste, la almendra de almendro se fue sustituyendo gradualmente por la semilla de albaricoque.

Degustación

El amaretto es muy popular en las sobremesas con hielo, pero se le puede sacar partido de otras muchas formas. Su fragante y dulce sabor se ha utilizado durante mucho tiempo en la cocina para realzar la masa de las crepes, aromatizar un tiramisú o una salsa de carne. El famoso *café corretto* a la italiana suele usar amaretto en vez de azúcar. Los estadounidenses lo usan mucho en cócteles como el padrino, la mezcla de whisky y amaretto, y el amaretto sour, con clara de huevo y zumo de limón. En resumen, el amaretto siempre está en el mueble bar o en el fondo de un armario de cocina para añadir un toque de dulce amargura a cualquier creación culinaria. *Salute!*

Fechas para recordar

1525	→	1786	→	1851
Según la leyenda, el pintor Bernardino Luini recibió la receta del amaretto de una posadera de Saronno.		Invención de las galletas *amaretti* por la familia Lazzaroni.		Creación del licor Amaretto por la familia Lazzaroni.

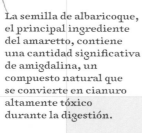

La semilla de albaricoque, el principal ingrediente del amaretto, contiene una cantidad significativa de amigdalina, un compuesto natural que se convierte en cianuro altamente tóxico durante la digestión.

NORTE

Suiza

Trentino-Alto Adigio

SONDRIO

Lago Mayor

Lago de Como

LECCO

COMO

BÉRGAMO

Lago Iseo

Suisse

Saronno

MONZA

Lago de Garda

Venecia

☐ **MILÁN**

Piamonte

Adda

Oglio

BRESCIA

PAVÍA

CREMONA

MANTUA

Emilia-Romaña

0   20   40 km

AMARETTO CASERO

- 100 g de almendras amargas enteras
- 100 g de semillas de hueso de albaricoque
- ½ litro de agua
- ½ litro de grappa o alcohol alimenticio de 90°
- 350 g de azúcar

Quite la piel de las almendras y las semillas y hiérvalas durante un minuto en agua.

Pique rápidamente con la picadora una vez escurridas.

Vierta el alcohol o la grappa y las almendras y las semillas picadas en un recipiente cerrado herméticamente y déjelas macerar durante un mes en un lugar fresco y alejado de la luz.

Al cabo de un mes, caliente el agua y el azúcar en una cacerola, lleve a ebullición hasta obtener un sirope muy fluido, luego deje enfriar.

Cuele las almendras y las semillas mezcle el líquido obtenido con el sirope.

Deje reposar en la botella un mínimo de tres meses.

Sirva con hielo o úselo en un cóctel.

AMARETTO SOUR

- 6 cl de amaretto
- 2 cl de zumo de lima
- 1 cl de sirope de azúcar de caña
- 1 clara de huevo

Ponga hielo en un vaso de tipo old fashioned.

Mezcle enérgicamente todos los ingredientes en una coctelera con hielo.

Vierta en el vaso reteniendo el hielo en la coctelera.

Decore con cáscara de limón.

Grappa italiana

La grappa nos enseña que «De la uva todo se aprovecha». Producido a partir del orujo de uva del proceso de elaboración del vino, ha pasado de ser un alcohol de pobre a un prestigioso aguardiente.

Capital de la grappa

Bassano

Producción anual (en millones de litros)

28

Graduación alcohólica

40-50 %

Precio de una botella (1 litro)

40 €

Origen

Antes de convertirse en la reina de los aguardientes italianos, la grappa era la bebida de los pobres, del campesino de Piamonte, Lombardía o Friuli, que la bebía para superar los duros inviernos al pie de los Alpes.

Su producción comenzó en el siglo XV destilando artesanalmente los restos del proceso de elaboración del vino (pieles, semillas y tallos de uvas fermentadas).

> La grappa era la bebida de los pobres

Su nombre procede de un dialecto piamontés, *rappa* significa «orujo de uva». Se hizo popular en Italia durante la Primera Guerra Mundial, cuando su uso en el ejército era habitual. Una vez finalizada la contienda y gracias al rápido crecimiento económico del país, se industrializó la producción de grappa de mayor calidad. Actualmente hay ciento treinta productores de grappa en Italia, más numerosos en las regiones históricas del aguardiente, con el Véneto, el Trentino y el Piamonte a la cabeza del pelotón. Su producción está protegida por la denominación «Indicazione Geografica Tipica», que abarca nueve regiones italianas.

Degustación

Hay muchos tipos de grappa según el grado de envejecimiento y las variedades de uva utilizadas para diferenciarlos. Su sabor dependerá de si se ha envejecido o no en barrica de roble y de la variedad o variedades de uva. Las más empleadas son moscatel, chardonnay, cabernet sauvignon, pinot y glera.

La grappa se consume en la sobremesa y también se usa en el *caffè corretto* o en algunos cócteles. También se emplea en la industria del queso, ya que puede favorecer un cierto tipo de maduración. *Salute!*

Fechas para recordar

1451	→	1748	→	1950
Primera mención escrita de una bebida llamada *grape*.		Bortolo Nardini comercializa por primera vez la grappa en el pueblo de Bassano.		Industrialización de la producción de grappa.

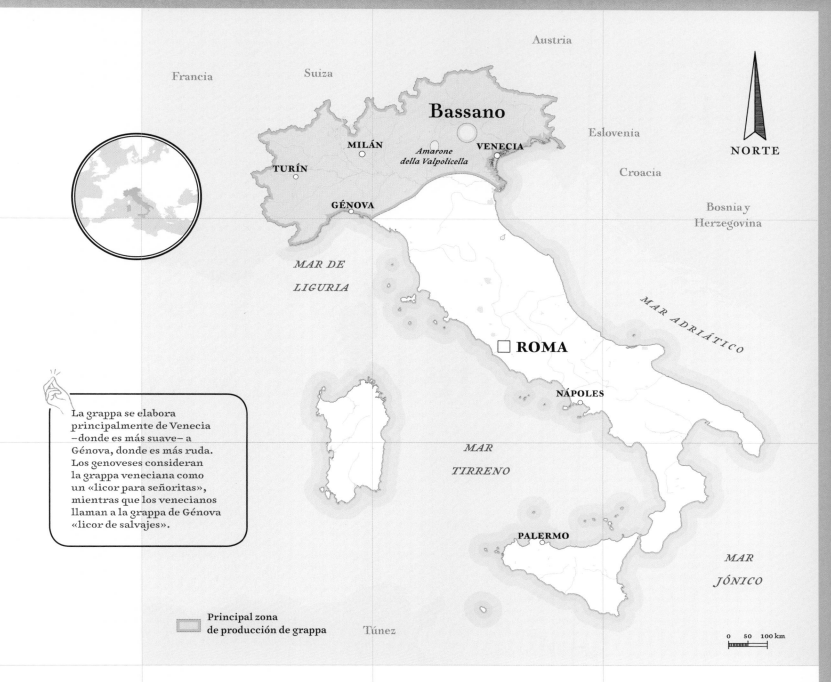

Bassano

Francia
Suiza
Austria
MILÁN
*Amarone
della Valpolicella*
VENECIA
Eslovenia
TURÍN
Croacia
GÉNOVA
Bosnia y
Herzegovina

NORTE

*MAR DE
LIGURIA*

MAR ADRIÁTICO

□ ROMA

NÁPOLES

*MAR
TIRRENO*

PALERMO

*MAR
JÓNICO*

Túnez

La grappa se elabora
principalmente de Venecia
–donde es más suave– a
Génova, donde es más ruda.
Los genoveses consideran
la grappa veneciana como
un «licor para señoritas»,
mientras que los venecianos
llaman a la grappa de Génova
«licor de salvajes».

Principal zona
de producción de grappa

0   50   100 km

GRAPPA BUCK

- 3 cl de grappa
- 6 cl de zumo de mandarina
- 1,5 cl de mezcla de tomillo y cítricos
- una botella de Moscato
- una ramita de tomillo y una rodaja
  de naranja seca

*En un vaso mezclador lleno de hielo,
mezcle la grappa, el zumo de mandarina
y la mezcla de tomillo y cítricos.*

*Viértalo en una copa de flauta y añada
el Moscato espumoso.*

*Remueva y sirva con una ramita de tomillo
y una rodaja de naranja seca.*

La grappa de Amarone

Es una grappa muy conocida que se produce con el orujo
de uva del vino de la famosa denominación de origen
Amarone della Valpolicella, en el Véneto. Las uvas se
vendimian tardíamente y se secan al sol durante dos o
tres meses antes de meterlas en la cuba, lo que le da un
hermoso color dorado y aromas de ciruelas damascenas
maduras, ciruelas y bayas silvestres.

Los diferentes tipos de grappa

Joven
Sin
envejecimiento

Afinada
Envejecimiento
en barrica
mín. 12 meses

Envejecida
Envejecimiento
en barrica entre
12 y 18 meses

Reserva
Envejecimiento
en barrica
más de 18 meses

BEBIDA N.° **44** vino

Prosecco
de Friuli y Venecia

Todas las burbujas suben a la superficie, pero las del prosecco parecen empeñarse en seguir aún más arriba.

Capital del prosecco
Trieste

Producción anual (en millones de litros)
450

Graduación alcohólica
11,5 %

Precio de una botella (75 cl)
15 €

Origen

Los vinos de los montes de la región han complacido a la realeza durante casi 3000 años. Sigue siendo difícil datar el período en el que el vino se convirtió en espumoso. El prosecco se diferencia del champán en tres aspectos: la zona de producción (noreste de Italia), la variedad de uva utilizada (glera) y el método de formación de espuma, que se lleva a cabo en una cuba cerrada y no en la botella. Hay un cuarto elemento que puede explicar el éxito del prosecco: su precio, a menudo 2 o 3 veces más barato que un champán equivalente. Hace diez años, el prosecco se vendía casi exclusivamente en Italia. Actualmente, el 70 % de su producción vuela a las cuatro esquinas del mundo, principalmente a los Estados Unidos e Inglaterra. Incluso en Francia, la tierra del famoso champán, la burbuja italiana no para de escalar puestos.

Degustación

Como con otros vinos, las variaciones aromáticas y de sabor dependerán de la variedad de uva, el suelo y el proceso de vinificación. Se autorizan unas diez variedades de uva para su elaboración, pero la glera sigue siendo la más representada. El prosecco destaca por su dulzura y exquisitez. No es un vino de crianza, se bebe al año siguiente a la vendimia. Los puristas afirman que un buen prosecco debe beberse solo, pero no podemos negar que este vino debe su éxito a la nueva tendencia de los cócteles de bellini y spritz en los que es el ingrediente principal. Para no ofender a su amigo italiano, elija un prosecco barato para los cócteles y uno de alta gama para una degustación «al natural», sin hielo ni rodaja de limón. *Salute!*

> **El prosecco destaca por su dulzura y exquisitez**

> *Nuestros vinos son tan crujientes como una fruta recién recogida del árbol.*
>
> Giancarlo Vettorello, antiguo miembro del sindicato de vinos de Prosecco

Fechas para recordar

1754 → **1969** → **2009**

Primera mención escrita del término «prosecco».

Se delimita la zona de producción, creación de las denominaciones.

Conegliano Valdobbiadene se convierte en la 44.ª DOCG de Italia.

NORTE

Austria

Prosecco DOC

Trentino-Alto Adigio

F R I U L

ÚDINE
○

**Conegliano
Valdobbiadene
Superiore DOCG**

PORDENONE
○

Eslovenia

**Asolo Prosecco
Superiore DOCG**

LATISANA
○

MONFALCONE
○

TREVISO
○

**Prosecco
DOC Treviso**

TRIESTE
○

VICENZA
○

**Prosecco
DOC Trieste**

Lago
de
Garda

VERONA
○

PADUA
○

VENECIA
○

Golfo de
Venecia

V É N E T O

Adige

M A R

A D R I Á T I C O

Lombardía

Po

Emilia-Romaña

0   10   20 km

Los tres estilos de prosecco

Acacia, cítricos,
miel, almendra

Limón, flores blancas,
manzana, cítricos

Manzana, pera,
cítricos, peladillas

Para el desayuno

**Prosecco
DOC Brut**

contenido en azúcar:
entre 0 y 12 g/litro

**Prosecco
DOC Extra Dry**

contenido en azúcar:
entre 12 y 17 g/litro

**Prosecco
DOC Dry**

contenido en azúcar:
entre 17 y 32 g/litro

Mimosa

• ⅔ de prosecco
• ⅓ de zumo de naranja

La merienda

De fiesta

Este vino debe su nombre al
pueblo de Prosecco, situado
en las afueras de Trieste.

Bellini

• ⅔ de prosecco
• ⅓ de puré de melocotón
• un chorrito de sirope
de azúcar de caña

Spritz

• ⅓ de Aperol (o Campari)
• ⅔ de prosecco
• un chorrito de agua con gas
• media rodaja de naranja

BEBIDA
N.°
45
licor

Amaro italiano

Probar todos los licores amargos italianos es hacer un viaje por un país donde prácticamente cada pueblo tiene su propia receta.

Producción anual
(en millones de litros)

30

Graduación alcohólica

35 - 40 %

Precio de una
botella (70 cl)

20 €

Origen

Amaro hace referencia a una gran familia de licores italianos, tan numerosos como variados. ¿Qué tienen en común? La amargura (*amaro* significa «amargo» en italiano), más conocida en el mundo de las bebidas por el término bíter. Los amaros se obtienen mediante la maceración de hierbas, plantas, cortezas, raíces o especias en alcohol neutro con la adición de azúcar y envejecimiento en barrica. Estos licores se remontan a la Edad Media, cuando se utilizaban como remedio pociones alcohólicas aromatizadas con plantas amargas. Las congregaciones religiosas solían encargarse de hacer estas bebidas, cuyas recetas se guardaban con celo. En Italia, este licor se produce en todas partes. Incluso se dice que cada pueblo,

En Italia, este licor se produce en todas partes

cada aldea tiene su propia receta hecha con la flora local. Cada región italiana está representada por una prestigiosa marca de amaro: Ramazzotti en Milán, Averna en Sicilia, Lucano en Basilicata o Montenegro en Bolonia.

Degustación

Entre las virtudes curativas atribuidas al amaro, la digestiva es sin duda la más conocida. Tradicionalmente, se consume al final de la comida a temperatura ambiente o con hielo. El amaro se utiliza para los carajillos (*caffè corretto*) y vuelve a estar de moda con el regreso de los bíter en las coctelerías. Con su equilibrio entre amargor y sabor vegetal, es el perfecto aliado de los *bartenders. Salute!*

> *Quien no ha probado*
> *la amargura*
> *no sabe apreciar*
> *la dulzura.*
>
> Proverbio italiano

Fechas para recordar

S. XIII **S. XIX**

Los primeros indicios de la producción de «vinos medicinales» con plantas amargas.

Nacimiento de la mayoría de las marcas de amaro en Italia.

Austria

Suiza

Eslovenia

Croacia

Bosnia y
Herzegovina

**Amaro
Ramazzotti**

MILÁN

**Amaro
Nonino
Aperol**

VENECIA

TURÍN

Campari

Francia

**Amaro
San Simone**

GÉNOVA

**Amaro
Montenegro**

*MAR DE
LIGURIA*

**Amaro
Santoni**

**Amaro
Sibilla**

MAR ADRIÁTICO

**Amaro
L'Abruzzese**

ROMA

Amaro Ciociaro

NÁPOLES

**Amaro
dei Sardi**

*MAR
TIRRENO*

Amaro Lucano

**Vecchio
Amaro del Capo**

PALERMO

*MAR
JÓNICO*

**Amaro
Averna**

Túnez

NORTE

0   50   100 km

El amaro se recomienda
para el dolor de
cabeza provocado
por... ¡la resaca!

HANKY-PANKY

- 2 cl de ginebra
- 2 cl de vermut rojo
- 2 chorritos de Fernet-Branca
- cáscara de naranja

Utilice una coctelera para elaborar la receta.

*Remueva los ingredientes en una coctelera
con hielo. Vierta el líquido en el vaso enfriado
previamente reteniendo el hielo.*

Adorne con una cáscara de naranja.

Las diferentes variedades de amaro

Fernet

*Amargor
acentuado*

Vermut

Con vino

Medium

*El más famoso,
sabor cítrico*

Alpine

*Aromatizado con
hierbas alpinas*

Finochetto

Con hinojo

Light

*Color claro,
sabor cítrico
acentuado*

Miele

Con miel

Carciofo

*Con
alcachofa*

Tartufo

*Con trufas
negras*

China

*Con corteza
de quina*

Sambuca italiana

El famoso licor italiano con sabor a anís, muy apreciado en Roma, debe su fama a la visión empresarial de Angelo Molinari, que popularizó la bebida.

Capital de la sambuca

Civitavecchia

Producción anual (en millones de litros)

20

Graduación alcohólica

38-42 %

Precio de una botella (70 cl)

15 €

"
La llamé sambuca como homenaje a los sambuchelli, *los aguadores de mi región, que van a los campos a saciar la sed de los campesinos, llevándoles agua y anís.*
"

Luigi Manzi,
pionero de la sambuca

Origen

Los aceites esenciales obtenidos mediante destilación al vapor del anís estrellado y el hinojo constituyen la base de la sambuca. Estos aceites se maceran e infusionan en alcohol puro y se añaden extractos de flor de saúco blanco. También pueden utilizarse tomillo, menta y genciana.

Se dice que se descubrió una misteriosa receta en una aldea del sur de Sicilia, pero fue en

La sambuca nace en Civitavecchia

Civitavecchia, provincia del Lacio, cerca de Roma, donde se creó la sambuca en 1851. La sambuca mantiene cierta opacidad en sus orígenes y en su nombre, que podría derivar de *sambucus* («saúco» en latín vulgar), un ingrediente secundario del licor, o, como explica Luigi Manzi, el primero en comercializar la bebida, en homenaje a los aguadores de su región. Sin duda alguna, el que la popularizó una vez acabada la Segunda Guerra Mundial fue el empresario Angelo Molinari,

quien levantó hasta tres fábricas en Civitavecchia. Las campañas de publicidad de la familia Molinari pusieron de moda la bebida durante la década de 1950, en particular entre la alta sociedad de Roma.

Degustación

La sambuca se puede tomar de diferentes formas. La más sencilla es servirla sola, con hielo, como aperitivo o en la sobremesa. Para refrescarse, es preferible una mezcla con agua fría. También se sirve en el café como sustituto del azúcar, una tradición llamada *caffè corretto* («café corregido»). Se puede servir flambeada en una copa de licor o usarse en cócteles. No se sorprenda si en Italia encuentra tres granos de café en su vaso de sambuca. Fue una costumbre que implantó Angelo Molinari para equilibrar la dulzura del anís estrellado, lo que se denomina «con la mosca». Beba un sorbo y muerda los granos de café. ¡Explosión de sabores garantizada! *Salute!*

Fechas para recordar

1851	→	1945	→	1968
Luigi Manzi empieza a comercializar sambuca en Civitavecchia bajo el nombre de «Sambuca di Manzi».		La sambuca se internacionaliza gracias a la fábrica de la familia Molinari.		El gobierno italiano otorga la calificación «extra» a la sambuca de la familia Molinari para recompensar la calidad de su producción.

SAMBUCHELLI COLLINS

- rodaja generosa de 2 cm de pepino fresco
- 4 cl de sambuca
- 2 cl de zumo de limón
- 8 cl de agua con gas

En un vaso tipo tumbler, aplaste el pepino fresco con un mortero.

Añada el hielo, la sambuca y el zumo de limón.

Mezcle bien y luego acabe de llenar con agua con gas.

Decore con una rodaja de pepino y cáscara de limón.

Añada dos pajitas grandes y sirva inmediatamente.

Austria

Suiza

Eslovenia

Canciani

Opal-nera

Franciacorta

MILÁN

Croacia

Luxardo

TURÍN

Ramazzotti

Antica

GÉNOVA

Toschi

Bosnia y Herzegovina

Borghetti

MAR DE LIGURIA

MAR ADRIÁTICO

Molinari

Civitavecchia

Romana

Sarandrea

ROMA

NÁPOLES

Borsci

MAR TIRRENO

PALERMO

Averna

Di Amore

MAR JÓNICO

Túnez

NORTE

0   100   200 km

MAPA DE LAS PRINCIPALES
FÁBRICAS DE SAMBUCA

Anís estrellado

(o badiana china)

La badiana se introdujo en Europa en el siglo XVII.

La recolección se hace normalmente dos veces al año, en primavera y en otoño.

La sambuca era la bebida de moda entre la alta sociedad de Roma en los años cincuenta y sesenta, la gran época de la *Dolce Vita*.

La badiana viene del mandarín *badjíao*, que significa «ocho cuernos».

El anís estrellado está muy extendido en el sur de China y el norte de Vietnam.

La badiana huele a pimienta y tiene un potente sabor a anís.

Se recomienda su uso para los trastornos intestinales y respiratorios.

Limoncello de Campania

Bajo el sol de la península sorrentina, el limoncello se ha convertido en la referencia de los licores de limón.

Capitales del limoncello

Capri, Amalfi, Sorrento

Graduación alcohólica

26-35 %

Precio de una botella (70 cl)

20 €

Origen

El limoncello es un licor de limón obtenido mediante la maceración de cáscaras de limón en alcohol puro. Su origen lo encontramos en Campania, en concreto en el golfo de Nápoles, donde tres lugares reclaman su autoría. En Capri, se dice que una posadera tuvo la idea de preparar esta bebida para refrescar a sus huéspedes, mientras que las familias de Sorrento afirman que ya ofrecían esta bebida a sus huéspedes.

Tres lugares reclaman su paternidad

En Amalfi, se dice que los pescadores siempre lo han bebido para afrontar el frío del invierno. En cualquier caso, es una bebida única por la calidad de los limones producidos en esta región, muy carnosos y con una corteza gruesa rica en aceites esenciales. Actualmente, su fama es mundial y se produce en todo el Mediterráneo: Córcega, Malta, Menton y Cerdeña. También se ha exportado con la inmigración italiana a Argentina y California, donde la producción de limón es muy importante. Su particularidad es que la elaboración es relativamente simple, por lo que en el sur de Italia sigue siendo habitual hacerse su propio limoncello casero.

Degustación

La forma más tradicional de disfrutar del limoncello es beberlo en la sobremesa después de una buena comida en un vaso helado. El licor es conocido por su correcto equilibrio entre dulzura y acidez, con el azúcar y el limón como sus dos principales ingredientes. Actualmente se ha modernizado ha adquirido una cierta notoriedad gracias a los cócteles de moda que lo emplean: mézclelo con tequila y obtendrá una margarita de limoncello o con ron blanco para un mojito especial. En resumen, si tiene antojo de limón en su cóctel, el limoncello es el licor ideal.

Fechas para recordar

s. XIX	→	1988	→	Finales del s. XX
Varios relatos atestiguan la producción de un licor de limón en la península sorrentina y en la isla de Capri.		Massimo Canale comercializa el licor por primera vez en Capri.		El limoncello se convierte en bebida nacional de Italia, a la altura de la grappa.

○ AVERSA

AVELLINO
○

NÁPOLES
●

POUZZOLES
○

TORRE
DEL GRECO
○

Isquia

Procida

*Golfo
de Nápoles*

CASTELLAMMARE
DI STABIA
○

○ SALERNO

ROMA
□

NÁPOLES
□

SORRENTO
○

AMALFI
○

Capri

Costa
Amalfitana

CAPRI

Capri

Península
sorrentina

M A R

T I R R E N O

NORTE

0   5   10 km

El limoncello no es un licor
protegido por una denominación
geográfica, pero su principal
ingrediente, el limón cultivado
en Sorrento, el «Oval de
Sorrento», sí que tiene una IGP.

LIMONCELLO
CASERO

• 1 litro de alcohol al 90 %

• 8 limones eco verdes

• 1 litro de agua

• 800 g de azúcar

*Pele los limones y reserve
las cáscaras.*

*En un tarro grande, eche las cáscaras
y cúbralas con el alcohol.*

*Deje macerar en un lugar seco
y oscuro unas dos o tres semanas.
El alcohol deberá ponerse amarillo.*

*Prepare el jarabe hirviendo el
agua con el azúcar (el azúcar debe
derretirse por completo).*

Vierta ese jarabe en el tarro.

*Deje infusionar 24 horas
y luego filtre.*

Bébalo muy frío.

Los limones
Ovali Di Sorrento

Limón carnoso con corteza gruesa y fragancia intensa,
amarillo brillante, con jugo ácido, el oval de Sorrento es
único. Su rendimiento en aceites esenciales lo convierte en
el ingrediente perfecto para la preparación del limoncello.
Se cultiva en la península de Sorrento en tierras volcánicas,
los árboles están protegidos con las *pagliarelle*, es decir,
esterillas de paja colocadas sobre estacas de castaño.
La recolección se hace de febrero a octubre
y exclusivamente a mano.

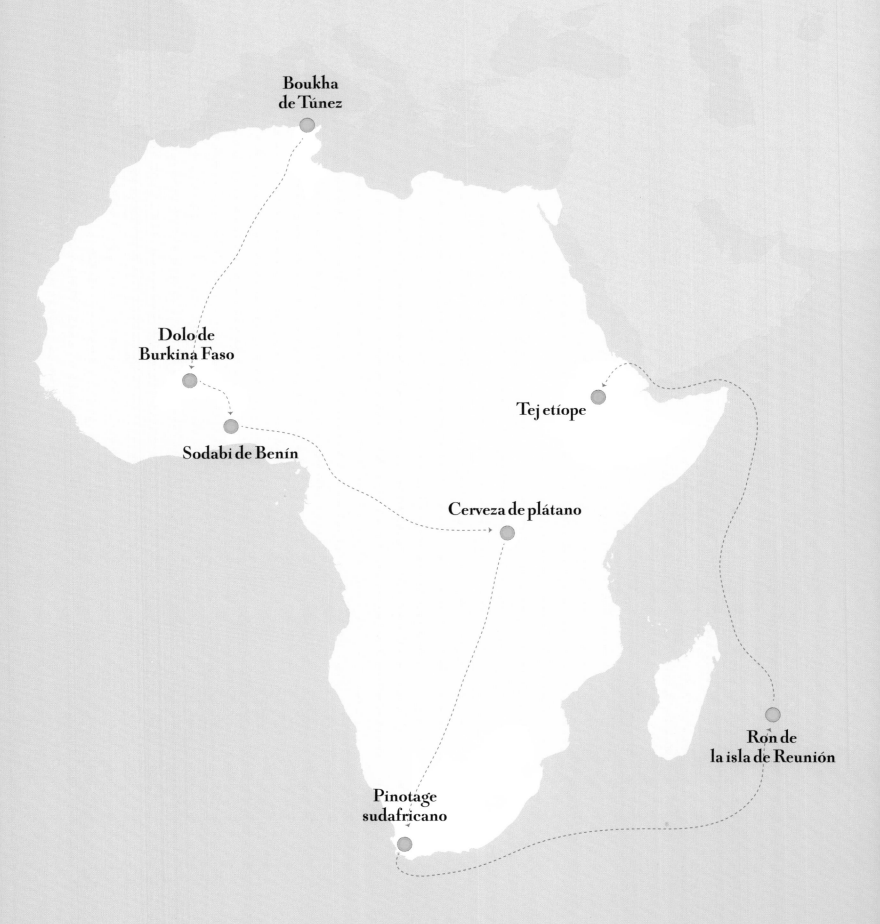

Boukha
de Túnez

Dolo de
Burkina Faso

Sodabi de Benín

Tej etíope

Cerveza de plátano

Ron de
la isla de Reunión

Pinotage
sudafricano

ÁFRICA

Entre la abstinencia en los países musulmanes y el consumo récord en algunos países del África subsahariana, el continente tiene una relación con el alcohol llena de contrastes. Es una de las últimas regiones del mundo que todavía tiene producción de alcohol doméstica y artesanal, especialmente para cervezas y aguardientes. Los ingredientes básicos de las bebidas alcohólicas tradicionales más comunes son: sorgo, plátano, savia de palma y coco. África es también una región vitivinícola, con un embajador de primer orden: Sudáfrica. Situada en la misma latitud que Mendoza y Sídney, Sudáfrica es el octavo mayor productor de vino del mundo.

Boukha de Túnez

Antes de convertirse en un símbolo de la gastronomía tunecina, el aguardiente de higo es ante todo la bebida que identifica a la comunidad judía del país.

Capital de la boukha

Túnez

Producción anual (en litros)

300 000

Graduación alcohólica

37,5 %

Precio de una botella (70 cl)

20 €

Origen

Antes de adquirir su fama actual, la boukha (o buja) era la bebida de una comunidad, la de los judíos que viven en Túnez, que la elaboraban para el consumo doméstico secando, macerando y luego fermentando higos maduros, cuyo jugo se destilaba en un alambique de columna. Se dice que Abraham Bokobsa inició la comercialización del producto en 1820. Su taller estaba situado en La Soukra, en los alrededores de Túnez. Desde entonces, varias marcas han entrado en el floreciente mercado de la boukha, hasta que la marca original Boukha Bokobsa, la de su creador, se impuso definitivamente. Incluso estableció la forma cuadrada de la botella de boukha. Este aguardiente de higo está certificado como *kosher*, es decir, apto para el consumo de la comunidad judía. Durante el siglo XX, la boukha sale de su entorno más cercano para seducir a todos los tunecinos, que la elevaron al rango de bebida nacional y la convirtieron en uno de los pilares de la gastronomía del país.

Este aguardiente está certificado como *kosher*

Degustación

La boukha es un aguardiente sano y completamente natural. Debe su buen sabor a la calidad de sus higos, que generalmente proceden del área mediterránea y en particular de Turquía. Se consume a temperatura ambiente en la sobremesa y con hielo en el aperitivo. La boukha se bebe como el vodka: no dude en poner la botella en el congelador para que se enfríe. El higo le confiere una nariz generosa, redondez en boca y mucha personalidad.

También se usa para aromatizar una macedonia o darle un toque agradable a un simple zumo de frutas, además de utilizarse en cócteles, tal y como hace la juventud tunecina actual. *Saha lik!*

> *La boukha es para los sefardíes (judíos del norte de África) lo que el vodka para los asquenazí (judíos de Europa del Este).*
>
> Dicho popular

Fechas para recordar

1820 → **1900** → **s. XX**

Abraham Bokobsa destila el primer aguardiente de higo en un taller del Soukra, cerca de Túnez.	Nacen docenas de marcas de boukha en Túnez.	La boukha adquiere fama nacional.

COCKTAIL JERBA

- 2 cl de licor de menta
- 2 cl de sirope de azúcar de caña
- 2 cl de boukha
- agua con gas

Ponga los ingredientes en el vaso medio lleno
con hielo y acabe de llenar
con agua con gas.

Sirva en un vaso de tipo tumbler.

Decore con una ramita de menta.

Islas de la Galita

BIZERTE ○ **Túnez** · *Canal de Sicilia*

○ LA MARSA

BÉJA ○

DJEBBA ○

MAR

HAMMAMET ○
Golfo de Hammamet

MEDITERRÁNEO

SUSA ○
○ MONASTIR
KAIRUÁN ○ ○ MOKINE

KASSERINE ○

Argelia

SFAX ○

GAFSA ○

Golfo de Gabés

GABÉS ○ HOUMT SOUK ○
EL-HAMMA ○ *Islas de Jerba*

ZARZIS ○
MEDENINE ○ *Lago El Bíbane*

BEN GARDANE ○
TATAOUINE ○

NORTE

Libia

0   50   100 km

Los tunecinos son los
mayores consumidores
de alcohol de toda el
África septentrional.

El higo

Se han
identificado
700 variedades
de higos en todo
el mundo.

La región de Djebba es
la principal zona de
producción de higos
en Túnez.

La higuera
prospera en el área
mediterránea.

En la tradición cristiana,
el fruto prohibido en el
Libro del Génesis se asocia
con la manzana de Adán,
pero en la judía es el higo.

Lo cultivaron
egipcios, hebreos,
persas, griegos y
judíos.

BEBIDA
N.°
49
cerveza

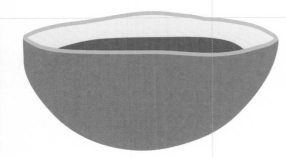

Dolo de Burkina Faso

Es el alcohol más efímero del mundo: se produce en veinticuatro horas y debe consumirse en pocas horas.

Capital del dolo

Uagadugú

Producción anual
(en millones de litros)

600

Graduación alcohólica

3 %

Precio de una
botella (1 litro)

0,13 €

Origen

El dolo es una bebida obtenida mediante la fermentación del sorgo rojo o del mijo. Lo producen exclusivamente mujeres, llamadas *dolotières*. Tras la recolección, las plantas se humedecen, se extienden y se cubren con paja seca para que germinen. Pasan tres días al sol antes de molerlas. El polvo obtenido se hierve y se mezcla con la levadura: así comienza la fermentación. Tras una noche de reposo, el dolo está listo.

Es similar a un plato de comida: se prepara para un encuentro o momento especial y debe consumirse inmediatamente porque no se puede conservar. Este cariz inestable ha desanimado a los empresarios que quieren adaptar y comercializar esta bebida: el dolo seguirá siendo un producto artesanal.

Degustación

Cada bebida tiene su lugar de degustación. En Burkina Faso, el dolo se consume en los «cabarets», locales animados, amueblados de manera muy rudimentaria, a menudo en manos de las *dolotières* que también se encargan de elaborar la cerveza: ¡kilómetro cero garantizado! En Burkina Faso, casi 150 000 mujeres tienen licencia para hacer dolo y dirigir un cabaret. También lo encontramos en las ceremonias tradicionales: bautizos, funerales y bodas. Es una bebida turbia con cierta acidez que recuerda a la sidra. Aparece una ligera espuma al servir, pero desaparece rápidamente. El dolo se sirve en una calabaza: un fruto africano que, una vez secado y vaciado, sirve de recipiente. *Santé!*

> **Es una bebida turbia con cierta acidez**

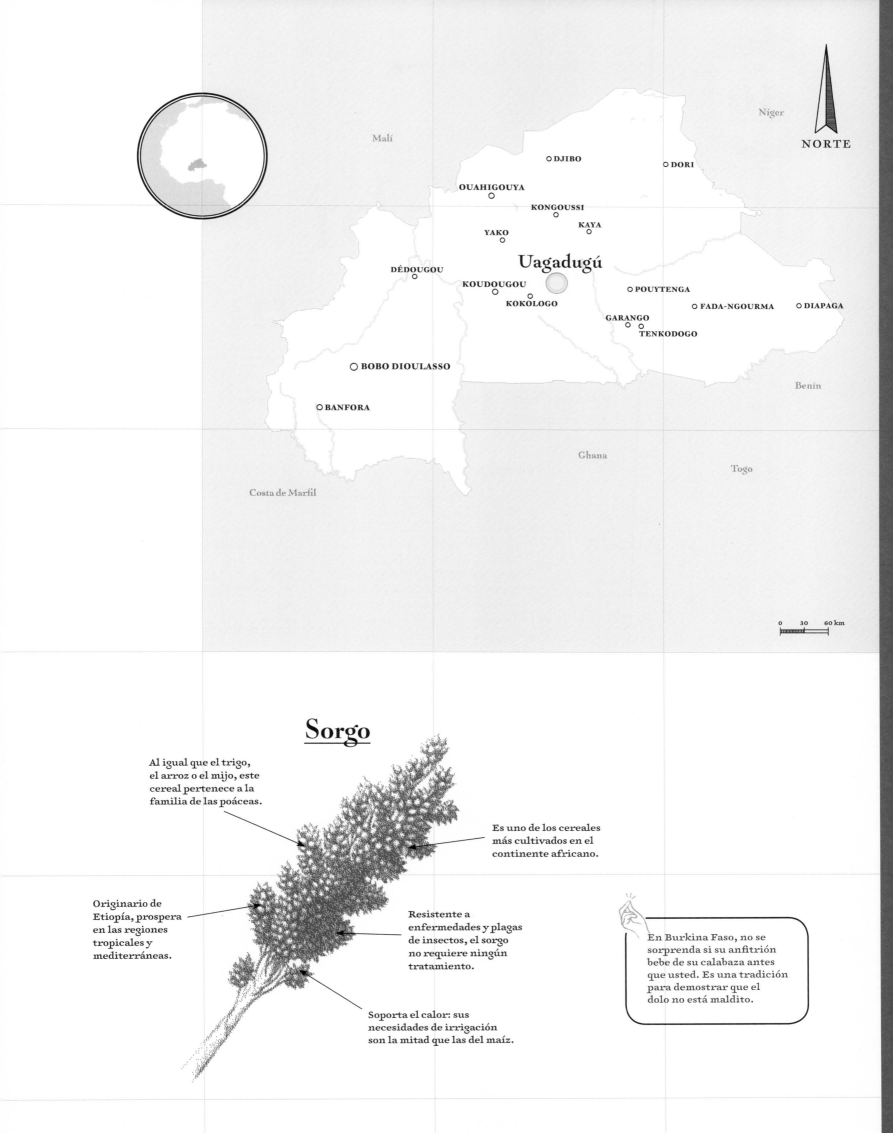

Níger

Malí

DJIBO

DORI

OUAHIGOUYA

KONGOUSSI

KAYA

YAKO

Uagadugú

DÉDOUGOU

KOUDOUGOU

POUYTENGA

KOKOLOGO

FADA-NGOURMA

DIAPAGA

GARANGO

TENKODOGO

BOBO DIOULASSO

Benín

BANFORA

Ghana

Togo

Costa de Marfil

NORTE

0   30   60 km

Sorgo

Al igual que el trigo, el arroz o el mijo, este cereal pertenece a la familia de las poáceas.

Es uno de los cereales más cultivados en el continente africano.

Originario de Etiopía, prospera en las regiones tropicales y mediterráneas.

Resistente a enfermedades y plagas de insectos, el sorgo no requiere ningún tratamiento.

Soporta el calor: sus necesidades de irrigación son la mitad que las del maíz.

En Burkina Faso, no se sorprenda si su anfitrión bebe de su calabaza antes que usted. Es una tradición para demostrar que el dolo no está maldito.

Sodabi de Benín

Bebida nacional de Benín, el alcohol vínico de palma es un verdadero éxito para los dos hermanos Sodabi, que crearon la bebida.

Capital del sodabi

Allada

Producción anual (en millones de litros)

2

Graduación alcohólica

45 - 70 %

Precio de una botella (70 cl)

5 €

Ha cautivado a Togo y a gran parte del África Occidental

Origen

El alcohol vínico de palma aparece en Benín y luego en Togo a principios del siglo xx. Su origen no estaba del todo claro, son varias las historias sobre su creación, pero actualmente, la historia de los hermanos Sodabi es la que prevalece. Uno de los hermanos regresó de Francia en 1919, donde luchó contra los alemanes encuadrado en las tropas coloniales y trajo consigo las técnicas de destilación aprendidas en Francia. Él y su hermano se pusieron a producir alcohol con plátanos muy maduros y con la experiencia adquirida consiguieron un alcohol de la destilación del vino de palma con una graduación del 70 %. El sodabi es hoy la bebida alcohólica local más popular en Benín. Ha cautivado a Togo y a gran parte del África Occidental. También es conocido localmente por los problemas sociales y políticos que causa: su consumo ha generado conflictos, especialmente en las zonas populares y rurales, donde puede ser muy barato (1 litro puede costar 1,20 euros) y peligroso, debido a su precaria fabricación. Aunque se produce principalmente en el sur del país, se consume sobre todo en la parte septentrional.

Degustación

El sodabi está enraizado en la cultura tradicional beninesa: se sirve en ocasiones especiales, bodas, nacimientos, comuniones, pero también funerales. Se ofrece un vaso de sodabi al anfitrión como bebida de bienvenida (el sodabi se bebe en vasos muy pequeños). Se vende en todas partes, en puestecitos por todo el país. Estos lugares se están convirtiendo en verdaderos parlamentos populares donde se debate sobre la política del país. El sodabi se ha hecho un hueco en los bares de moda de Cotonú, donde ha demostrado ser un excelente ingrediente de cóctel.

Sodabi, el alcohol que une a la gente.

Dicho popular

Fechas para recordar

1918	→	1920-30	→	1931	→	2012
Uno de los hermanos Sodabi regresa de la Primera Guerra Mundial con la técnica de la destilación.		El sodabi se consume por todo Benín y Togo.		La administración colonial decide prohibir la producción de sodabi.		Un joven norteamericano planea popularizar el sodabi en todo el mundo con la marca Tambour.

Los diferentes nombres del sodabi en África

Camerún: ondotol, o hâ
Costa de Marfil: koutoukou
Ghana: akpeteshie
Nigeria: Ogoro
Benín y Togo: sodabi

Níger
Burkina Faso
MALANVILLE
Alibori
BANIKOARA
KANDI
NATITINGOU
NIKKI
DJOUGOU
PARAKOU
BASSILA
TCHAOUROU
Togo
Nigeria
SAVALOU
SAVÉ
Ouémé
Kouffo
COVÉ
ABOMEY
BOHICON
NORTE
DOGBO
Allada
LOKOSSA
Ghana
ABOMEY-
CALAVI
PORTO NOVO
OUIDAH
COTONÚ
GOLFO DE BENÍN

0   30   60 km

HIDDEN PASSION

- 2 frutas de la pasión
- 4 cl de sodabi
- 2 cdtas. de zumo de limón
- 2 cdtas. de sirope de caña
  de azúcar
- 1 vaso de hielos

Exprima las frutas de la pasión aplastando las pepitas en el vaso para obtener 8 cl de zumo.

Llene el vaso con hielo, vierta los ingredientes restantes y mezcle.

Decore con una rodaja de limón en el borde del vaso y a disfrutar.

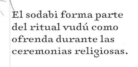

El sodabi forma parte del ritual vudú como ofrenda durante las ceremonias religiosas.

El Sodabi en Nueva York

Durante una visita a un amigo que vivía en Benín, el estudiante estadounidense Jake Muhleman quedó prendado del sodabi beninés y quiso darlo a conocer a todo el mundo. Los dos amigos recorrieron Benín en moto en busca de productores de vino de palma y desarrollaron una receta más accesible con una graduación del 45 %. Actualmente, la marca Tambour, con sede en Cotonú, exporta su sodabi a los bares estadounidenses de moda.

Cerveza de plátano

Cerveza local, tradicional, artesanal, familiar, energética...
No faltan calificativos para describir esta preciada bebida
de África Oriental que desafía incluso a las grandes empresas.

Graduación alcohólica

5 - 15 %

Precio de una botella (1 litro)

1 €

Origen

La cerveza de plátano, conocida como *urwagwa* en Ruanda, es muy popular en la región de los Grandes Lagos de África Oriental –Burundi, Uganda, Ruanda y el Congo–, donde se consume diariamente y su fabricación es artesanal y familiar.

La receta, transmitida de padres a hijos, consiste en prensar plátanos maduros (de la variedad *Musa acuminata*) con hierba para obtener un jugo ligeramente claro. Este jugo, al que se añade una mezcla de agua y malta de mijo o sorgo, se vierte en barricas de madera cubiertas con grandes hojas de plátano y se calienta sobre una fogata durante tres días. Después de filtrarla, se obtiene una cerveza con una graduación del 5 al 15 %.

Los burundeses y ruandeses prefieran la fabricación tradicional y artesanal

Aunque varios grupos industriales han invertido en el mercado de la cerveza de plátano, en realidad es la producción artesanal y tradicional la que atrae a los burundeses y ruandeses, primero por su bajo precio, pero sobre todo por un sabor que ninguna empresa ha sabido reproducir.

Degustación

La cerveza de plátano desempeña un importante papel social: principalmente los hombres, pero también las mujeres, se reúnen en los bares locales, una especie de cafeterías, para compartir un vaso de cerveza de plátano en un momento de convivencia e intercambio. La consumen en una calabaza o con una pajita en botellines de vidrio. Al igual que el plátano, la cerveza de plátano tiene un alto contenido energético, mucho más alto que una cerveza clásica. *Sabatuk fy sudan furah!*

> *Donde hay plátanos, hay cerveza de plátano.*

Dicho popular

Fechas para recordar

S. XIX → S. XXI

Los exploradores europeos ilustran en gravados la fabricación artesanal de la cerveza de plátano.

Se crean varias marcas de cerveza industrial de plátano.

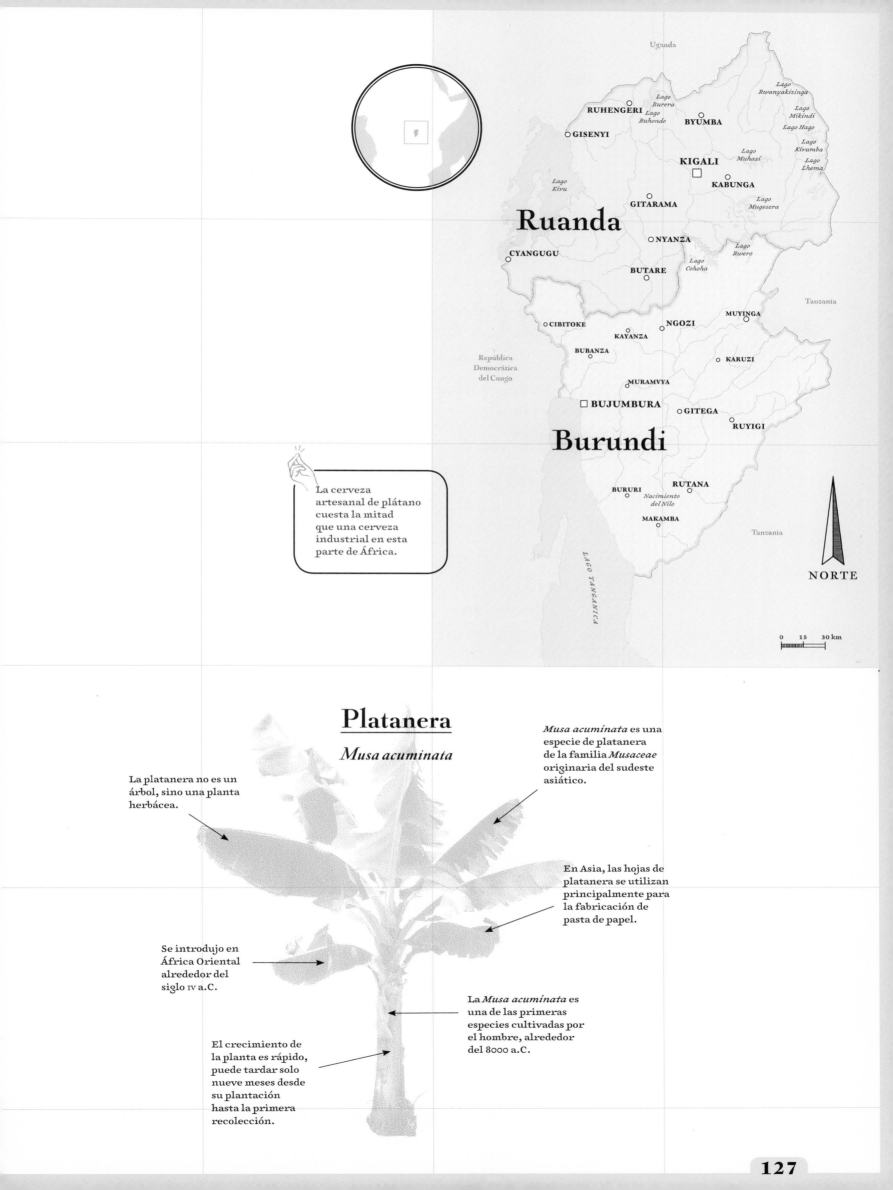

Uganda

RUHENGERI
Lago Burera
Lago Ruhondo
GISENYI
BYUMBA

Lago Rwanyakizinga
Lago Mikíndi
Lago Hago

KIGALI
Lago Muhazí
KABUNGA

Lago Kivumba
Lago Lhema

GITARAMA

Lago Kívu

Ruanda

NYANZA
Lago Mugesera

CYANGUGU

BUTARE
Lago Cohoha
Lago Rwero

Tanzania

CIBITOKE
KAYANZA
NGOZI
MUYINGA

República Democrática del Congo
BUBANZA
KARUZI

MURAMVYA

□ BUJUMBURA
GITEGA
RUYIGI

Burundi

BURURI
RUTANA
Nacimiento del Nilo

MAKAMBA

Tanzania

NORTE

0   15   30 km

> La cerveza artesanal de plátano cuesta la mitad que una cerveza industrial en esta parte de África.

LAGO TANGANICA

Platanera

Musa acuminata

La platanera no es un árbol, sino una planta herbácea.

Musa acuminata es una especie de platanera de la familia *Musaceae* originaria del sudeste asiático.

En Asia, las hojas de platanera se utilizan principalmente para la fabricación de pasta de papel.

Se introdujo en África Oriental alrededor del siglo IV a.C.

El crecimiento de la planta es rápido, puede tardar solo nueve meses desde su plantación hasta la primera recolección.

La *Musa acuminata* es una de las primeras especies cultivadas por el hombre, alrededor del 8000 a.C.

BEBIDA
N.°
52
vino

Pinotage sudafricano

Se trata de una variedad de uva mestiza con orígenes borgoñones y mediterráneos que se ha convertido en la abanderada de los vinos sudafricanos.

Capital del pinotage

Stellenbosch

Producción anual (en millones de litros)

15

Graduación alcohólica

14 %

Precio de una botella (75 cl)

15 €

« *El pinotage es para Sudáfrica lo que el whisky para Escocia.* »

Dicho popular

Origen

Abraham Perold, un investigador de la Universidad de Stellenbosch, tuvo la idea de una nueva variedad de uva adaptada al clima de Sudáfrica.

El resultado de este cruce es sorprendente

Un cruce que combina la finura de la pinot noir con la robustez y productividad de la cinsault, más conocida en Sudáfrica como «hermitage». Pinotage es la contracción del nombre de sus progenitores biológicos, por tanto, es fruto de los huertos experimentales de la universidad en 1925. El resultado es asombroso: variedad de uva de maduración temprana, con un color negro intenso, muy rica en taninos que apenas recuerdan a la pinot noir y la cinsault. A pesar de la reticencia de los viticultores de la época, que solo juraban por la cabernet sauvignon y la syrah, los primeros premios nacionales ganados por los vinos de pinotage hicieron que se diera a conocer. A partir de la década de 1960 se convirtió en una variedad de uva apreciada y reconocida por sus activos y por su imagen de variedad de uva «nacional». Rápidamente ocupó hasta el 6 % del viñedo sudafricano.

La pinotage ha cautivado a viticultores extranjeros en Australia, Nueva Zelandia, California, Israel y Brasil, pero aún se sigue plantando en su mayoría en su tierra natal.

Degustación

El pinotage es bastante ambivalente. Puede utilizarse para la producción de un tinto de mesa o incluso a granel debido a su gran capacidad de rendimiento y su buena resistencia a las enfermedades, pero resultará asombroso y sorprendente si se produce con cuidado y seriedad. Se vinifica como monovarietal o como Cape Blend, una mezcla muy apreciada por los sudafricanos. También se utiliza para la producción de vinos rosados.

La pinotage ofrece un vino potente y con cuerpo, de un hermoso color púrpura oscuro, muy afrutado, con un buqué bastante intenso. La mayoría de los pinotage se beben jóvenes, pero los mejores se pueden guardar diez o quince años antes de descorcharlos. Casan de maravilla con carnes asadas, platos en salsa y quesos blandos. *Cheers!*

Fechas para recordar

1925 → **1953** → **1960** → **1990**

Abraham Perold cruza dos variedades de uva para crear el pinotage.	Primer embotellado del vino obtenido de la pinotage.	Ola de plantación de pinotage en Sudáfrica.	Inicio del reconocimiento mundial de los vinos sudafricanos.

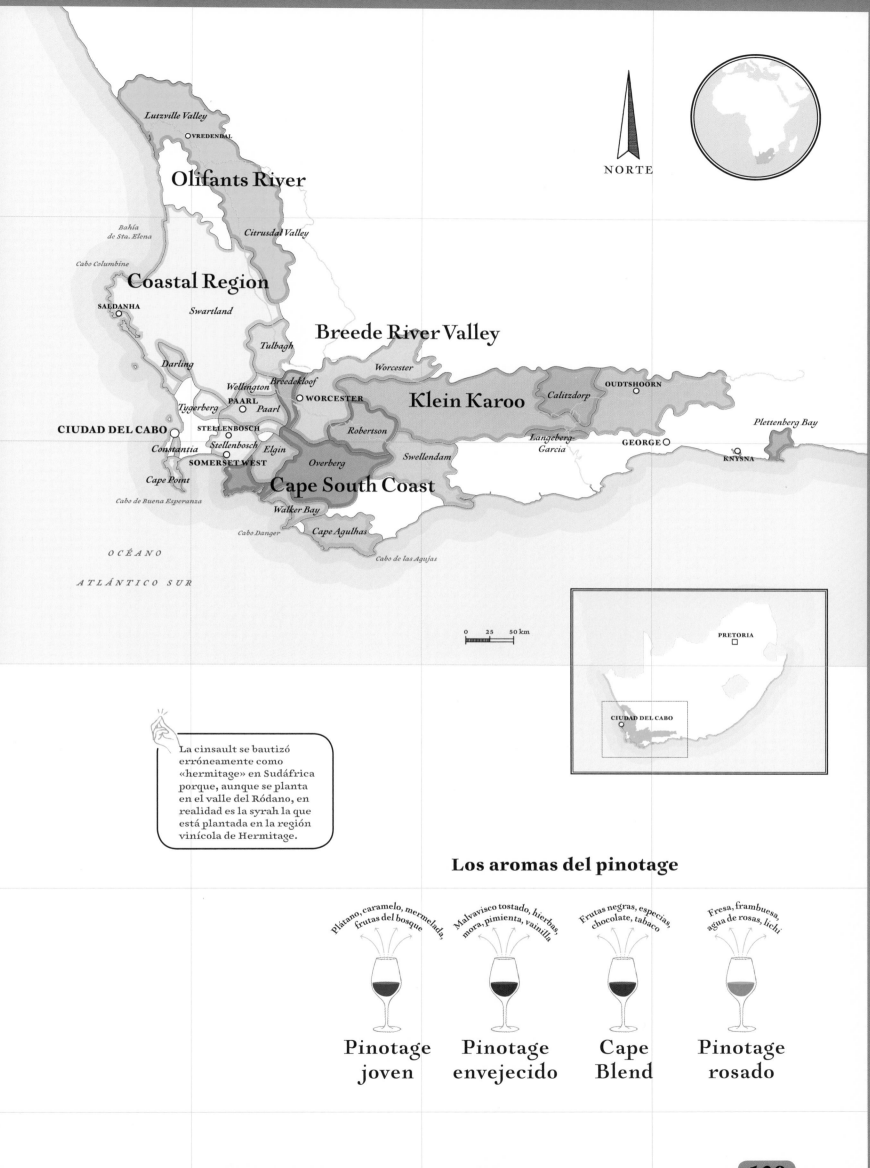

Olifants River

Lutzville Valley

VREDENDAL

Bahía de Sta. Elena

Cabo Columbine

Coastal Region

SALDANHA

Swartland

Citrusdal Valley

Breede River Valley

Tulbagh

Worcester

Darling

Wellington

Breedekloof

Klein Karoo

Calitzdorp

OUDTSHOORN

Tygerberg

PAARL

WORCESTER

Paarl

CIUDAD DEL CABO

STELLENBOSCH

Robertson

Plettenberg Bay

Constantia

Stellenbosch

Elgin

Langeberg-Garcia

GEORGE

Somerset West

Overberg

Swellendam

KNYSNA

Cape Point

Cape South Coast

Cabo de Buena Esperanza

Walker Bay

Cabo Danger

Cape Agulhas

OCÉANO
ATLÁNTICO SUR

Cabo de las Agujas

0   25   50 km

PRETORIA

CIUDAD DEL CABO

La cinsault se bautizó erróneamente como «hermitage» en Sudáfrica porque, aunque se planta en el valle del Ródano, en realidad es la syrah la que está plantada en la región vinícola de Hermitage.

Los aromas del pinotage

Plátano, caramelo, mermelada, frutas del bosque

Malvavisco tostado, hierbas, mora, pimienta, vainilla

Frutas negras, especias, chocolate, tabaco

Fresa, frambuesa, agua de rosas, lichi

Pinotage joven

Pinotage envejecido

Cape Blend

Pinotage rosado

Ron de la isla de Reunión

Pionera en la producción de ron en el océano Índico, la Isla de Bourbon ha vivido una edad de oro con la industria del azúcar y el ron.
La producción de ron sigue siendo muy dinámica actualmente.

Capital del ron de Reunión

Toda la isla

Producción anual (en millones de litros)

10

Graduación alcohólica

40-55 %

Precio de una botella (70 cl)

15 €

Origen

Hay que remontarse a la historia de la caña de azúcar para entender mejor la historia del ron en la isla de Reunión. En el siglo XVII, los primeros colonos empezaron a cultivar la planta azucarera. Al prensarla, produce un jugo dulce, que al fermentar da los primeros aguardientes de caña. El siglo XIX marcará el auge de la industria azucarera de la isla y la multiplicación de las destilerías con ciento veinte azucareras y cuarenta destilerías. La producción de ron, que antaño era artesanal, crece con las exportaciones: se pasa gradualmente de la producción de ron denominado «agrícola» (a partir de jugo fresco de caña triturada) a la producción de ron «tradicional» o «industrial» (a partir de melaza, un residuo líquido y viscoso del refinado del azúcar). En ese momento es la única exportadora de ron de todo el océano Índico. En 1928 había treinta

> **El siglo XIX marcará el auge de la industria azucarera de la isla**

y una destilerías en la isla y en 1945 solo quedaban catorce. Las nuevas técnicas de producción obligaron a los productores a reagruparse. Actualmente solo hay dos grandes azucareras y cuatro destilerías en la isla. Hay más marcas, pero compran el ron de estas destilerías para comercializarlo con otra etiqueta, como es el caso del famoso Rhum Charrette.

Degustación

Las cuatro destilerías ofrecen ron blanco tradicional (en su mayoría) o ron agrícola, ron ámbar y ron añejo. Algunas ofrecen gamas superiores con botellas reserva o *single cask* (de barril único). El ron *arrangé* es la gran especialidad de la isla de Reunión. Se dejan macerar en ron blanco durante varios meses frutas, hierbas, especias o cortezas, que lo impregnarán de sus aromas. Esta bebida, fuerte y muy poco endulzada, se toma generalmente en la sobremesa. No hay que confundirlo con el *punch* (ponche), que es más suave y dulce y se toma como aperitivo. *Anou!*

Fechas para recordar

s. XVII	→	1704	→	1884	→	1972
Comienzo del cultivo de la caña de azúcar por los colonos franceses.		Llegan a la isla los primeros alambiques.		Auge de la industria azucarera: Reunión empieza a producir y exportar su ron a la metrópoli a gran escala.		Nacimiento de la exitosa marca Rhum Charrette.

OCÉANO ÍNDICO

NORTE

ST-DENIS

Savanna

LE PORT

Bois-Rouge

ST-ANDRÉ

ST-PAUL

SALAZIE

ST-BENOÎT

La Part des Anges

PITON DES NEIGES

Rivière du Mat

OCÉANO

ÍNDICO

Gol

ST-LOUIS

LE TAMPON

Isautier

ST-PIERRE

ST-JOSEPH

Destilería de ron

Fábrica de azúcar

0   5   10 km

La saga Charrette

En 1972 nació Rhum Charrette, por iniciativa de todos los productores de la isla, que decidieron unir su producción para elaborar un ron con la misma etiqueta. La famosa etiqueta verde en la que se ve un campesino guiando un carro lleno de caña de azúcar tirado por un buey. El Rhum Charrette se ha convertido en el símbolo de la isla tanto para los reunionenses como para los franceses de la metrópolis, que lo consumen ampliamente. Las cifras lo demuestran: es el producto más exportado de la isla de Reunión; es también el segundo ron más vendido en la Francia continental... Todo un símbolo.

RHUM ARRANGÉ CASERO

• 1 l de ron blanco

• 2 vainas de vainilla

• 3 ramas de canela

• 15 cl de azúcar de caña líquido

• 3 frutas tropicales a elegir (piña, plátanos, maracuyá, etc.)

Corte la fruta en trozos grandes y colóquela en un tarro grande.

Añada las vainas de vainilla partidas y la canela entera.

Añada el azúcar líquido.

Llene con ron y deje el frasco en un lugar oscuro un mínimo de tres semanas.

¡Sírvalo bien frío!

BEBIDA
N.°
54
hidromiel

Tej etíope

Etiopía, cuna de la humanidad, también podría reclamar una de las primeras bebidas alcohólicas del mundo con su tej, un hidromiel aromatizado con hojas de gersho.

Capital del tej
Gondar

Graduación alcohólica
6-15 %

Precio de una botella (70 cl)
5 €

Origen

Obtenido mediante la fermentación de la miel en agua y aromatizado con hojas de gersho, el tej es una bebida etíope ancestral con un bonito color ámbar, considerada por algunos como la bebida alcohólica más antigua del mundo. Actualmente conserva el estatus de bebida nacional (junto con el café). La bebida de las élites, reyes y

Sigue empleándose en ciertos rituales tribales

príncipes, se ha ido democratizando gradualmente, convirtiéndose en una de las bebidas alcohólicas más consumidas en el país junto con la tella, una cerveza oscura tradicional, y sigue empleándose para uso ceremonial, especialmente durante ciertos rituales tribales. En un país multicultural con noventa idiomas, el tej lo consume principalmente la comunidad cristiana de Etiopía.

Degustación

El tej se toma en las *tejbets*, «casas de tej» que hay en casi todo el país, pero sobre todo en el noroeste. Se puede ofrecer en tres variantes: *light*, *medium* y *strong*. El *light* tiene poca graduación (6 %) y es muy dulce, y el *strong* tiene más graduación (entre un 12 y 15 %), es más ácido, con fuertes aromas a miel, flores y madera. Se sirve en una jarra de vidrio redonda con un cuello largo llamada *berele*, que se encuentra en todos los hogares cristianos de Etiopía. Puede tomarse solo, pero lo tradicional es hacerlo con una comida que consta de carne cruda bañada en salsa picante.

> *El primer vaso de tej fascina tanto como el primer bocado de queso azul o la primera botella de lambic.*
>
> *Les Coureurs des Boíres*, blog de degustación

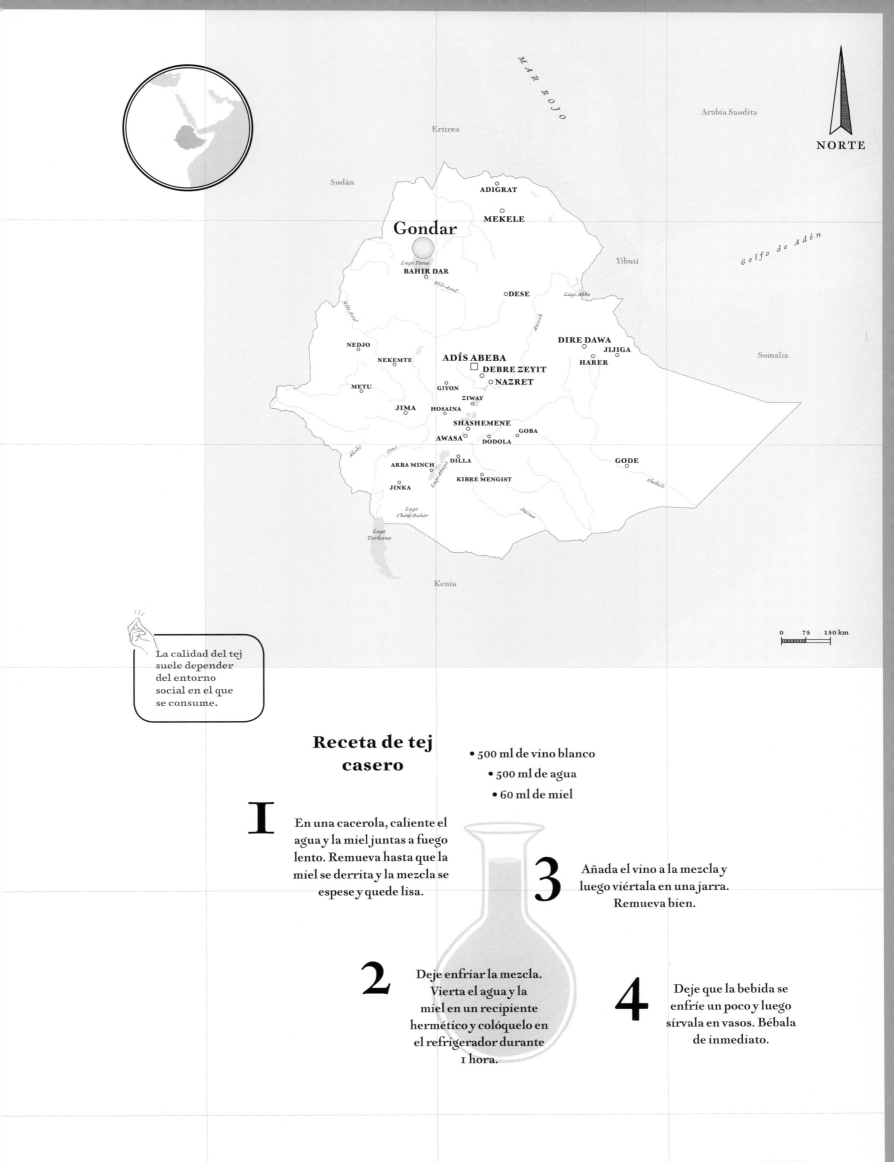

MAR ROJO

Eritrea

Arabia Saudita

Sudán

ADIGRAT

MEKELE

Gondar

Golfo de Adén

Lago Tana

BAHIR DAR

Nilo Azul

DESE

Lago Afbe

Yibuti

Awash

DIRE DAWA

NEDJO

ADÍS ABEBA

JIJIGA

Somalia

NEKEMTE

DEBRE ZEYIT

HARER

Nilo Azul

METU

GIYON

NAZRET

ZIWAY

JIMA

HOSAINA

SHASHEMENE

GOBA

Akobo

Omo

AWASA

DODOLA

GODE

ARBA MINCH

DILLA

Lago Abaya

KIBRE MENGIST

Shebeli

JINKA

Dawa

Lago
Chew Bahir

Lago
Turkana

Kenia

NORTE

0   75   150 km

La calidad del tej
suele depender
del entorno
social en el que
se consume.

Receta de tej casero

- 500 ml de vino blanco
- 500 ml de agua
- 60 ml de miel

1 En una cacerola, caliente el agua y la miel juntas a fuego lento. Remueva hasta que la miel se derrita y la mezcla se espese y quede lisa.

3 Añada el vino a la mezcla y luego viértala en una jarra. Remueva bien.

2 Deje enfriar la mezcla. Vierta el agua y la miel en un recipiente hermético y colóquelo en el refrigerador durante 1 hora.

4 Deje que la bebida se enfríe un poco y luego sírvala en vasos. Bébala de inmediato.

**Vino naranja
de Georgia**

Arak del Líbano

ASIA

Los arqueólogos han encontrado en Asia los vestigios más
antiguos de fermentaciones alcohólicas. Datan del Neolítico,
10 000 años antes de nuestra era. Los pueblos árabes fueron los
primeros en destilar un líquido para la elaboración de perfumes ya en
el siglo x. «Alambique» viene del árabe *al-inbiq*, que significa «la que
destila». El cultivo del arroz está profundamente arraigado en la
cultura de los países del Lejano Oriente. Eso explica la omnipresencia
de los vinos de arroz. En el mundo occidental, el alcohol es sinónimo de
celebración, mientras que en esta parte del mundo se relaciona
más con el día a día, en particular, con las comidas de negocios bien
regadas. El budismo no prohíbe el consumo de alcohol, pero lo
desaconseja (muy) intensamente. Beber o meditar, he ahí la cuestión.

Airag de Mongolia

Soju de Corea

Whisky
japonés

Vino
de China

Sake
japonés

Shochu
japonés

Baiju chino

Huangjiu
chino

Arak de Bali

Arak del Líbano

Es la bebida alcohólica por excelencia en Oriente Medio. Nacido de las uvas y aromatizado con anís, el arak ha obsequiado y refrescado las mesas libanesas desde hace siglos.

Capital del arak

Zahlé

Producción anual (en millones de litros)

3

Graduación alcohólica

40-55 %

Precio de una botella (70 cl)

30 €

Origen

El arak es para Oriente Medio lo que el aguardiente para América Latina: una bebida popular y antigua que difiere de un país a otro. Se encuentra con mayor frecuencia en Turquía (raki), Siria, Jordania, Israel y el Líbano. El más famoso sigue siendo el libanés: el aguardiente de uva aromatizado con anís es un verdadero emblema de la gastronomía nacional.

Arak significa «sudor» o «transpiración» en árabe, una evocación de las gotas formadas por los vapores de alcohol en el alambique. Se produce a partir de un mosto de uva fermentado, parecido al vino, destilado tres veces con anís. Luego reposa en una bodega más de doce meses en ánforas de arcilla. El arak se elabora artesanalmente en muchas aldeas del país, sobre todo en comunidades cristianas y especialmente en el valle de la Becá, en la región de Zahlé, que concentra tres cuartas partes de la producción de arak del país. La región de Zahlé es famosa por sus viñedos, que crecen a 900 metros de altitud en una tierra que goza de 260 días de sol al año. La uva con la que se hace el arak procede principalmente de una variedad autóctona: obeidi.

Degustación

A diferencia del pastis, al que podría compararse, el arak se toma durante la comida y no como aperitivo. Se alarga con agua y hielo: tradicionalmente una medida de agua por una de arak o dos de agua por una de arak. Eso hará que adopte su característico color lechoso. Es

El arak se toma durante la comida

el acompañamiento perfecto para la tradicional comida libanesa compuesta de *mezzes*: brochetas de cordero, hummus, puré de berenjenas (*baba ghanush*), ensaladas de hierbas frescas, etc. *Kessak!*

> *Quien prueba el arak nunca olvida su sabor.*
>
> Proverbio libanés

Fechas para recordar

6000 a. C. → s. **VIII** → **1937**

Primeros vestigios de viticultura en el Líbano.

Primeros escritos sobre el sudor o la transpiración del alambique en el Creciente Fértil.

Una ley define el arak como la bebida alcohólica obtenida de la destilación de uvas prensadas con semillas de anís.

Siria

MAR
MEDITERRÁNEO

Kebír

QOUBAIYAT

HALBA

TRÍPOLI

ZGHARTA

Aassi

CHEKKA

QAA

BATRÚN

BISHARRI

Abou Alí

BIBLOS

QARTABA

DEIR EL-AHMAR

Ibrahim

Monte Líbano

Litani

BAALBEK

JOÜNIÉ

Zahlé

*Bahía de
San Jorge*

BASKINTA

BEIRUT

JDEIDEH

ZAHLÉ

RAYAK

BAABDA

DAMOUR

BAROUK

Valle de la Becá

El arak es conocido como
«la leche de los valientes»
en la región de Zahlé.

*Lago de
Qaraoún*

Aouali

SIDÓN

JEZZINE

MACHGHARA

Siria

Becá occidental

NABATIYE

MARJAYOUN

TIRO

JOUAIYA

NAQOURA

BENT JBAIL

Israel - Palestina

NORTE

MAPA VITÍCOLA DEL LÍBANO

0   10   20 km

Vino naranja de Georgia

El vino georgiano, producido desde hace 8000 años, es la bebida alcohólica con más historia.

Capital del vino naranja

Telavi

Producción anual (en millones de litros)

170

Graduación alcohólica

12-13 %

Precio de una botella

A partir de

15 €

> " *En Georgia, la vid se cría como un niño, es decir, con la misma dulzura y paciencia.* "
>
> Pascal Reigniez, historiador

Origen

Los lingüistas están de acuerdo en que la etimología de la palabra «vino» procede de la palabra georgiana *gvino*. Con un pie en Europa y otro en Asia, Georgia es una asombrosa mezcla de culturas. Con un pasado bajo la dominación de persas, romanos, bizantinos, árabes, mongoles y rusos, este pequeño país reclama una herencia y una historia extraordinarias. Actualmente, Georgia se considera la cuna del vino del mundo. Sus caldos se han convertido en el orgullo nacional y están estrechamente ligados a la cultura del país. Es de los pocos países en los que quedan familias que siguen produciendo su propio vino.

> **Georgia se considera la cuna del vino del mundo**

Como en otros muchos países vitivinícolas, hay que diferenciar entre los vinos elaborados con variedades autóctonas y extranjeras. La historia suele ser la misma: las otrora ubicuas variedades nativas fueron reemplazadas por variedades internacionales en la década de 1980. Y en los últimos años, bajo el impulso de jóvenes viticultores, sumilleres audaces y consumidores curiosos, las variedades de uva autóctonas han vuelto a ser el centro de atención y se han convertido en el emblema de los vinos del país.

Degustación

El vino naranja (también llamado vino ámbar) está de moda entre los sumilleres y los amantes del vino. Es un blanco vinificado como un tinto. Es decir, la maceración del mosto se hace con las pieles de las uvas. De esta forma se obtiene un color uniforme, a veces anaranjado, así como notas tánicas, normalmente reservadas para los tintos. Es un vino que destaca por su intensidad aromática y una longitud en boca que hará temblar a cualquier enófilo. *Gaumarjos!*

> **El vino naranja está de moda entre los sumilleres**

Fechas para recordar

6000 a. C.	1945	2006	2013
Primeros vestigios arqueológicos de fermentación de mosto.	Stalin sirve vino georgiano a Roosevelt y Churchill en la conferencia de Yalta.	Rusia impone un embargo a los vinos georgianos. Los viticultores tienen que buscar nuevos mercados y centrarse en la calidad.	El *kvevri* se inscribe en la lista del Patrimonio Cultural Inmaterial de la UNESCO.

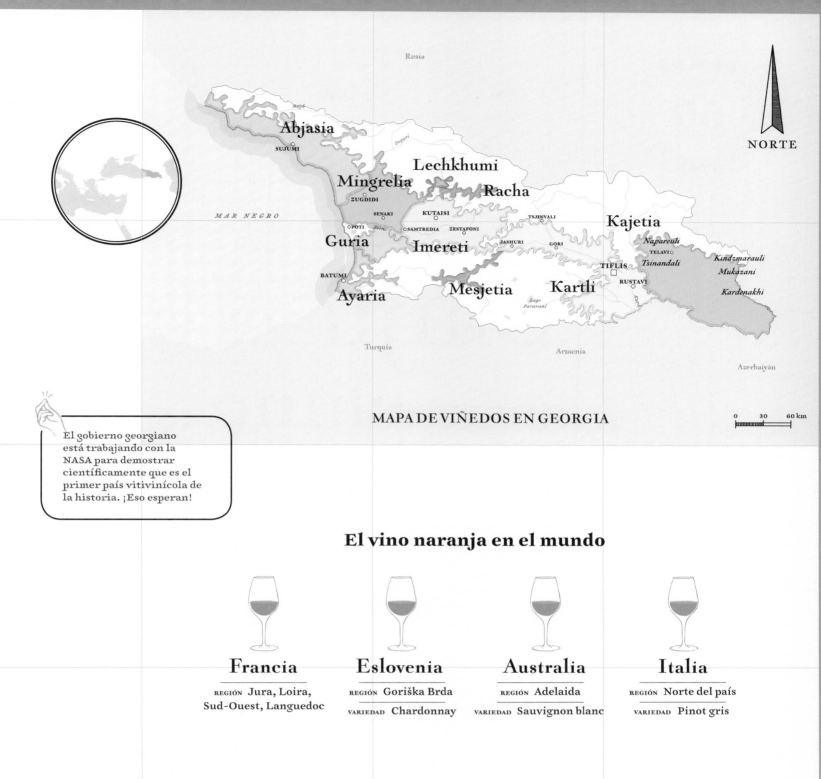

Rusia

Abjasia

SUJUMI

Lechkhumi

Mingrelia

Racha

ZUGDIDI

MAR NEGRO

SENAKI

KUTAISI

POTI

SAMTREDIA

ZESTAFONI

TSJINVALI

Kajetia

Napareuli

TELAVI

Tsinandali

GORI

JASHURI

Guria

Imereti

TIFLIS

RUSTAVI

Kindzmarauli

Mukazani

BATUMI

Kartli

Kardenakhi

Ayaria

Mesjetia

Lago
Paravani

Turquía

Armenia

Azerbaiyán

NORTE

MAPA DE VIÑEDOS EN GEORGIA

0   30   60 km

El gobierno georgiano
está trabajando con la
NASA para demostrar
científicamente que es el
primer país vitivinícola de
la historia. ¡Eso esperan!

El vino naranja en el mundo

Francia

REGIÓN Jura, Loira,
Sud-Ouest, Languedoc

Eslovenia

REGIÓN Goriška Brda

VARIEDAD Chardonnay

Australia

REGIÓN Adelaida

VARIEDAD Sauvignon blanc

Italia

REGIÓN Norte del país

VARIEDAD Pinot gris

Procedente
de Georgia, pero
hoy en día lo
usan viticultores
italianos, franceses
o australianos.

Hecho
de terracota.

Contiene
de 300 a
3500 litros
de vino.

Enterrado bajo
tierra de octubre
a marzo.

El interior está
revestido con
una capa de cera
de abejas para
sellar.

El *kvevri* georgiano

El *kvevri* (o *qvevri*) es una tradición
georgiana milenaria. Esta gran vasija
de terracota puede contener entre
300 y 3500 litros de vino y es el antepasado
de nuestra barrica. Una vez lleno, se entierra
bajo tierra durante varias semanas para
que la fermentación se produzca a una
temperatura estable. Un *kvevri* suele estar
sellado durante seis meses, pero a veces
permanece bajo tierra desde el día
de nacimiento de un niño hasta
el día de su boda.

Los aromas del vino naranja

Cáscara de naranja, albaricoque,
melocotón, caramelo, manzana

Georgia

VARIEDADES

Rkatsitelli o mtsave

139

Baiju chino

Desde las ofrendas religiosas hasta las comidas de negocios bien regadas, el baiju es una bebida popular que hace que se caigan las máscaras.

Capital del baiju

Maotai

Producción anual
(en millones de litros)

375

Graduación alcohólica

40-65 %

Precio de una botella

150 €

Origen

El baiju es un alcohol de grano resultante de una fermentación a la que sigue una destilación. La elección del grano depende de la región donde se produce. El sorgo domina y puede complementarse con arroz, trigo o cebada. Algunas botellas tienen precios de cuatro cifras debido al tiempo y a las exigencias de producción. Por ejemplo: el maotai, uno de los más famosos baijus. Se somete a siete fermentaciones y ocho destilaciones durante siete meses antes de envejecer en barrica durante cuatro años. No hace falta decir que este tipo de bebida está reservada a la élite del país. Valorado en 130 mil millones de euros en bolsa, el Grupo Kweichow Moutai es el principal productor de baiju. Desde 2013, el control de las comidas de negocios, a menudo bañadas en baiju, ha asestado un duro golpe a las marcas. Con la limitación de las mordidas, los productores se frotan las manos.

Degustación

El Baiju sigue siendo una tradición china: el 9 % de la producción anual se consume a escala nacional. Para un paladar occidental, los sabores del baiju pueden ser tan agradables como confusos. Dependiendo de los métodos, va del plátano a la miel, de la ciruela a la menta,

¡Sirva a sus acompañantes antes que a usted!

pasando por el regaliz. Si está en China, asegúrese de servir a sus acompañantes antes que a usted, en un vaso de chupito a rebosar. El baiju se bebe de un trago. *Ganbei!*

> *El alcohol es blanco, pero hace que nos sonrojemos. El oro es amarillo, pero ennegrece el corazón.*
>
> Proverbio chino

Fechas para recordar

135 a. C. → **1972**

La ciudad de Maotai produce un licor de grano para las ofrendas religiosas.

Los presidentes Nixon y Mao Zedong) brindan con baiju para celebrar la renovación de las relaciones entre sus países.

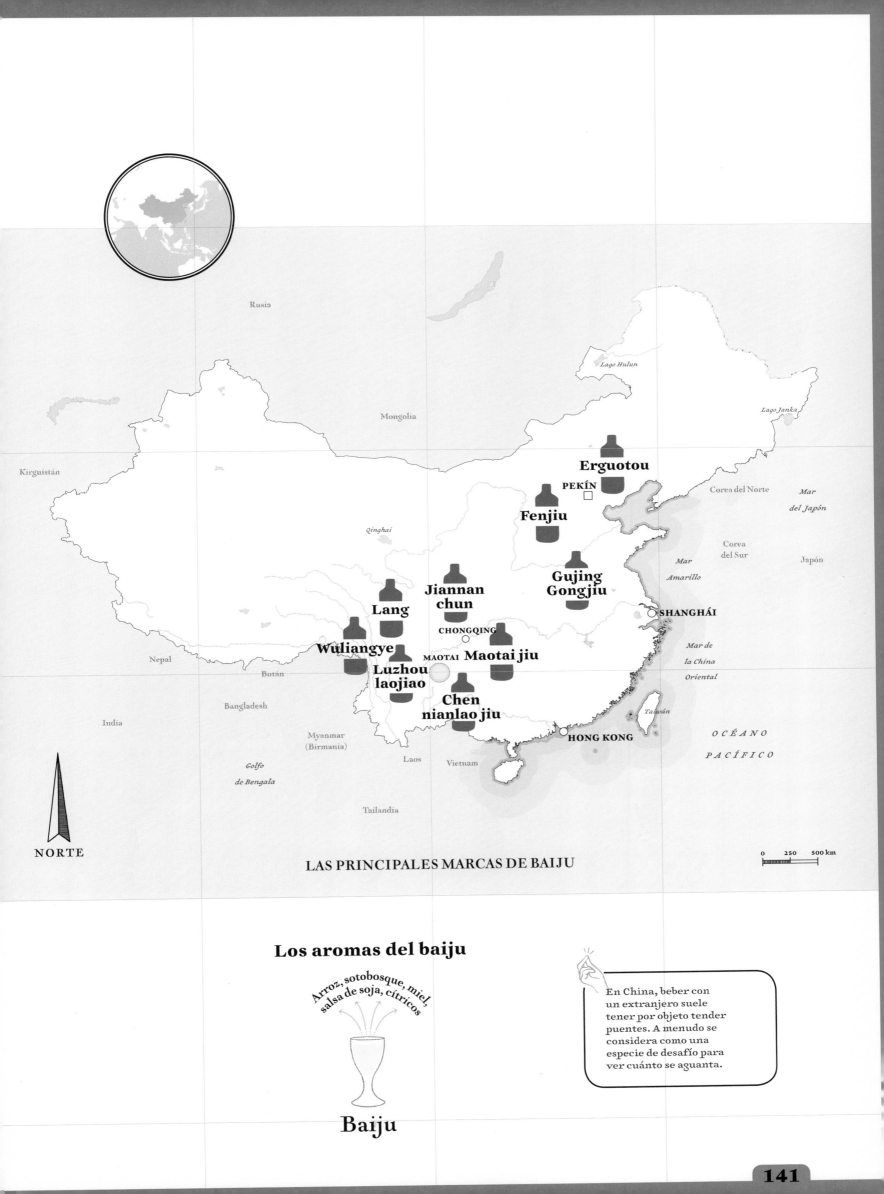

Rusia

Mongolia

Lago Hulun

Lago Janka

Kirguistán

Qinghai

Erguotou

PEKÍN ☐

Fenjiu

Corea del Norte

Mar del Japón

Corea del Sur

Japón

Gujing Gongjiu

Mar Amarillo

SHANGHÁI ○

Lang

Jiannan chun

CHONGQING ○

Wuliangye

MAOTAI **Maotai jiu**

Mar de la China Oriental

Luzhou laojiao

Nepal

Bután

Bangladesh

India

Chen nianlao jiu

Taiwán

Myanmar (Birmania)

Golfo de Bengala

HONG KONG ○

OCÉANO PACÍFICO

Laos

Vietnam

Tailandia

NORTE

0   250   500 km

LAS PRINCIPALES MARCAS DE BAIJU

Los aromas del baiju

Arroz, sotobosque, miel, salsa de soja, cítricos

Baiju

En China, beber con un extranjero suele tener por objeto tender puentes. A menudo se considera como una especie de desafío para ver cuánto se aguanta.

Huangjiu chino

Se elabora cual cerveza, tiene cuerpo de vino
y se bebe como el sake. ¿Qué es?

**Capital
del huangjiu**

Shaoxing

**Producción anual
(en millones de litros)**

3500

Graduación alcohólica

12-20 %

**Precio de una
botella (1 litro)**

10 €

Origen

El *Qí mín yào shù* es el tratado
agrícola más antiguo. Es una mina
de información sobre las técnicas
agrícolas de la antigua China.
Data del siglo VI y menciona
37 recetas de vinos de grano.
Contiene instrucciones detalladas
a la par que sorprendentes: «Un
niño vestido de negro tiene que
sacar agua mirando al oeste antes
del amanecer». Este libro resalta
el papel central del huangjiu en la
cultura china.

Huangjiu es un elemento fundamental de la cultura china

Antaño era una
bebida ofrecida
durante los
sacrificios a los
espíritus de los
antepasados y
a las deidades
superiores. Luego, rápidamente,
se popularizó su consumo en la
Corte y más tarde entre el pueblo,
tanto, que podría ser la primera
bebida responsable de una ola de
alcoholismo. Acción, reacción: darse
a la bebida se castigaba con la muerte
en la dinastía Zhou (siglo XI a. C.).

Degustación

En el vaso, el resultado es una
bebida no carbonatada obtenida por
fermentación de cereales. Descoloca
un poco, ya que el huangjiu sigue
el método de producción de una
cerveza (malteado de cereales),
pero tiene el sabor, la apariencia
y el contenido en alcohol de un
vino. Pueden utilizarse varios
cereales, pero el trigo sigue siendo
el ingrediente esencial. Se divide
en tres partes: la primera se
torrefacta, la segunda se hace al
vapor (cocción suave) y la tercera
se mantiene cruda. Las costumbres
de cada productor dan a cada
marca su aspecto único. *Ganbei!*

> *Bebiendo solo bajo la luz de la luna.*
> *Un vaso de vino entre las flores:*
> *bebo solo, sin amigo que me acompañe.*
> *Levanto el vaso e invito a la luna:*
> *con ella y con mi sombra seremos tres.*

Li Bai, poeta chino
del siglo VIII

Fechas para recordar

6000 a. C. → s. **VI** → **2006**

Elaboración de las
primeras bebidas
alcohólicas hechas
por el ser humano
en China.

Primer registro
escrito de una receta
de vino de cereales.

La técnica de
elaboración del vino
de arroz de Shaoxing
entra en el Patrimonio
de la Humanidad
de la UNESCO.

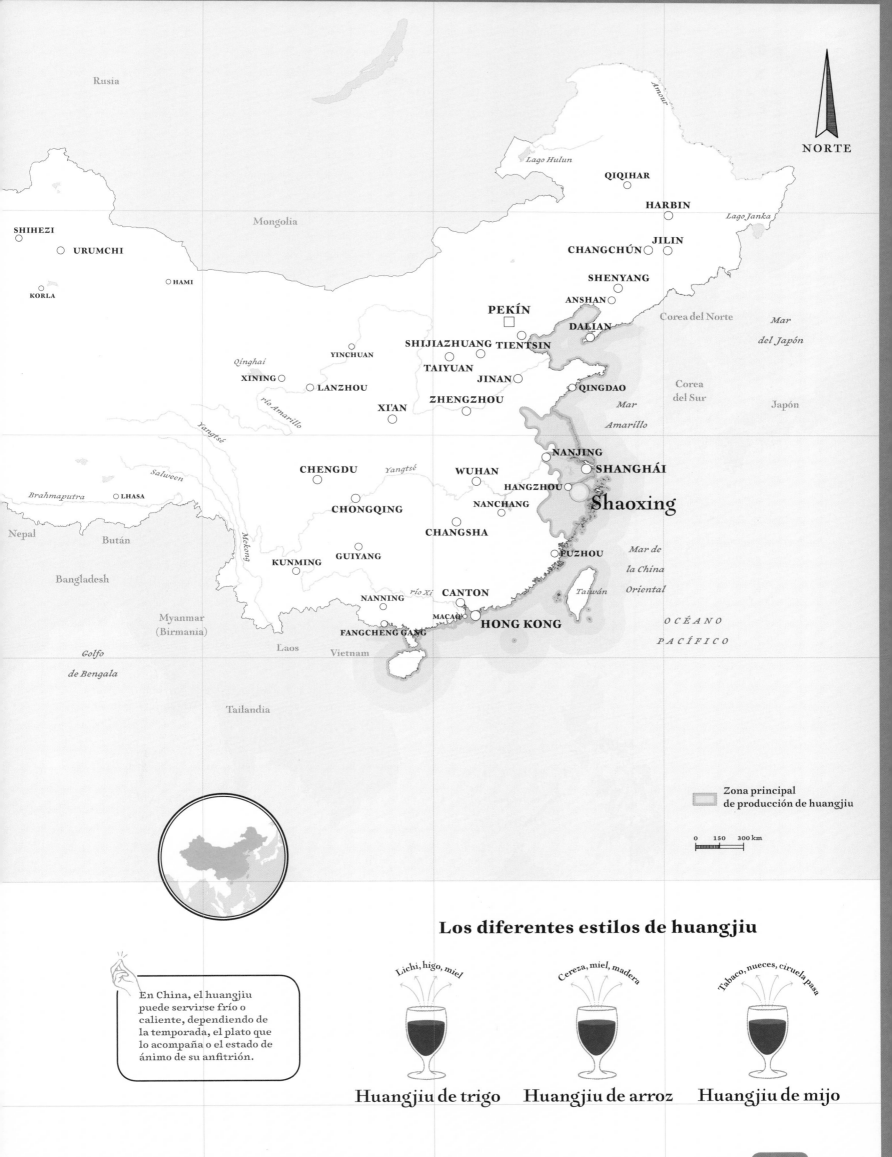

Los diferentes estilos de huangjiu

En China, el huangjiu puede servirse frío o caliente, dependiendo de la temporada, el plato que lo acompaña o el estado de ánimo de su anfitrión.

Huangjiu de trigo — Lichi, higo, miel

Huangjiu de arroz — Cereza, miel, madera

Huangjiu de mijo — Tabaco, nueces, ciruela pasa

Zona principal de producción de huangjiu

Vino de China

Cuando la Ruta de la Seda se convierte en la Ruta de la Uva, China va camino de convertirse en el primer productor mundial de vino.

Capital del vino de China

Yantai

Producción anual (en millones de litros)

115

Graduación alcohólica

14 %

Precio de una botella (75 cl)

10 €

> Los chinos dominan el proceso de vinificación. Lo que falta es el análisis del terroir para conseguir una buena combinación de suelo, variedad de uva y clima.
>
> Nicolas Carré, sumiller instalado en Pekín

Origen

Se estima que las primeras vinificaciones datan de hace 2000 años. El general chino Zhang Qian, enviado al Asia central en el año 126 a. C., regresó con vides de una región del Imperio persa que corresponde al actual Uzbekistán. La historia del vino, al igual que la historia del país, dio un vuelco en 1949 con la proclamación de la República Popular China, que sacó al pueblo de una larga guerra civil. En el año 2000, el viñedo chino representaba el 4 % de los viñedos del mundo. Desde entonces, esa cifra se ha triplicado.

Las primeras vinificaciones datan de hace 2000 años

Con una población cada vez más interesada por el vino y un país dos veces más grande que la Unión Europea, su progresión no tiene visos de detenerse. Situada en el noreste del país, Shandong es la mayor región vinícola: proporciona el 40 % de la producción nacional.

Degustación

Aún existen muchos prejuicios sobre la relación de los chinos con el vino: «se lo beben de un trago», «compran lo que no quieren los europeos», etc. En efecto, los chinos son productores y consumidores recientes y aún se están formando. Los más motivados estudian en Beaune, Reims o Burdeos, ¡y se nota! Desde la elección de las variedades hasta el envejecimiento casi sistemático en barricas, la influencia de Burdeos es omnipresente. Lo que deben hacer los productores es romper amarras con los códigos europeos para darle su toque personal. Y en primer lugar, la naturaleza es la que deja su impronta: en esas latitudes, los tintos son más exóticos y ofrecen aromas de coco o guayaba. *Ganbei!*

La influencia de Burdeos es omnipresente

Fechas para recordar

100 a. C.	→	1949	→	2014
Primeros rastros de vinificación.		Proclamación de la República Popular China.		China se convierte en la segunda región vinícola más grande del mundo.

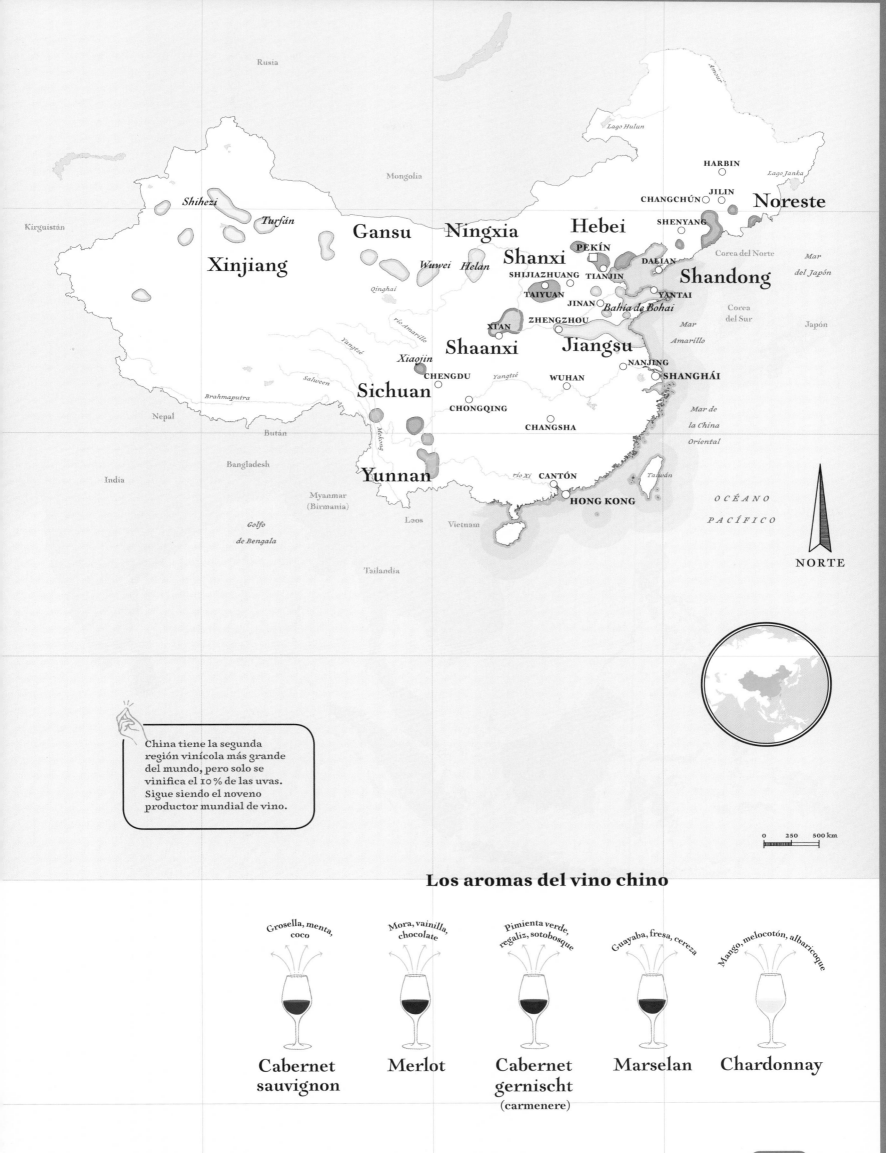

China tiene la segunda región vinícola más grande del mundo, pero solo se vinifica el 10 % de las uvas. Sigue siendo el noveno productor mundial de vino.

Los aromas del vino chino

Grosella, menta, coco

Cabernet sauvignon

Mora, vainilla, chocolate

Merlot

Pimienta verde, regaliz, sotobosque

Cabernet gernischt (carmenere)

Guayaba, fresa, cereza

Marselan

Mango, melocotón, albaricoque

Chardonnay

Airag de Mongolia

Entre comida y bebida, esta leche de yegua fermentada es un símbolo de la gastronomía mongola.

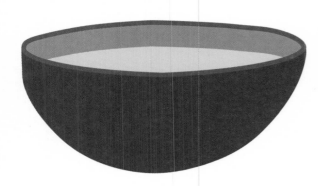

Capital del airag

Ulán Bator

Producción anual
(en millones de litros)

132

Graduación alcohólica

2,5 %

Origen

La leyenda cuenta que esta bebida nació a lomos de un caballo. Después de ordeñar, la leche se colocaba en grandes botas de piel de animal. En el camino de vuelta, el movimiento natural del galope agitó la leche. Al llegar, los cazadores descubrieron una bebida blanca, espumosa y ligeramente alcohólica: había nacido el airag. Actualmente, la leche de yegua se mezcla con el fermento del año anterior en una gran bota de cuero de vaca antes de batirla.

El airag es como un fuego que hay que mantener

La leche se remueve hasta que emulsiona: ahí comienza la fermentación. El airag es como un fuego que hay que mantener vivo. Los miembros de la familia lo consumen y luego agregan leche al preparado para mantener el nivel constante. El recipiente se coloca en el centro de la sala y, en cuanto alguien pasa, le dedica un momentito para remover la leche y así mantener la fermentación, algo que puede durar toda una estación.

Degustación

En Mongolia, el airag lo consumen principalmente los hombres que se reúnen por placer o durante los rituales para honrar a los espíritus. A los visitantes se les ofrecerá primero tabaco, luego una taza de té y luego airag.

Se puede elaborar con leche de burra, camella o yegua. Esta última, que es rica en lactosa, es la más adecuada para la fermentación y por lo tanto, la más utilizada. Esto nos da una bebida blanca con un sutil burbujeo, y cierta acidez o amargura. No lo parece, pero es muy reconstituyente. *Erüül mehdiin tölöö!*

" El airag es nutritivo, revitalizante, fortificante y estimulante. "

Heródoto, historiador griego
(484 - 425 a. C.)

Fechas para recordar

400 a. C. → **1880** → **1920**

El historiador griego Heródoto menciona el consumo de leche fermentada en la región de la actual Mongolia.

El escritor ruso León Tolstói escribe que quiere curar su melancolía con el airag.

Introducción del modelo comunista, el vodka se convierte en la bebida nacional en Mongolia.

Rusia

NORTE

Lago Khövsgöl

Lago Achit *Lago Uvs*
ULAANGOM **SÜKHBAATAR**
ÖLGIY *Lago Noir* **MÖRÖN**
HOVD **ERDENET** ○ **DARHAN**
○ **ULIASTAY** **CHOYBALSAN**

Ulán Bator

BAYANHONGOR
ARVAYHEER

SAINSHAND

China

0   150   300 km

Mar de Bohaí

Los aromas del airag

Leche de almendra, cerveza, heno

Airag

Le damos airag al lactante, pero no a la mujer embarazada. En dos hospitales de Mongolia, la tuberculosis se trata solo con leche de yegua.

Evolución del airag en función del tiempo de fermentación

Airag joven
1 día de fermentación
Suave, poco ácido y poco alcohol
De 0,1 a 0,3 % de alcohol

Airag
2 días de fermentación
Más ácido y poco alcohol
De 0,2 a 0,5 % de alcohol

Airag fuerte
3 días de fermentación
Fuerte, muy aromático, más ácido y alcohólico
Alrededor del 3 % de alcohol

Soju de Corea

El Soju es un verdadero fenómeno social y lo beben todos los coreanos, de todas las clases sociales, de todas las edades, en todas las ocasiones.

Capital del soju

Kaesong

Producción anual (en millones de litros)

900

Graduación alcohólica

20-45 %

Precio de una botella (35 cl)

2 €

Origen

Los mongoles estaban en el apogeo de su dominación del continente asiático en el siglo XIII, eran los amos de casi todo, desde el Mediterráneo hasta China. Su dominio en un territorio tan rico con múltiples culturas facilitó el movimiento y el desarrollo de ciertas técnicas. En particular la destilación, tomada de los persas en el Oriente Medio y transmitida hasta Corea donde, ya en el siglo XIII, se comenzó a destilar un alcohol de arroz, inicialmente para uso médico.

El soju que se hace hoy no tiene que estar hecho necesariamente de arroz, puede hacerse con otros «almidones», como la batata, la tapioca o la melaza. Es fácilmente reconocible por el aspecto de su recipiente: una pequeña botella verde que se vende por doquier.

Es un verdadero fenómeno social, tanto que los surcoreanos lo beben en todas las circunstancias y sin

Es un verdadero fenómeno social

moderación. Según un estudio de la revista *Quartz*, consumen una media de 13,7 chupitos de soju a la semana, el doble que los rusos de vodka.

Degustación

El soju es un fenómeno social que solo habla coreano. Se consume mucho en los *pojangmacha*, esos pequeños restaurantes callejeros donde puedes sentarte con los amigos y comer rápido. Aunque algunos coreanos lo consumen en exceso, eso no significa que no se respeten las costumbres. ¡Nunca se sirva un vaso de soju a sí mismo! No tendrá que esperar mucho para que le llenen el suyo, ya que dejar el vaso de un anfitrión vacío es de lo más descortés. Beberlo de un trago forma parte de la tradición y cuando otro comensal se arranca con un *geon-bae!* o un *one shot!*, es que desafía a su mesa a beber de un trago. ¡Le toca! *Geon-bae!*

Fechas para recordar

S. XIII → 1919 → 1965-1991

Los coreanos aprenden de los mongoles la técnica de la destilación.

Creación de la primera fábrica de soju en Pyongyang.

Período de racionamiento del arroz en Corea del Sur. El soju ya no se puede hacer con arroz.

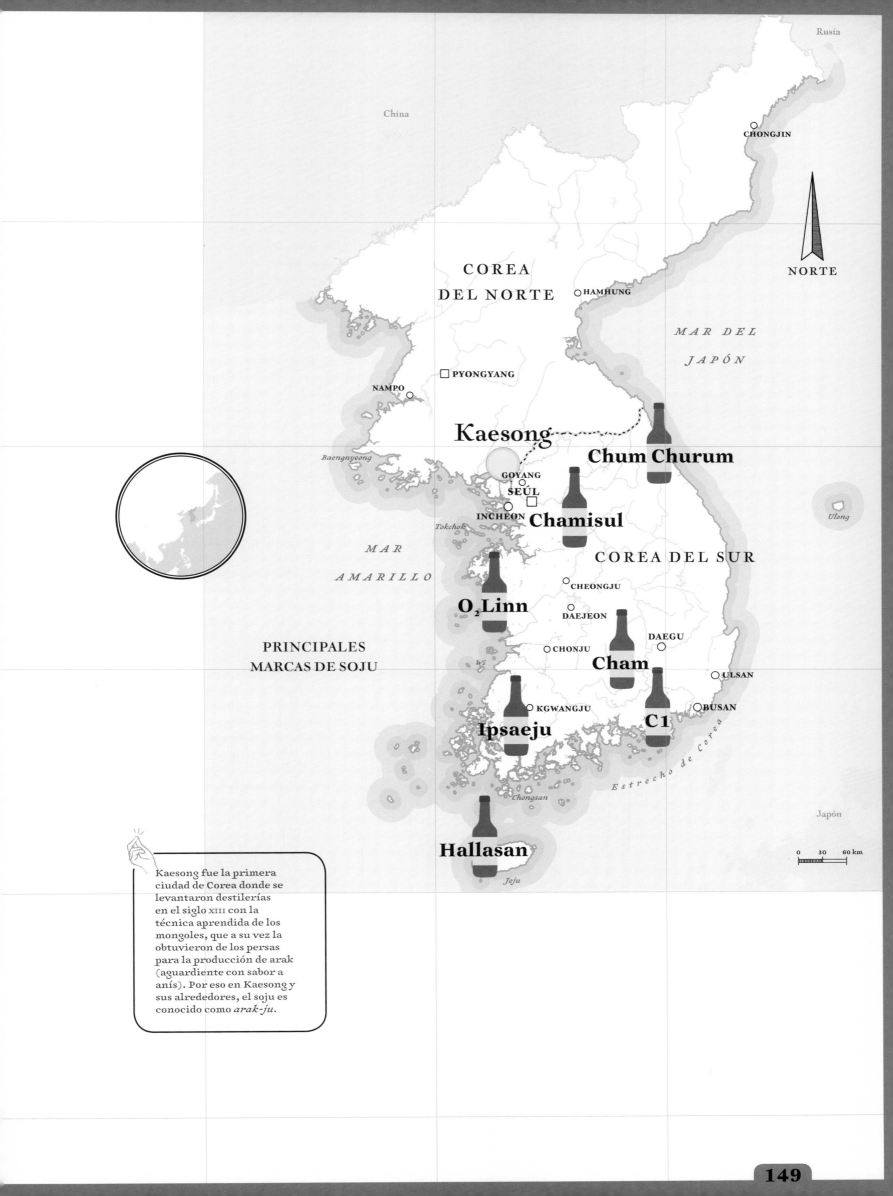

China

Rusia

CHONGJIN

COREA
DEL NORTE

HAMHUNG

*MAR DEL
JAPÓN*

NORTE

PYONGYANG

NAMPO

Kaesong

Baengnyeong

Chum Churum

GOYANG

SEÚL

INCHEON

Tokchok

Chamisul

COREA DEL SUR

CHEONGJU

DAEJEON

*MAR
AMARILLO*

O₂ Linn

DAEGU

CHONJU

ULSAN

Wi

PRINCIPALES
MARCAS DE SOJU

Cham

C1

Ulong

BUSAN

KGWANGJU

Ipsaeju

Estrecho de Corea

Chongsan

Japón

Hallasan

0   30   60 km

Jeju

Kaesong fue la primera
ciudad de Corea donde se
levantaron destilerías
en el siglo XIII con la
técnica aprendida de los
mongoles, que a su vez la
obtuvieron de los persas
para la producción de arak
(aguardiente con sabor a
anís). Por eso en Kaesong y
sus alrededores, el soju es
conocido como *arak-ju*.

Whisky japonés

¿Quién dijo que el whisky solo habla inglés? En menos de un siglo, la Tierra del Sol Naciente se ha consagrado como un actor de peso en el universo de la malta.

Capital del whisky japonés

Kioto

Producción anual
(en millones de litros)

68

Graduación alcohólica

40-50 %

Precio de una botella (1 litro)

40 €

> "Si del single malt escocés se dice que tiene el ímpetu de un torrente de montaña en el que los aromas y sabores se dan codazos para abrirse paso, entonces el malt japonés es como un lago cristalino."
>
> Dave Broom, experto en whisky

Origen

Se considera a Masataka Taketsuru como el padre fundador del whisky japonés. Tras dos años de formación en Escocia, invirtió su tiempo y conocimientos en la creación de la primera destilería del archipiélago en 1923. Combinando la tradición escocesa con el rigor y precisión típicos del país, los japoneses producen unos whiskies que se encuentran entre los más premiados y preciados del mundo. El clima templado, la pureza del agua y la presencia de turberas son los ingredientes ideales para producir elixires sobresalientes. El mercado del whisky todavía tiene pocos actores y los líderes se reparten casi todo el pastel: el grupo Suntory representa el 60 % de la producción nacional.

Ingredientes ideales para elixires sobresalientes

Degustación

El whisky japonés se distingue por su suavidad y armonía. Es una gran manera de iniciarse en el mundo del whisky. Pero no caigamos en el error de pensar que esa ligereza es por falta de carácter. La fuerza de este joven país productor radica en que cada empresa ha creado sus propios métodos. Los japoneses toman el whisky en *highballs*: un volumen de whisky, hielo, cuatro volúmenes de agua con o sin gas. Este simple y popular cóctel es un invento reciente de marketing creado para dinamizar el consumo de whisky en Japón durante las comidas. Lo mejor es beberlo a temperatura ambiente, sin hielo, pero con un chorrito de agua que revele los aromas sin diluirlos. *Kampai!*

Es una gran manera de iniciarse en el mundo del whisky

Fechas para recordar

1854 → **1923** → **1984**

El estadounidense Matthew Perry regala una botella de bourbon al emperador de Japón.

Creación de la primera destilería de whisky japonesa.

Producción del primer single malt japonés.

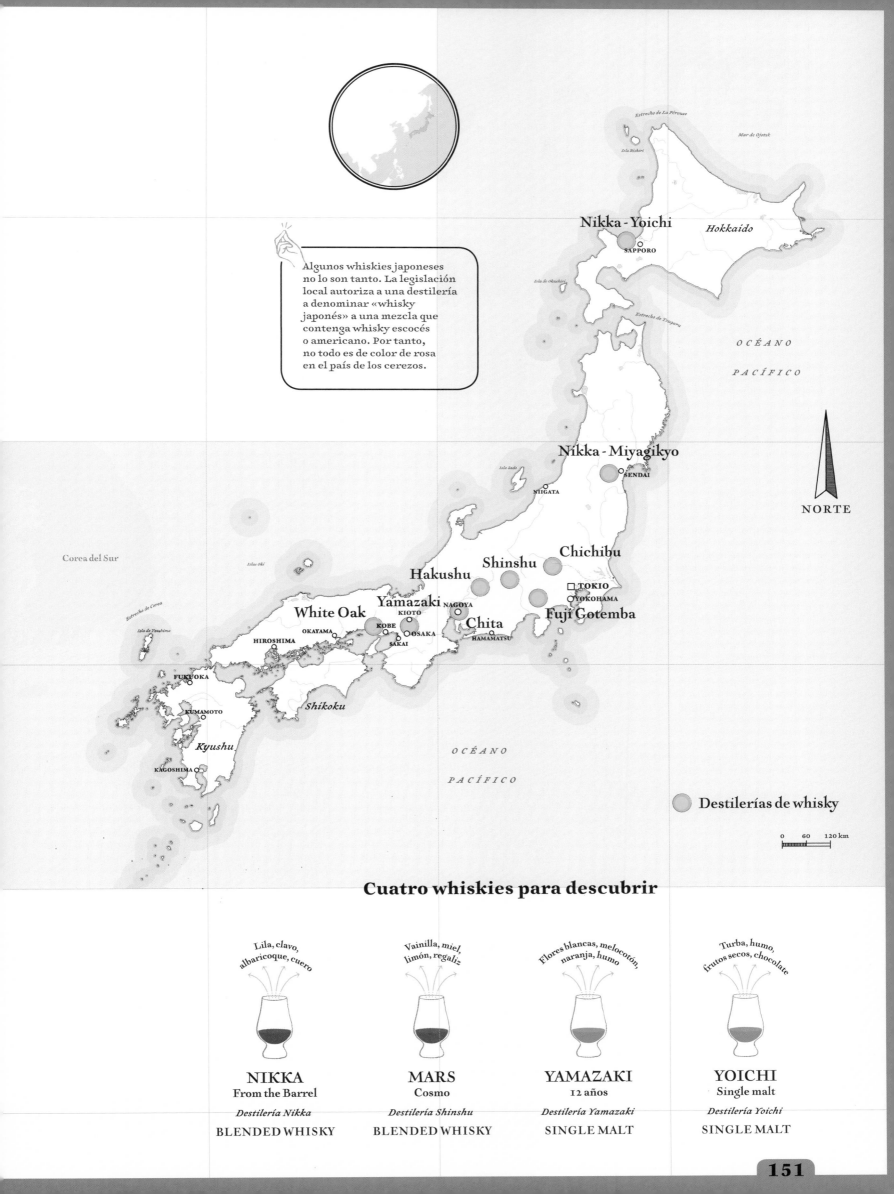

Algunos whiskies japoneses no lo son tanto. La legislación local autoriza a una destilería a denominar «whisky japonés» a una mezcla que contenga whisky escocés o americano. Por tanto, no todo es de color de rosa en el país de los cerezos.

Nikka - Yoichi

Hokkaido

SAPPORO

Estrecho de La Pérouse

Mar de Ojotsk

Isla Rishiri

Isla de Okushiri

Estrecho de Tsugaru

OCÉANO PACÍFICO

Nikka - Miyagikyo

SENDAI

NIIGATA

Isla Sado

NORTE

Chichibu

Shinshu

Hakushu

□ TOKIO

Yamazaki NAGOYA

◇ YOKOHAMA

White Oak KIOTO

Fuji Gotemba

KOBE

Chita

OKAYAMA OSAKA

HAMAMATSU

HIROSHIMA SAKAI

Corea del Sur

Islas Oki

Estrecho de Corea

Isla de Tsushima

FUKUOKA

Shikoku

KUMAMOTO

Kyushu

KAGOSHIMA

OCÉANO PACÍFICO

⬤ **Destilerías de whisky**

0   60   120 km

Cuatro whiskies para descubrir

Lila, clavo, albaricoque, cuero	Vainilla, miel, limón, regaliz	Flores blancas, melocotón, naranja, humo	Turba, humo, frutos secos, chocolate

NIKKA
From the Barrel

Destilería Nikka

BLENDED WHISKY

MARS
Cosmo

Destilería Shinshu

BLENDED WHISKY

YAMAZAKI
12 años

Destilería Yamazaki

SINGLE MALT

YOICHI
Single malt

Destilería Yoichi

SINGLE MALT

Sake japonés

La experiencia es un grado y esta bebida de arroz es la más tradicional y emblemática de Japón.

Capital del sake

Saijo

Producción anual (en millones de litros)

11

Graduación alcohólica

13-20 %

Precio de una botella

15 €

> *El sake para el cuerpo, el haiku para el corazón.*
>
> Shoichi Taneda, autor japonés

Origen

Los cerezos japoneses no dan cerezas. Por lo tanto, había que echarle imaginación para producir una bebida local y los cerveceros del archipiélago acudieron al arroz. Hace 2000 años, antes de que se bebiera el sake, había que… masticarlo. La saliva ayudó a transformar el almidón del arroz en azúcar para que pudiera fermentar. Más adelante, los productores descubrieron el *kodji*, un hongo microscópico que transforma el almidón del arroz para que se produzca la fermentación.

La pericia del maestro destilador, la calidad del agua y la calidad del arroz son factores clave para la producción de un buen sake. El grado de pulido del arroz es importante: cuanto más pulido esté el arroz, más refinado será el sake. Algunos sake se hacen exclusivamente fermentando arroz (*junmai*), otros se fortifican ligeramente con alcohol puro (*honjozo*). Los mejores sakes tienen su añada: la fecha de recogida del arroz se indica en la etiqueta.

Degustación

El sake es un orgullo japonés. Está presente tanto en la vida cotidiana como en las ceremonias religiosas o festivas. Hay dos grandes familias de sake. La primera, no muy ácida, tiene aromas florales y frutales. La segunda, más ácida, aporta notas de cereales y una estructura más rica.

El vino tiene sus variedades de uva, el sake tiene sus variedades de arroz

El vino tiene sus variedades de uva, el sake tiene sus variedades de arroz. Hay unas cincuenta. El arroz para sake es diferente del de mesa: es más grande, bajo en proteínas pero rico en almidón. La paleta aromática del sake es extraordinaria: va del lichi a la ciruela, de la trufa blanca al yodo pasando por la castaña. Es la única bebida alcohólica del mundo que puede tomarse a temperaturas diferentes. Se puede beber frío a 5 °C o casi ardiendo a 55 °C. Beber el mismo sake a diferentes temperaturas es una excelente forma de descubrir la riqueza de esta bebida. *Kampai!*

Fechas para recordar

S. I → 927 → S. XII

Aparición del cultivo del arroz en Japón y luego el sake.

Un documento budista evoca las diez grandes variedades de sake.

Los templos budistas y los santuarios sintoístas son los principales centros de elaboración del sake.

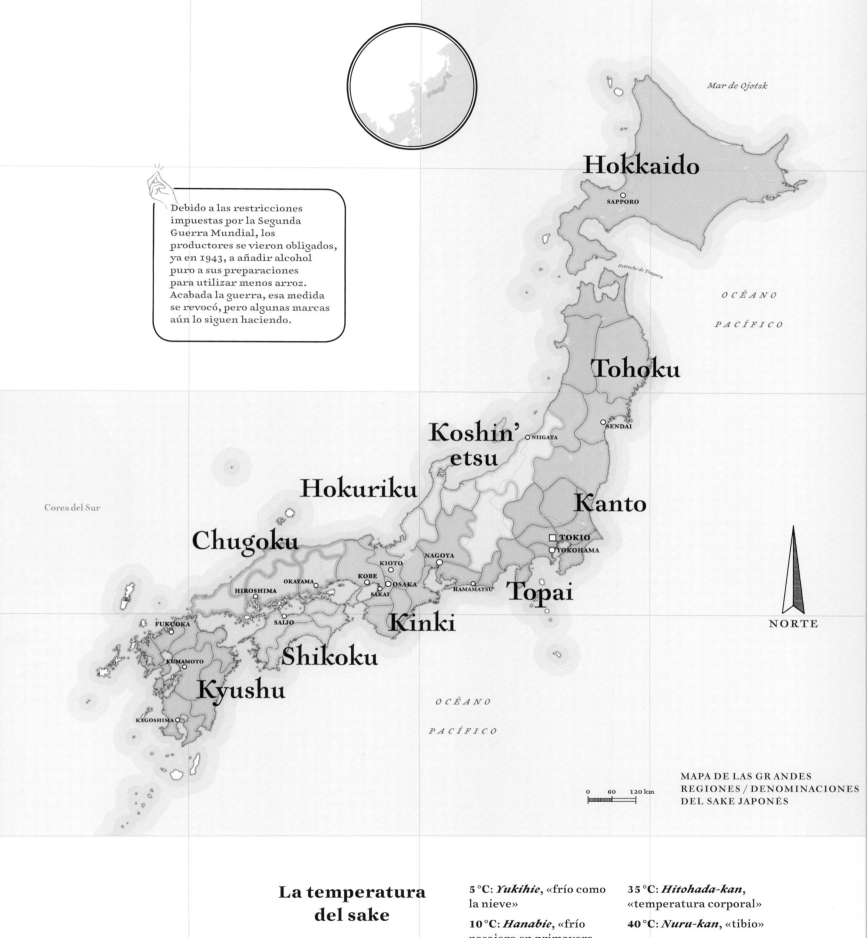

Debido a las restricciones impuestas por la Segunda Guerra Mundial, los productores se vieron obligados, ya en 1943, a añadir alcohol puro a sus preparaciones para utilizar menos arroz. Acabada la guerra, esa medida se revocó, pero algunas marcas aún lo siguen haciendo.

Mar de Ojotsk

Hokkaido

○ SAPPORO

Estrecho de Tsugaru

OCÉANO

PACÍFICO

Tohoku

● SENDAI

Koshin'etsu

○ NIIGATA

Hokuriku

Kanto

Corea del Sur

Chugoku

□ TOKIO
● YOKOHAMA

KIOTO ○   NAGOYA ○

OKAYAMA ○   KOBE ○
○ OSAKA
HIROSHIMA ●   ● SAKAI   HAMAMATSU ●

Topai

FUKUOKA ●   SAIJO ●

Kinki

KUMAMOTO ●

Shikoku

Kyushu

OCÉANO

PACÍFICO

KAGOSHIMA ●

NORTE

0   60   120 km

MAPA DE LAS GRANDES
REGIONES / DENOMINACIONES
DEL SAKE JAPONÉS

La temperatura del sake

El mismo sake servido a diferentes temperaturas ofrece una evolución de los aromas.

En japonés, hay un término para cada temperatura de servicio.

5 °C: *Yukihie*, «frío como la nieve»

10 °C: *Hanabie*, «frío pasajero en primavera justo antes de la floración del cerezo»

15 °C: *Suzubie*, «fresco como la brisa»

20 °C: *Hiya*, «templado»

30 °C: *Hinata-kan*, «calentado a la luz del sol»

35 °C: *Hitohada-kan*, «temperatura corporal»

40 °C: *Nuru-kan*, «tibio»

45 °C: *Jô-kan*, «bastante tibio»

50 °C: *Atsu-kan*, «caliente»

55 °C: *Tobikiri-kan*, «muy caliente»

Shochu japonés

Para sorpresa de muchos, los japoneses consumen más shochu que sake.

Capital del shochu

Fukuoka

Producción anual (en millones de litros)

833

Graduación alcohólica

20-35 %

Precio de una botella

40 €

> *Un shochu de batata es muy distinto de un shochu de arroz.*
>
> Yukari Sakamoto, cocinera de Tokyo

Origen

El shochu se producía al principio en la isla de Kyushu y ahora se hace en todo el país. El clima más cálido del sur sigue siendo más adecuado. Cualquier alimento que contenga fécula puede utilizarse para su fabricación: de ahí que se le llame «el vodka japonés». Sin embargo, el shochu tiene mucha menos graduación alcohólica que el aguardiente ruso, generalmente el 25 %. El ingrediente elegido se fermentará, destilará y luego se envejecerá.

Apodado «el vodka japonés»

Solemos encontrar trigo, arroz, alforfón o batata. Alguna vez, incluso maíz, cacahuetes, guisantes o algas. Al igual que con el sake, el almidón debe transformarse en azúcar «simplificado» para que se produzca la fermentación. La imagen de esta bebida ha evolucionado en la sociedad japonesa. Antaño se asociaba con la gente mayor del campo, pero ahora está conquistando una clientela cada vez más mixta, joven y urbana.

Degustación

Hay dos familias de shochu: el *honkaku*, que se destila una sola vez, y el *korui*, menos cualitativo porque se destila continuamente de forma más industrial.

El shochu es casi un desconocido fuera del país, pero con la moda del sake y la tendencia general de la gastronomía japonesa, está empezando a exportarse. Puede tomarse con agua fría o caliente. Una clase rápida de física y química: el agua fría es más densa que el alcohol, y el agua caliente, menos densa. Así que, si queremos un shochu frío, el agua se vierte al final, y para un shochu caliente, se vierte primero. De esta manera se mezclará la bebida perfectamente. La opción más tradicional es tomarlo con hielo. *Kampai!*

Fechas para recordar

S. XVI → 1605 → 2019

Las técnicas de destilación llegan a Japón.

La batata se importa de Filipinas.

650 marcas japonesas producen shochu.

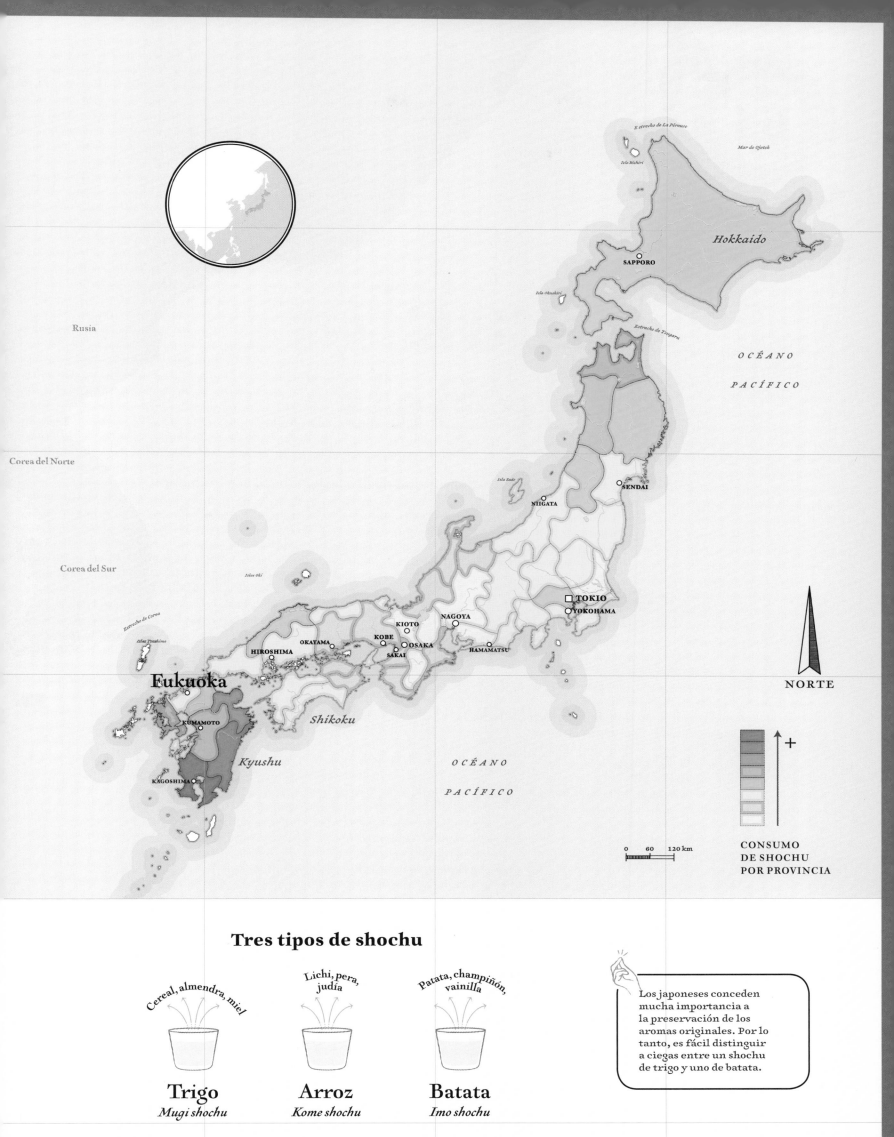

Rusia

Corea del Norte

Corea del Sur

E. etrecho de La Pérouse

Mar de Ojotsk

Isla Rishiri

Hokkaido

SAPPORO

Isla Okushiri

Estrecho de Tsugaru

OCÉANO

PACÍFICO

Isla Sado

SENDAI

NIIGATA

Islas Oki

NAGOYA

☐ TOKIO

YOKOHAMA

KIOTO

Estrecho de Corea

Islas Tsushima

OKAYAMA

KOBE

OSAKA

SAKAI

HAMAMATSU

HIROSHIMA

Fukuoka

KUMAMOTO

Shikoku

Kyushu

KAGOSHIMA

OCÉANO

PACÍFICO

NORTE

0   60   120 km

CONSUMO
DE SHOCHU
POR PROVINCIA

+

Tres tipos de shochu

Cereal, almendra, miel

Lichi, pera,
judía

Patata, champiñón,
vainilla

Trigo
Mugi shochu

Arroz
Kome shochu

Batata
Imo shochu

Los japoneses conceden
mucha importancia a
la preservación de los
aromas originales. Por lo
tanto, es fácil distinguir
a ciegas entre un shochu
de trigo y uno de batata.

Arak de Bali

Es el aguardiente más popular de la isla de Bali. El arak acompaña cada momento de la vida bajo la mirada de los dioses hindúes.

Capital del arak de Bali

Denpasar

Graduación alcohólica

35-50 %

Precio de una botella (75 cl)

2 €

Su epicentro está en la isla de Bali

Origen

Aunque el arak se consume en Indonesia desde hace siglos, sus orígenes siguen sin estar claros. Su composición no tiene nada que ver con el arak del Oriente Medio (uva, anís). Sin embargo, es un aguardiente destilado de un jugo fermentado que procede fundamentalmente de la savia de palma, coco y, a veces, del arroz, que se produce en Indonesia a gran escala (los indonesios se dirigen a Dewi Sri, diosa del arroz, cuando derraman el arak por el suelo durante los rituales hindúes).

Aunque se consume en toda Indonesia, su epicentro está en la isla de Bali, donde se elabora tradicionalmente en las aldeas de la parte oriental. Pero la destilación artesanal y doméstica tiende a desaparecer debido a la producción clandestina de mala calidad que puede ser tóxica e incluso mortal.

Las autoridades tratan de controlar su producción para favorecer una producción industrial y de calidad que hará las delicias de los turistas y de los balineses.

Degustación

El arak es una bebida barata y ruda, suele mezclarse para consumirla. Se distinguen dos usos: mezclado con agua, miel y lima, se convierte en arak madu; con zumo de naranja se convierte en arak attack. Es muy popular y se consume durante las peleas de gallos, una gran tradición indonesia, donde el arak acompaña el fervor y el entusiasmo de los apostadores. Su uso en las ceremonias religiosas hindúes es muy común y muchas marcas de arak adoptan como imagen a dioses hindúes.

Los hoteles tampoco se quedan atrás y lo sirven a los turistas occidentales en cócteles dulces y afrutados. *Selamat minum!*

JAVA

MAR DE BALI

NORTE

PEJARAKAN ○

○ SINGARAJA

SERIRIT ○

Estrecho de Bali

PUPUAN ○

○ NEGARA

PETANG ○

○ BANGLI

BALI

○ AMLAPURA

Estrecho de Lombok

TABANAN ○   GIANYAR ○
○ KLUNGKUNG

Denpasar

Estrecho de Badung

KEROBOKAN ○

NUSA PENIDA

LOMBOK

OCÉANO ÍNDICO

0   8   16 km

La leyenda cuenta que
cualquier hombre que abuse
del arak recibirá la visita
en sueños de Rangda, una
feroz bruja y reina demonio
de la mitología balinesa.

ARAK MADU

- 5 cl de arak
- 2 cl de zumo de lima
- 2 cl de miel
- 1 cl de agua

*Mezclar todos los ingredientes
con hielo.*

Decorar con una rodaja de limón.

¡Salud!

ARAK ATTACK

- 4 cl de arak
- 1 cl de granadina
- zumo de naranja

*Ponga el arak y la granadina
en un vaso lleno de hielo.*

*Acabe de llenarlo con zumo
de naranja y ¡a disfrutar!*

OCEANÍA

La llegada de los europeos a esta parte del mundo comenzó en el siglo XVI. Antes de este período, la falta de escritos hacía casi imposible el estudio histórico. Se cree que Nueva Zelanda es una de las últimas regiones del mundo descubiertas por el ser humano. A pesar de su inmensidad, su población ronda los cuarenta millones de habitantes. El vino ha sabido poner una pica en los hermosos *terroirs* del sur de Australia y en las dos islas de Nueva Zelanda. Ambos países están hoy entre los mejores productores de vino del «Nuevo Mundo».

Shiraz de Australia

Sauvignon blanc
de Nueva Zelanda

Shiraz de Australia

Si hay una variedad de uva que representa el viñedo australiano es la syrah, llamada shiraz en la isla más grande del mundo.

Capital de la shiraz australiana

Adelaida

Producción anual (en millones de litros)

400

Graduación alcohólica

13-14,5 %

Precio de una botella (1 litro)

17 €

> Si tuviéramos que resumir la esencia del vino australiano en una palabra, sería «sabor».
>
> Raphaël Schirmer, geógrafo especialista en vino

Origen

En 1824, James Busby acompañó a sus padres enviados por la Corona a trabajar en Australia y aprovechó las tierras colonizadas del valle de Hunter para experimentar con el cultivo de vides que había estudiado en Francia. Se dice que es el padre de la viticultura australiana y quien introdujo la variedad de uva syrah, originaria del valle del Ródano, de la que los australianos se apropiaron con el nombre de «shiraz». Es la

Es la variedad más plantada de Australia

variedad más plantada en Australia (40 %), muy por delante de la cabernet sauvignon, chardonnay, riesling y semillon. Esta expansión se debe a su gran capacidad de adaptación a los diversos climas australianos, aunque no está muy presente en Tasmania, que tiene un clima más frío.

La presencia de la shiraz es bastante notable en los viñedos de Victoria alrededor de Melbourne, así como en el extremo oeste del país, en el río Margaret, pero es en el valle de Barossa, la región vinícola emblemática del país al noroeste de Adelaida, donde la shiraz revela mejor su carácter afrutado, gourmet y potente.

Degustación

La shiraz se vinifica sola o en mezcla (cabernet sauvignon, mourvèdre, garnacha). Se utiliza para hacer vinos de todas las calidades, de los más selectos a los más industriales. Los mejores tintos australianos a menudo se hacen solo con shiraz. Esta variedad también se utiliza en la producción de vinos rosados. También brinda notas de pimienta y ciruela y un color profundo con reflejos púrpura. Es el mejor acompañamiento para un plato de carne: cordero asado, caza, aves. *Cheers!*

Fechas para recordar

1788	→	1832	→	1839	→	2000
Primeras plantaciones de vid en Australia.		James Busby trae de Europa varios esquejes de vid, entre otras, de syrah.		Expansión de la syrah en Australia meridional.		Fama mundial de los Australian Shiraz.

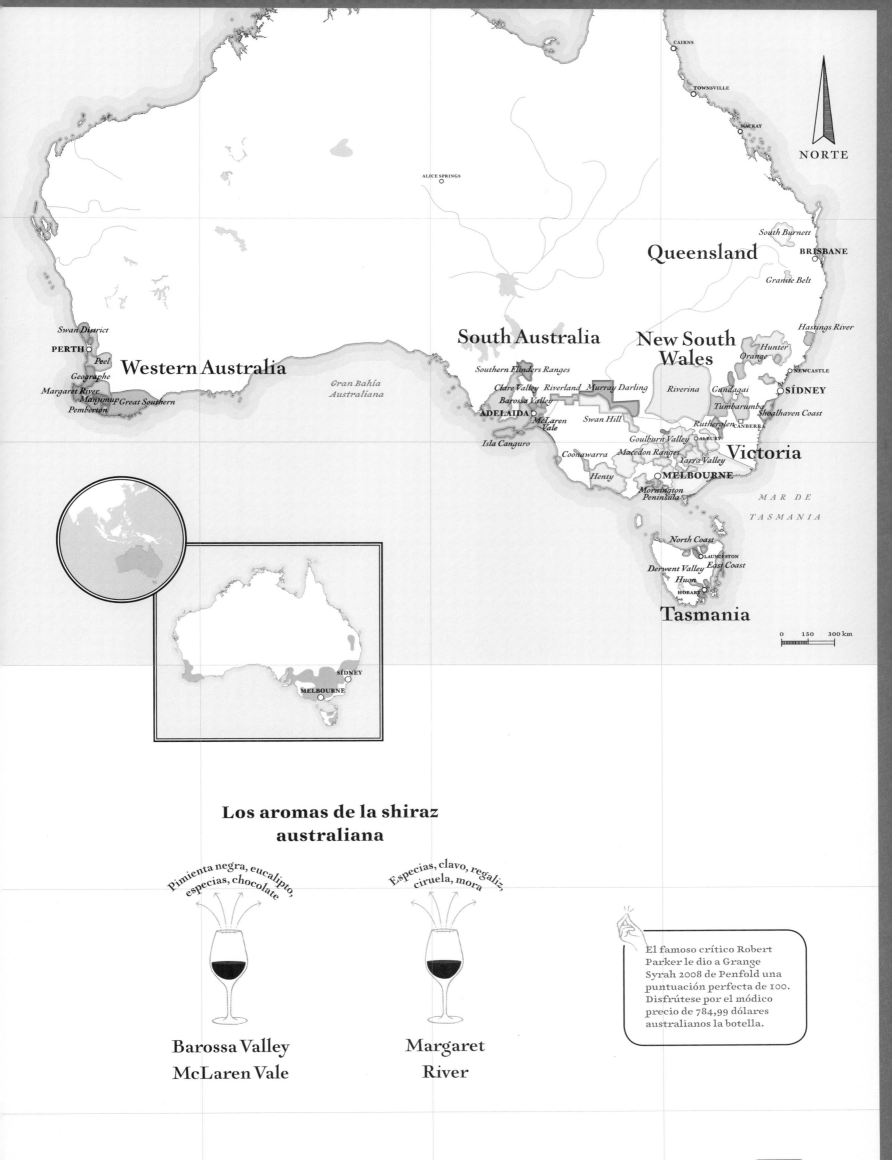

NORTE

CAIRNS

TOWNSVILLE

MACKAY

South Burnett

Queensland

BRISBANE

Granite Belt

Hastings River

Swan District

PERTH

Peel

Western Australia

Geographe

Margaret River

Manjimup Great Southern

Pemberton

Gran Bahía
Australiana

South Australia

Southern Flinders Ranges

Clare Valley Riverland Murray Darling

Barossa Valley

ADELAIDA

McLaren Vale

Swan Hill

Isla Canguro

Coonawarra

Henty

New South Wales

Hunter

Orange

Riverina Gundagai

Tumbarumba

Rutherglen CANBERRA

ALBURY

Goulburn Valley

Macedon Ranges

Yarra Valley

MELBOURNE

Mornington
Peninsula

NEWCASTLE

SÍDNEY

Shoalhaven Coast

Victoria

MAR DE
TASMANIA

North Coast

LAUNCESTON East Coast

Derwent Valley

Huon

HOBART

Tasmania

0   150   300 km

Los aromas de la shiraz australiana

Pimienta negra, eucalipto,
especias, chocolate

Especias, clavo, regaliz,
ciruela, mora

El famoso crítico Robert
Parker le dio a Grange
Syrah 2008 de Penfold una
puntuación perfecta de 100.
Disfrútese por el módico
precio de 784,99 dólares
australianos la botella.

Barossa Valley

McLaren Vale

Margaret
River

BEBIDA

N.°

67

vino

Sauvignon blanc
de Nueva Zelanda

Cuando una variedad de uva de Burdeos hace carrera al otro lado del mundo, ofrece una deliciosa sorpresa aromática.

Capital del sauvignon neozelandés

Blenheim

**Producción anual
(en millones de litros)**

219

Graduación alcohólica

13 %

Precio de una botella (75 cl)

15 €

Origen

La isla, originalmente ocupada por los maoríes en 1050, fue colonizada por los europeos en 1788. Se probaron diversas variedades y al final fueron las francesas las que destacaron por su capacidad de adaptarse al suelo del país: pinot noir, chardonnay y sauvignon blanc. Los resultados de esta última fueron particularmente prometedores y se convirtieron en el estandarte de los vinos neozelandeses. ¿Cómo puede crecer una variedad acostumbrada al frío en un país con veranos tan calurosos?

Los viñedos se concentran en el este de la isla

Gracias a los Alpes del Sur, una cadena montañosa que atraviesa la isla longitudinalmente (no hay que confundirla con el macizo europeo), la costa oriental está protegida de los vientos húmedos del oeste, lo que explica la concentración de viñedos en el este de la isla. Las suaves brisas del mar, que pasan por ese filtro montañoso, hacen que la sauvignon blanc madure adecuadamente y con una excelente precisión.

Degustación

Esta variedad de uva, más conocida en sancerre o pessac-léognan, da en el hemisferio sur vinos con exuberantes aromas de maracuyá, pomelo, hierba cortada y pimienta verde. El sauvignon blanc de Nueva Zelanda no es un vino de crianza, puede conservarse de uno a tres años y debe servirse entre 7 y 11 °C. Se recomienda tomarlo con ostras, pescado o queso de cabra. *Cheers!*

> *Nueva Zelanda será una bendición para el mundo del vino.*

Samuel Marsden (1765-1838), misionero protestante

Fechas para recordar

1820 → **1945** → **1980**

Aparición de la viticultura en la isla.	Después de la Segunda Guerra Mundial, la región vinícola duplicó su tamaño.	Nueva Zelanda destaca como uno de los mejores productores del nuevo mundo del vino.

OCÉANO

PACÍFICO

SUR

Northland

WHANGAREI

Auckland

Matakana *Île Waiheke*

AUCKLAND

MANUKAU

Bay of Plenty

ISLA DEL NORTE

HAMILTON   TAURANGA

Waikato   ROTORUA

Gisborne

TAUPO   *Hillsides*   *Manutuke*

Lago Taupo   *Coastal Areas*

NEW PLYMOUTH

HAWERA   *Alluvial Plains*   NAPIER *Bahía*

WANGANUI   HASTINGS   *Hawke*

Hawke's Bay

PALMERSTON NORTH

MAR DE TASMANIA

Nelson   *Gladstone*

NELSON   *Martinborough* LOWER HUTT

Wairau Valley   WELLINGTON

Marlborough   *Awatere Valley*   **Wairapara**

Clarence   *Estrecho de Cook*

Canterbury

Canterbury Plains

ISLA DEL SUR   **Waipara Valley**

Rakaia   CHRISTCHURCH

ASHBURTON

Waitaki Valley

Alpes del Sur   TIMARU

QUEENSTOWN   *Wanaka*   *Bendigo*   OAMARU

Gibbston

Bannockburn

Lac Te Anau   *Alexandra*   **Central Otago**

GORE   DUNEDIN

INVERCARGILL

Estrecho de Foveaux

Isla Stewart

NORTE

0   40   80 km

La región de Marlborough, en el norte de la isla del Sur, solo lleva cuarenta años produciendo vino, pero representa el 90 % de la producción nacional de sauvignon blanc.

Aroma dominante del sauvignon blanc en función de la región de origen

Manzana

Hawke's bay

Superficie plantada: 944 ha

Pimiento verde

Wairarapa

Superficie plantada: 323 ha

Guayaba

Marlborough

Superficie plantada: 19 047 ha

Limón

Canterbury

Superficie plantada: 395 ha

Guaro de
Costa Rica

Pisco
sudamericano

Singani
de Bolivia

Cachaça
de Brasil

Torrontés
de Argentina

Carmenere
chileno

Malbec
de Mendoza

AMÉRICA LATINA

Las civilizaciones prehispánicas producían una bebida obtenida mediante la fermentación del agave con fines religiosos: el pulque. Hubo que esperar la llegada de los españoles para asistir a las primeras destilaciones. Pero fue el vino el que dominó el paisaje. Los colonos españoles, italianos, portugueses y franceses trajeron en sus maletas las variedades de uva de sus regiones y sus conocimientos de viticultura. Rápidamente se dieron cuenta del potencial vitivinícola de este continente, principalmente en la provincia argentina de Mendoza.

Carmenere chileno

Devastada, olvidada, confundida y luego redescubierta y adorada, la carmenere posee tanta historia como aromas y confiere a los viñedos chilenos su verdadera identidad.

Capital del carmenere

Santiago

Producción anual (en millones de litros)

77

Graduación alcohólica

14 %

Precio de una botella (75 cl)

8 €

Origen

Relatar la historia de la carmenere de Chile es hablar de una historia de supervivencia y renacimiento. Originaria del Médoc francés, en la región vinícola de Burdeos, esta variedad de uva, también conocida como *grande vidure*, desapareció durante la gran ola destructiva de filoxera a finales del siglo XIX.

El insecto americano, responsable de la devastación de casi todos los viñedos del mundo, perdonó al

Carmenere: una historia de supervivencia

chileno y permitió que la carmenere sobreviviera, escondida entre las

vides de merlot donde se camufló y permaneció olvidada totalmente al otro lado del Atlántico. En 1991, el enólogo y universitario francés Claude Valat distinguió diferencias en ciertas viñas de una parcela de merlot en Chile. Las uvas eran más grandes, el color de las hojas difería y la maduración era más lenta. Tras tres años de investigación, finalmente se descubrió que eran

vides de carmenere, traídas de Francia en el siglo XIX por Silvestre Ochagavía, gran figura política y literaria de Chile, a quien debemos la supervivencia de esta variedad de uva. El descubrimiento tuvo un gran impacto entre los viticultores chilenos, que reorganizaron sus parcelas y se reapropiaron de la variedad para convertirla en el símbolo del vino chileno.

Degustación

Desde entonces, los viticultores chilenos han estado trabajando para producir vinos que son 100 % carmenere, vinos redondos y coloridos con reflejos púrpuras, suculentos y con un delicioso sabor especiado. La carmenere se vendimia cuando está madura y desarrolla aromas a frutos negros, humo y cacao. Ofrece notas más vegetales y herbáceas si la vendimia es más temprana. Aunque es difícil de combinarla perfectamente con un plato, encontrará un buen equilibrio con carnes rojas a la parrilla y salsas picantes que acompañarán su potencia. *¡Salud!*

Fechas para recordar

1548 → **1818** → **1994**

Inicio de la viticultura en Chile.

Independencia de Chile y desarrollo de la región vinícola.

Certificado científico de la identidad de la carmenere en los viñedos chilenos.

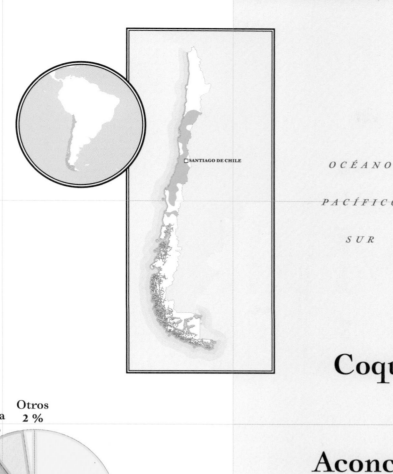

Atacama

OCÉANO

PACÍFICO

SUR

○ **COPIAPÓ**

Copiapó

Huasco

Elqui

LA SERENA

COQUIMBO

○ **OVALLE**

Limarí

NORTE

Coquimbo

Choapa

Aconcagua

Aconcagua

SAN FELIPE

VIÑA DEL MAR

VALPARAÍSO ○ *Maipo*

Casablanca

□ **SANTIAGO DE CHILE**

San Antonio

SAN BERNARDO

○ **RANCAGUA**

Colchagua *Cachapoal*

Valle Central

○ **CURICÓ**

Curicó

TALCA

Maule
Maule

LINARES

Itata

TALCAHUANO

CHILLÁN

CONCEPCIÓN
Bío-Bío

LOS ÁNGELES

Argentina

Región sur

Malleco

Cautín

TEMUCO

Región austral

○ **VALDIVIA**

Osorno

OSORNO

PUERTO MONTT ○

Italia **8 %**

Otros **2 %**

China **12 %**

Chile **78 %**

DISTRIBUCIÓN DE LAS CEPAS
DE CARMENERE EN EL MUNDO

La carmenere representa
alrededor del 10 % de la
región vinícola chilena. No
es la variedad más plantada,
pero es la que mejor encarna
los vinos chilenos.

0   50   100 km

Malbec de Mendoza

Originaria del suroeste de Francia, esta variedad de uva casa a las mil maravillas con la calidez de las mesetas de la provincia argentina de Mendoza.

Capital del malbec

Mendoza

Producción anual (en millones de litros)

300

Graduación alcohólica

13-14 %

Precio de una botella (75 cl)

8 €

Origen

Antes de hablar de la malbec es necesario mencionar la región vinícola argentina, que representa la mayor área de superficie vinícola del continente. Procedente de Chile, la vid se implantó rápidamente para colmar las necesidades de los cultos y para asegurar el consumo nacional.

La región de Mendoza concentra el 70 % de la producción vinícola nacional

Tras un período de una gran producción de un vino corriente, Argentina, siguiendo el ejemplo de Chile, dio los pasos para producir un vino de calidad. A partir de 1980, con la llegada de inversores de todo el mundo, vio cómo se reorganizaba su región vinícola y se reducía su superficie.

La región de Mendoza concentra el 70 % de la producción nacional. Se cultiva principalmente la malbec,

llegada de Francia en 1868 a través del ingeniero agrónomo francés Michel Pouget. En Francia perdió terreno debido a las olas de filoxera y moho, por lo que dio con su *terroir* «ideal» en Mendoza. El calor, el sol y las noches frescas le van de maravilla. Argentina cultiva dos tercios de la malbec del mundo y se ha convertido en el lugar predilecto para esta variedad.

Degustación

La malbec da vinos muy oscuros (los ingleses lo llamaban *black wine*), más bien tánicos y muy aromáticos, con notas de especias, frutos secos, grosellas negras y ciruelas si se recolecta cuando la uva está madura. Tiene un gran potencial de envejecimiento.

En Argentina, el Malbec es el vino tinto nacional. Nunca falta durante los famosos asados. *¡Salud!*

" *¡Mendoza, tierra del sol y del buen vino!* "

«Canto a Mendoza», himno provincial argentino

Fechas para recordar

1551 →	1868 →	1980
Aparición de la viticultura en Argentina.	Michel Pouget introduce la malbec en Argentina.	Argentina da un salto cualitativo y atrae la atención internacional.

Luján / Maipú / Mendoza

LAVALLE

Mendoza norte

LAS HERAS

MENDOZA

Luján / Maipú

MAIPÚ este

SAN MARTÍN

Luján oeste

JUNÍN

Mendoza este

RIVADAVIA

Río Mendoza sur

Valle de Uco oeste

LA PAZ

TUPUNGATO

Valle de Uco centro

TUNUYÁN

Valle de Uco

LA CONSULTA

SAN CARLOS

San Carlos

Chile

NORTE

SAN RAFAEL

San Rafael

GENERAL ALVEAR

EL NIHUIL

Argentina

El 17 de abril de 1853 se
inauguró la primera escuela
agrícola de Argentina,
fundada por Michel Pouget,
quien introdujo la malbec
en el país. Desde entonces,
el Día Mundial del Malbec se
celebra anualmente ese día.

0   10   20 km

Otros 3 %

Sudáfrica 2 %

Estados Unidos 3 %

Francia
14 %

Argentina
78 %

DISTRIBUCIÓN DE LAS CEPAS
DE MALBEC EN EL MUNDO

Frutas negras, pimienta negra,
ciruela, frutas del bosque,
vainilla, pasas

Los aromas
del Malbec

Malbec

Torrontés de Argentina

Cultivada del norte al sur del país, esta variedad de uva es la embajadora de los vinos blancos argentinos.

Capital del torrontés argentino

Cafayate

Producción anual (en millones de litros)

150

Graduación alcohólica

13,5 %

Precio de una botella (75 cl)

10 €

> «
> *Este vino es una maravilla, un regalo para el paladar, una apuesta segura.*
> »
>
> Emmanuel Delmas, sumiller

Origen

Aunque no alcanza los números récord de la malbec, la torrontés es la variedad de uva blanca argentina por excelencia y sus misteriosos orígenes tienen algo que ver. Estudios recientes han descubierto que la torrontés es un cruce entre la moscatel de Alejandría y la criolla chica, dos variedades que introdujeron los españoles. ¿Podría ser un cruce nacido en Argentina? No está del todo claro, pero es el único país del mundo que cultiva torrontés.

Es una variedad resistente y productiva, que prospera en condiciones áridas y de fuerte exposición al sol. Se encuentra por doquier en el viñedo argentino, pero con mayor densidad en el valle de Cafayate, al sur de Salta, a más de 1500 metros de altitud. Hay tres variedades, llamadas así por tres de las regiones vinícolas del país: Mendoza, San Juan y La Rioja. La de esta última es la más aromática de las tres y produce los mejores vinos.

Considerados durante mucho tiempo como aburridos, amargos y bastos, los vinos elaborados con torrontés tienden a ser de mejor calidad gracias a los esfuerzos de ciertas bodegas de Mendoza y Cafayate.

Degustación

Este vino blanco se caracteriza por un hermoso color amarillo pajizo y notas de melocotón, uva y azahar, con aromas cercanos a los de los Gewurztraminer de Alsacia. Con un contenido de alcohol bastante alto (alrededor de 13,5 %), es **Es ideal para empezar una comida** ideal al principio de la comida para despertar las papilas gustativas. Será el acompañamiento perfecto para un entrante con melón o para hortalizas crudas, mariscos y pescado a la parrilla. En el postre, puede usarse en una macedonia o en una mousse de maracuyá. ¡Este generoso vino es un diamante que hay que descubrir! ¡Salud!

Fechas para recordar

1551 → **s. XVIII** → **1850**

Aparición de la viticultura en Argentina.

La moscatel de Alejandría se extiende por los viñedos de Argentina.

Primera mención escrita del término «torrontés» para identificar esta variedad.

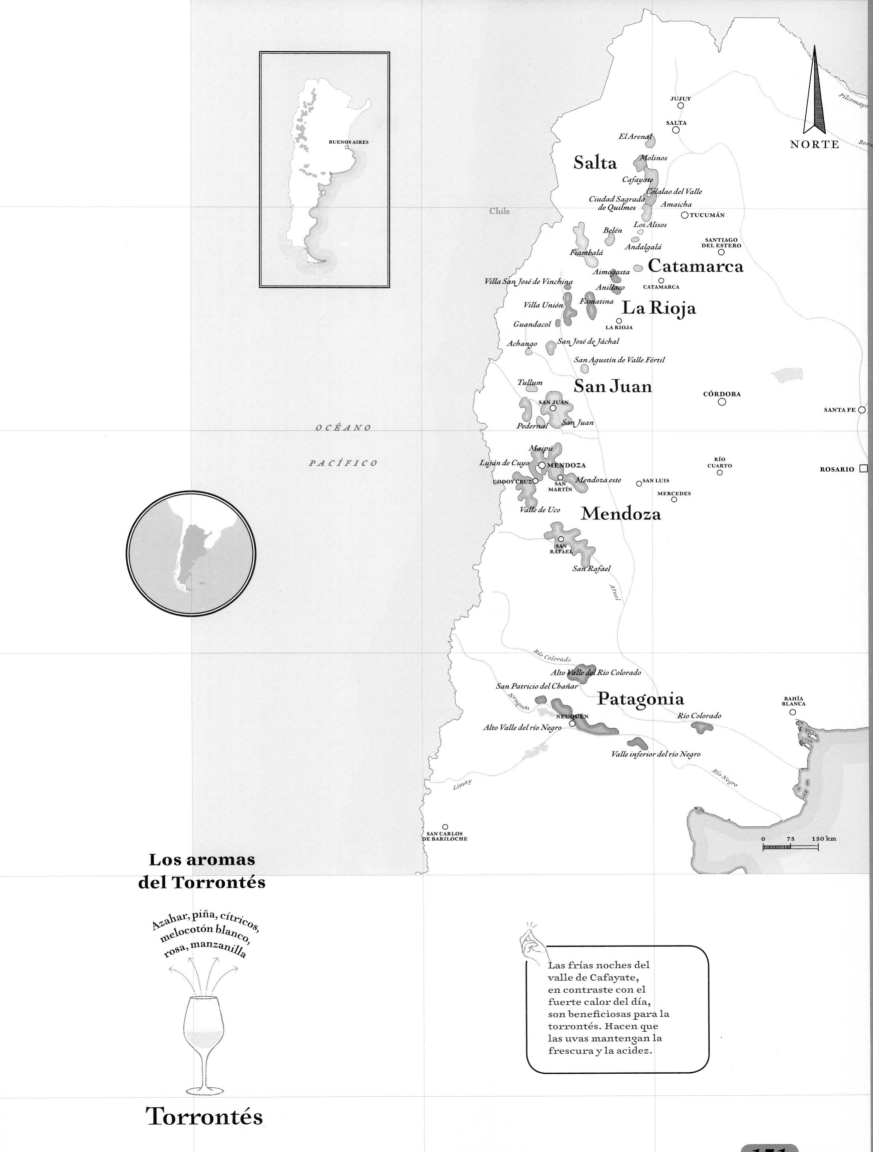

NORTE

JUJUY

SALTA

Chile

Salta

El Arenal

Molinos

Cafayate

Colalao del Valle

Ciudad Sagrada de Quilmes

Amaicha

TUCUMÁN

Los Alisos

Belén

Andalgalá

SANTIAGO DEL ESTERO

Fiambalá

Aimogasta

Catamarca

Villa San José de Vinchina

Anillaco

CATAMARCA

Villa Unión

Famatina

La Rioja

Guandacol

LA RIOJA

Achango

San José de Jáchal

San Agustín de Valle Fértil

Tullum

San Juan

CÓRDOBA

SAN JUAN

Pedernal

San Juan

SANTA FE

Maipú

RÍO CUARTO

Luján de Cuyo

MENDOZA

ROSARIO

GODOY CRUZ

SAN MARTÍN

Mendoza este

SAN LUIS

MERCEDES

Valle de Uco

Mendoza

SAN RAFAEL

San Rafael

Atuel

OCÉANO

PACÍFICO

BUENOS AIRES

Río Colorado

Alto Valle del Río Colorado

San Patricio del Chañar

Neuquén

Patagonia

BAHÍA BLANCA

NEUQUÉN

Río Colorado

Alto Valle del río Negro

Valle inferior del río Negro

Río Negro

Limay

SAN CARLOS DE BARILOCHE

0   75   150 km

Los aromas del Torrontés

Azahar, piña, cítricos, melocotón blanco, rosa, manzanilla

Las frías noches del valle de Cafayate, en contraste con el fuerte calor del día, son beneficiosas para la torrontés. Hacen que las uvas mantengan la frescura y la acidez.

Torrontés

BEBIDA
N.°
71
aguardiente

Singani de Bolivia

El equivalente boliviano del pisco, el singani cuenta la historia de la colonización española y el cultivo indefectible de la vid en los altos valles.

Capital del singani

Potosí

Producción anual (en millones de litros)

4

Graduación alcohólica

40 %

Precio de una botella (70 cl)

20 €

Origen

La invención del singani en Bolivia coincide con la aparición de la vid, plantada ya en el siglo XVI por los primeros jesuitas y misioneros españoles para los oficios religiosos. Las primeras zonas en las que los colonos plantaron vides siguen siendo el emplazamiento de los viñedos bolivianos, a lo largo de los Andes, en el sur del país, a una altitud que oscila entre los 1600 y los 3000 metros. Estas condiciones geográficas y climáticas producen una uva con tanta concentración de azúcar que hacía difícil su conservación. Fue entonces cuando nació la idea de destilar el vino producido con moscatel de Alejandría, una variedad de uva adaptada a climas muy cálidos y a la sequía, para hacer un aguardiente de uva.

Los viñedos están situados a una altitud de 1600 a 3000 metros

El rápido crecimiento económico de la región de Potosí a través de la explotación minera del Cerro Rico en el siglo XVII aceleró el desarrollo de los viñedos circundantes que producían tanto vino como singani. Actualmente, el viñedo se ha modernizado y el singani se ha perfeccionado. No es raro encontrar una bodega que produce vino y destila singani, que sigue consumiendo una gran parte de la población boliviana.

Degustación

El singani suele tomarse solo. Cuando es de buena calidad, es muy elegante y desprende un sutil aroma a moscatel. La gama superior, producida por algunas bodegas prestigiosas, se somete a una triple destilación y a un envejecimiento de varios años.

El singani es también un buen ingrediente para cócteles, lo que le ha dado su fama, entre los que se encuentran el chuflay, el poncho negro y el singani sour (equivalente al pisco sour). Otro cóctel, ideado por los mineros de Potosí para combatir el frío y la humedad, consiste en una mezcla de leche, canela, clara de huevo y singani. Este «grog boliviano» se toma caliente. ¡Salud!

Fechas para recordar

S. XVI	→	1950	→	1992
Llegada de los misioneros europeos a Bolivia.		Inicio de la modernización de los viñedos bolivianos.		Se crea una denominación de origen para proteger ciertos singani.

NORTE

Brasil

Perú

Abuna

RIBERALTA

Beni

Iténez

Lago de San Luís

TRINIDAD

San Pablo

La Paz

Lago Titicaca

LA PAZ

SAN IGNACIO

EL ALTO

COCHABAMBA

Lago Concepción

MONTERO

ORURO

SANTA CRUZ DE LA SIERRA

LLALLAGUA

SUCRE

Santa Cruz

POTOSÍ

CAMIRI

Chuquisaca

TUPIZA

TARIJA

Tarija

Paraguay

Chile

Argentina

0   100   200 km

CHUFLAY

- 7 cl de singani
- 21 cl de ginger ale
- rodajas de lima
- hielo
- zumo de lima

Eche dos hielos en el vaso.

Vierta el singani y luego el ginger ale.

Añada unas gotas del zumo de lima.

Añada una rodaja de lima.

Sirva inmediatamente.

SINGANI SOUR

- 6 cl de singani
- 2 cl de zumo de limón
- 2 cl de sirope de saúco
- 5 uvas

Mezcle en una coctelera el singani, el zumo de limón y el sirope de saúco.

Prense las uvas y añádalas a la mezcla.

Decore con uvas.

Sirva con hielo.

> La ciudad de Potosí, que se hizo rica y famosa por su gigantesco Cerro Rico, tenía en 1630 más habitantes que París o Londres y se necesitaban unas cuantas vides cerca para satisfacer a toda esa población.

Cachaça de Brasil

La cachaça, una prima del ron desconocida en Europa, es una de las bebidas alcohólicas más consumidas del mundo.

Capital de la cachaça

Salinas

Producción anual (en millones de litros)

1200

Graduación alcohólica

38-48 %

Precio de una botella (70 cl)

15-25 €

Es el destilado más producido en América del Sur

Origen

La historia de la cachaça nace en los oscuros días de la esclavitud en Brasil. En el siglo XVI, los esclavos consumían un zumo de caña de azúcar obtenido por ebullición. Después, los campesinos comenzaron a fermentar el jugo y a destilarlo más o menos clandestinamente: nació la cachaça. En 1649, los colonos portugueses intentaron prohibir la venta de cachaça en Brasil porque tenía tanto éxito que empezó a eclipsar a los vinos europeos. Contra la voluntad del Imperio portugués, la cachaça siguió desarrollándose y se convirtió rápidamente en el destilado más producido en América del Sur, y la prueba de que se trata de todo un símbolo nacional es que tiene tantos nombres como días el año. Muchas granjas siguen teniendo su propio molino de caña de azúcar para destilar la cachaça.

Degustación

Hay dos grandes niveles de calidad. La cachaça de gama baja, que se mezcla con lima y azúcar como cóctel nacional (la caipiriña) y la de gama alta, más refinada y compleja gracias al envejecimiento en barrica, que se consume sola. La cachaça es el único aguardiente que puede envejecerse en diferentes variedades de madera (amburana, jequitibá, ipê, tapinhoã): ¡sabor local garantizado! Esta particularidad ofrece, por lo tanto, una amplia gama de aromas. Brasil solo exporta el 1 % de la producción de cachaça, así que lo más sencillo para probarla es ir allí. *Saùde!*

> *Mientras que el ron habla español o francés, la cachaça canta en portugués.*
>
> Refrán

Fechas para recordar

S. XVI → 1532 → 1991

S. XVI	1532	1991
Colonización de Brasil. Los portugueses desarrollaron allí el cultivo de la caña de azúcar.	Primeros indicios de la destilación de la caña de azúcar en la región de São Paulo.	Inauguración del primer Museo de la Cachaça en Río de Janeiro.

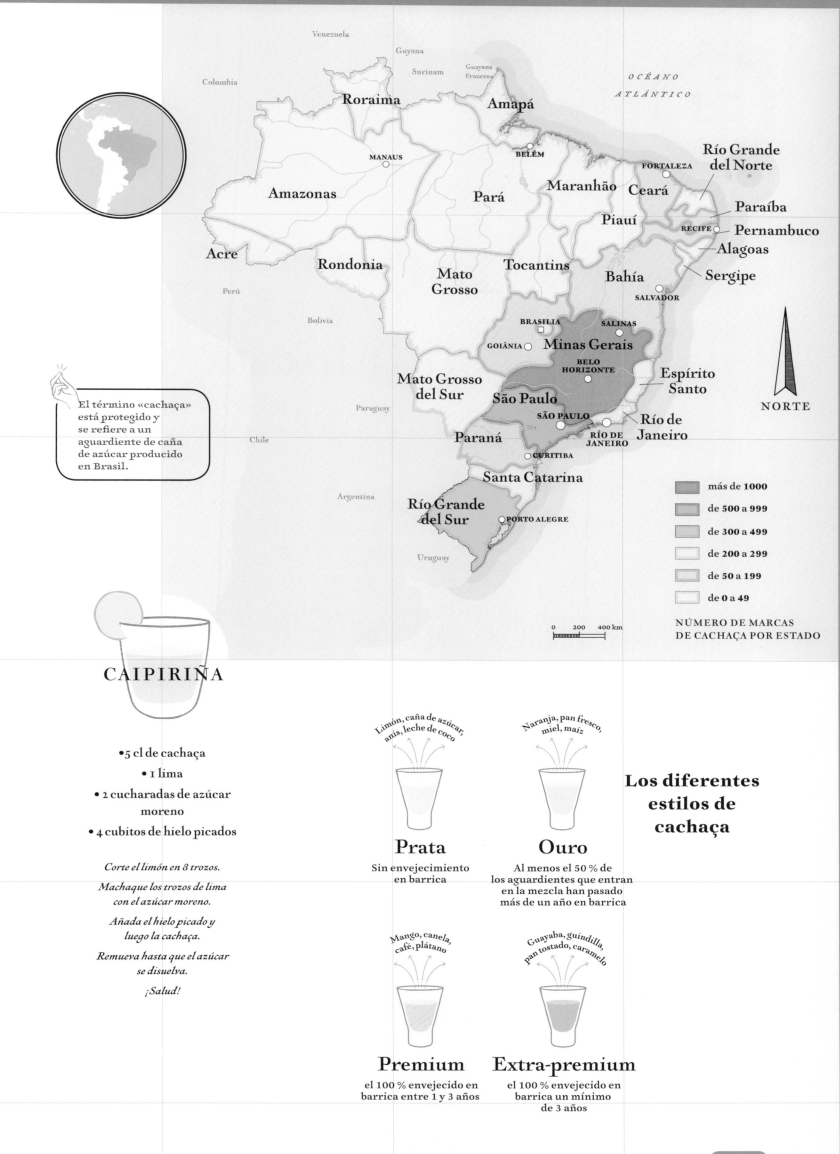

El término «cachaça» está protegido y se refiere a un aguardiente de caña de azúcar producido en Brasil.

Venezuela
Guyana
Colombia
Surinam
Guayana Francesa
OCÉANO ATLÁNTICO

Roraima
Amapá
BELÉM
MANAUS
Amazonas
Pará
Maranhão
Ceará
FORTALEZA
Río Grande del Norte
Paraíba
Piauí
RECIFE
Pernambuco
Alagoas
Acre
Rondonia
Tocantins
Bahía
Sergipe
Perú
SALVADOR
Bolivia
Mato Grosso
BRASILIA
SALINAS
GOIÂNIA
Minas Gerais
BELO HORIZONTE
Espírito Santo
Mato Grosso del Sur
São Paulo
SÃO PAULO
Río de Janeiro
RÍO DE JANEIRO
Paraguay
Paraná
Chile
CURITIBA
Santa Catarina
Argentina
Río Grande del Sur
PORTO ALEGRE
Uruguay

NORTE

más de **1000**
de **500** a **999**
de **300** a **499**
de **200** a **299**
de **50** a **199**
de **0** a **49**

0   200   400 km

NÚMERO DE MARCAS
DE CACHAÇA POR ESTADO

CAIPIRIÑA

- 5 cl de cachaça
- 1 lima
- 2 cucharadas de azúcar moreno
- 4 cubitos de hielo picados

Corte el limón en 8 trozos.

Machaque los trozos de lima con el azúcar moreno.

Añada el hielo picado y luego la cachaça.

Remueva hasta que el azúcar se disuelva.

¡Salud!

Limón, caña de azúcar, anís, leche de coco

Prata
Sin envejecimiento en barrica

Naranja, pan fresco, miel, maíz

Ouro
Al menos el 50 % de los aguardientes que entran en la mezcla han pasado más de un año en barrica

Los diferentes estilos de cachaça

Mango, canela, café, plátano

Premium
el 100 % envejecido en barrica entre 1 y 3 años

Guayaba, guindilla, pan tostado, caramelo

Extra-premium
el 100 % envejecido en barrica un mínimo de 3 años

Pisco
sudamericano

El pisco, un aguardiente de uva muy popular en Perú y Chile, es el símbolo de la rivalidad entre los dos países que afirman haberlo inventado.

Capital del pisco

en Perú
Pisco

en Chile
Pisco Elqui

Producción anual (en millones de litros)

45

Graduación alcohólica

30-48 %

Precio de una botella (75 cl)

10 €

Ah, qué pisco, qué rico pisco. ¡Es el día más feliz de mi vida!

El Capitán Haddock en *El templo del Sol* de las Aventuras de Tintín

Origen

Hablar del país de origen del pisco es un tema peliagudo, ya que la disputa entre Perú y Chile es tenaz. La bebida es tan popular en esta región que adjudicarse la paternidad es un gran orgullo patriótico. Lo que sí es seguro es que los colonos españoles tienen algo que ver con su origen. En las tierras peruanas de la región de Ica dieron con un lugar ideal para plantar viñas para elaborar un vino que llegaron incluso a exportar a España. Como la corte real prohibió su exportación para proteger los vinos españoles, prefirieron diversificarse y producir un aguardiente de vino, el pisco. El nombre podría proceder de las vasijas de la tribu de los *piskos*, en las que se guardaba el aguardiente.

El pisco peruano y chileno difieren en sabor y elaboración

El pisco peruano y el chileno difieren en sabor y elaboración. El pisco chileno suele envejecerse en barrica de roble, mientras que el pisco peruano no se envejece. Las variedades de uva utilizadas no son las mismas. En ambos países, el pisco se produce en los oasis cálidos del desierto costero a lo largo del Pacífico.

Degustación

Debido a su gran popularidad, el pisco tiene una gama muy amplia de precios y calidades. Un buen pisco puede beberse solo, pero generalmente se consume en cócteles cuya fama casi ha superado al propio aguardiente, como el pisco sour, inventado en la década de 1920 por un barman estadounidense que reunió una feliz mezcla de pisco, lima, clara de huevo y hielo… ¡Salud!

Fechas para recordar

1551 → **1733** → **1931** → **1988**

Los colonos españoles trajeron las primeras cepas de las islas Canarias.	Primer registro escrito de pisco como el nombre dado a un aguardiente de uva.	Se declara el pisco bebida nacional de Chile.	Las autoridades peruanas declaran el término *pisco* como parte del patrimonio cultural del país.

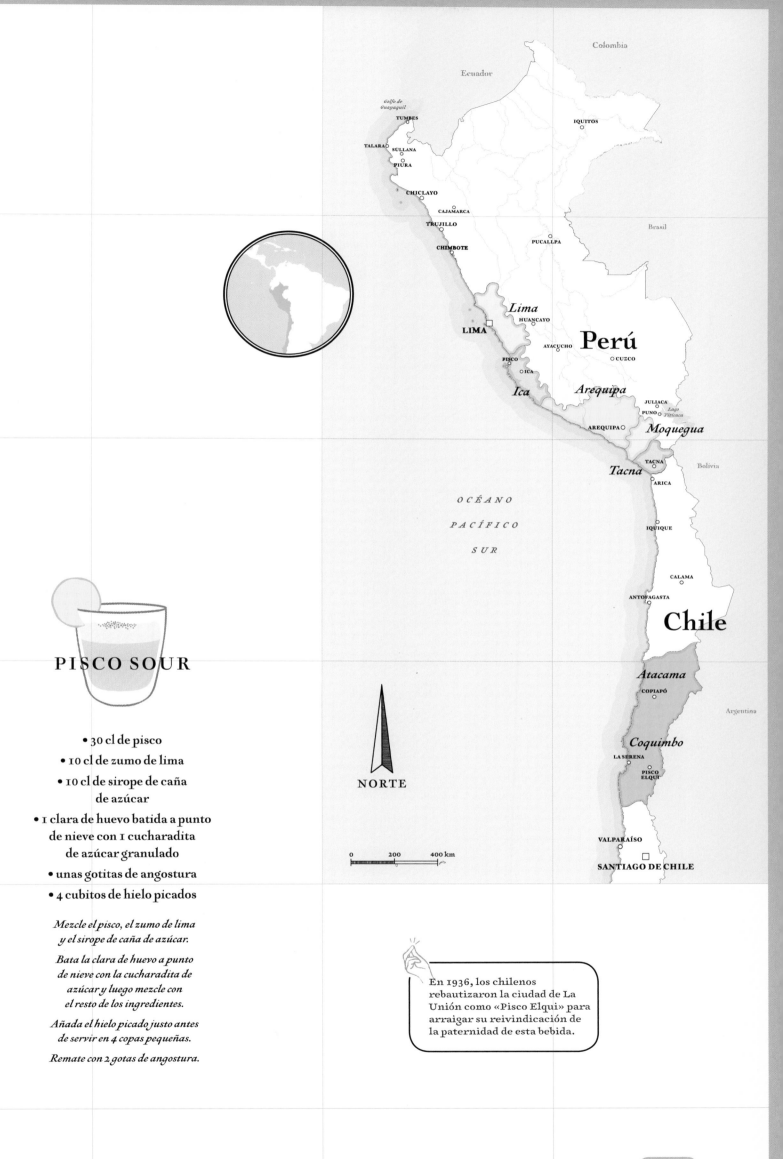

PISCO SOUR

- 30 cl de pisco
- 10 cl de zumo de lima
- 10 cl de sirope de caña
  de azúcar
- 1 clara de huevo batida a punto
  de nieve con 1 cucharadita
  de azúcar granulado
- unas gotitas de angostura
- 4 cubitos de hielo picados

*Mezcle el pisco, el zumo de lima
y el sirope de caña de azúcar.*

*Bata la clara de huevo a punto
de nieve con la cucharadita de
azúcar y luego mezcle con
el resto de los ingredientes.*

*Añada el hielo picado justo antes
de servir en 4 copas pequeñas.*

Remate con 2 gotas de angostura.

En 1936, los chilenos
rebautizaron la ciudad de La
Unión como «Pisco Elqui» para
arraigar su reivindicación de
la paternidad de esta bebida.

Mapa

Colombia

Ecuador

Golfo de
Guayaquil

TUMBES

IQUITOS

TALARA
SULLANA
PIURA

CHICLAYO

CAJAMARCA

Brasil

TRUJILLO

PUCALLPA

CHIMBOTE

Lima

HUANCAYO

LIMA

Perú

AYACUCHO

CUZCO

PISCO
ICA

Ica

Arequipa

JULIACA
PUNO
AREQUIPA

Lago
Titicaca

Moquegua

TACNA

Bolivia

Tacna

ARICA

OCÉANO

IQUIQUE

PACÍFICO

SUR

CALAMA

ANTOFAGASTA

Chile

Atacama

COPIAPÓ

Argentina

Coquimbo

NORTE

LA SERENA

PISCO
ELQUI

0   200   400 km

VALPARAÍSO

SANTIAGO DE CHILE

Guaro de Costa Rica

El aguardiente nacional, elaborado casi tanto legalmente como ilegalmente, con un sabor entre el ron y el vodka, es la bebida alcohólica favorita de los costarricenses.

Capital del guaro

San José

**Producción anual
(en millones de litros)**

6

Graduación alcohólica

30 %

**Precio local de
una botella (70 cl)**

8 €

> *El guaro es
> el* moonshine
> *de Costa Rica.*

En referencia a la bebida alcohólica de contrabando de los EE. UU. durante la ley seca, ya que se hacía «a la luz de la luna».

Origen

El guaro es una variedad de ron dulce elaborado con azúcar de caña y pertenece a la gran familia del aguardiente, tan popular en América Latina. Cada país tiene su propia receta: aguardiente de vino, licor de anís, etc. En Costa Rica y Honduras se llama guaro, en referencia a la tribu de los guaros, aunque no hay pruebas de que sean el origen de la bebida. En 1850, su consumo era tan elevado que hubo que controlarlo nacionalizando la producción de la bebida. El contrabando hizo que se distribuyera una bebida que solía estar adulterada y que era peligrosa, hecha de azúcar puro o caramelo en lugar de melaza de caña de azúcar. En 1853 y con el nacimiento de la Fanal (Fábrica Nacional de Licores), se autorizó la venta del guaro elaborado por la destilería estatal.

> **El guaro es
> una variedad
> de ron dulce
> elaborado con
> azúcar de caña**

Degustación

El guaro tiene un sabor más bien neutro. Se puede tomar solo, aunque no es recomendable ya que, según los rumores y leyendas que circulan, se dice que tiene propiedades anestésicas. Se consume generalmente con un zumo, un refresco o en cóctel: el famosísimo chiliguaro para los que gustan de lo picante, o el guaro sour, equivalente al pisco sour peruano y chileno.

La Fanal ofrece tres tipos de guaro: el Cacique Guaro, el más consumido, con etiqueta roja, ideal para mezclas; el Cacique Guaro superior, ligeramente más fuerte que el anterior, con aromas más ricos y asertivos, y finalmente el Roncolorado, con reflejos ámbar, con una graduación alcohólica del 30 %, dulce y agradable en boca, que se puede tomar en la sobremesa y se usa en confitería. ¡Salud!

Fechas para recordar

1850 → **1853** → **1980**

Decreto gubernamental: el Estado se encargará de la elaboración de bebidas alcohólicas para combatir el contrabando.

Nacimiento de la Fábrica Nacional de Licores (Fanal).

Lanzamiento de la marca Cacique Guaro, el producto estrella de Fanal.

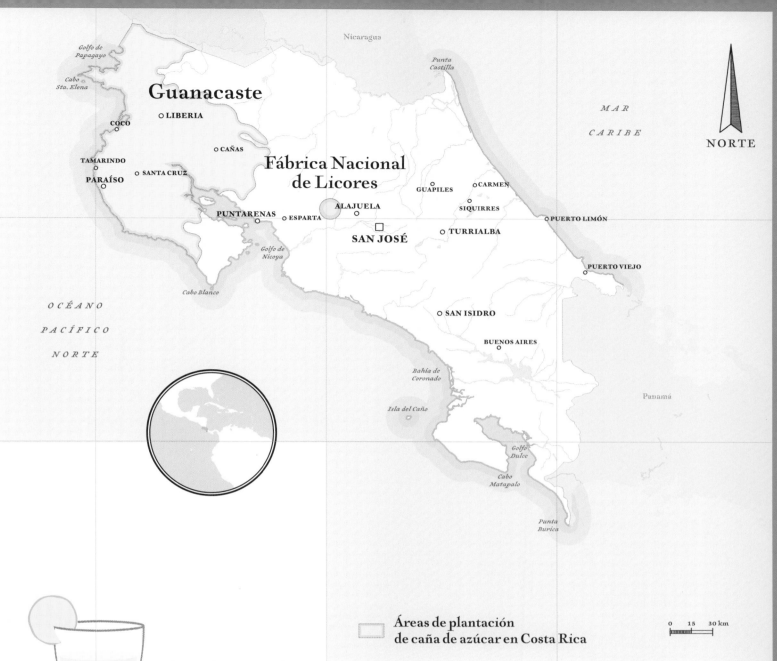

Guanacaste

Golfo de Papagayo
Cabo Sta. Elena
○ LIBERIA
COCO
○ CAÑAS
TAMARINDO
○ SANTA CRUZ
PARAÍSO

Fábrica Nacional de Licores

GUÁPILES
○ CARMEN
○ SIQUIRRES
ALAJUELA
PUNTARENAS
○ ESPARTA
□ SAN JOSÉ
○ TURRIALBA
○ PUERTO LIMÓN

Golfo de Nicoya
Cabo Blanco

○ SAN ISIDRO
PUERTO VIEJO

OCÉANO PACÍFICO NORTE

BUENOS AIRES

Bahía de Coronado
Isla del Caño

Panamá

Golfo Dulce
Cabo Matapalo

Punta Burica

Nicaragua
Punta Castilla

MAR CARIBE

NORTE

□ Áreas de plantación de caña de azúcar en Costa Rica

0   15   30 km

GUARO SOUR

- 4 cl de guaro
- 2 cucharaditas de azúcar
- 1 lima cortada en 6 trozos
- hielo
- refresco al gusto

Ponga el guaro, el azúcar y la lima en un vaso de whisky.

Mezcle todos los ingredientes exprimiendo el zumo de la lima.

Añada el hielo.

Añada un toque de refresco.

¡Sírvalo!

CHILIGUARO

- ¾ cl de Cacique Guaro
- 3 cl de zumo de tomate
- ½ cl de zumo de limón
- 3 cucharaditas de Tabasco

Cubra con sal el borde de un vaso de chupito.

Vierta todos los ingredientes en una coctelera y mezcle.

¡Sírvalo!

Las excavaciones arqueológicas en la nueva ubicación de la destilería estatal dieron con uno de los enclaves indígenas más antiguos del país. La marca nacional de guaro pasó a llamarse Cacique Guaro. Los colonos usaban el término «cacique», que procede de una lengua prehispánica, para designar al jefe político de un grupo aborigen.

IPA de los Estados Unidos

Sidra de hielo
de Quebec

Vino de California

Bourbon de Kentucky

Mezcal de México

Ron del Caribe

AMÉRICA DEL NORTE

Al igual que su vecina del sur, América del Norte está profundamente marcada por la nacionalidad de sus colonos. Los inmigrantes irlandeses se apresuraron a producir whisky con el maíz que crecía tan fácilmente en las llanuras de Kentucky, los franceses se dedicaron a la sidra en la región de Quebec y los españoles plantaron las primeras vides en el norte de California. Bajo la presión de la comunidad religiosa, la ley seca (1919-1933) marcó un período de estricta prohibición de la producción, venta y consumo de alcohol en los Estados Unidos. Este período forma parte de una profunda crisis social y tuvo repercusiones más allá de sus fronteras; en particular, en los productores europeos de vino y whisky, que perdieron su principal mercado al otro lado del Atlántico.

Ron del Caribe

Actualmente lo de ver piratas no es muy habitual, pero la caña de azúcar sigue reinando en el archipiélago tropical.

Capital del ron caribeño

Saint-Pierre
(Martinica)

Producción anual (en millones de litros)

450

Graduación alcohólica

40-45 %

Precio de una botella (70 cl)

30 €

> *El ron no es un vicio, sino una forma de sobrevivir.*
>
> Ernest Hemingway (1899-1961), escritor

Origen

La historia del ron agrícola va de la mano con la del azúcar, una industria gigantesca. Durante 200 años, los campos de caña de azúcar del Caribe abastecieron de azúcar a Europa. Pero todo cambió con el bloqueo continental que Napoleón impuso en 1806. Prohibió a los barcos ingleses atracar y comercializar sus productos en Europa para debilitar económicamente al Imperio británico. Como el azúcar llegaba con estos mismos barcos, hubo que buscar suministros de otras fuentes para satisfacer la demanda europea. En 1811, un químico francés descubrió la fabricación de azúcar de remolacha. Al estar más adaptada al clima europeo, le birló el estrellato a la caña de azúcar, que pasó a un segundo plano.

Las islas y los suelos volcánicos proporcionan un emplazamiento único

Y ahora, ¿qué se podía hacer con todo ese oro blanco? Los productores vieron que tenían que abrir otras vías para su producto estrella: entonces se produce el auge del ron.

El clima tropical de las islas y los suelos volcánicos proporciona a la caña de azúcar un emplazamiento único. Esta noción de *terroir* se acentúa por el relieve montañoso de algunas islas, como la Martinica. Según la altitud y la exposición a las brisas oceánicas, cada región produce un tipo diferente de caña de azúcar. Esta variedad aumenta enormemente la diversidad de los rones del Caribe.

Degustación

Hay tres familias de rones: el ron de influencia francesa («rhum agricole», más vegetal), el ron de influencia española («ron», más dulce) y el ron de influencia inglesa («rum», más especiado). Estos perfiles no tienen nada que ver con su procedencia: reflejan las expectativas de las diferentes metrópolis europeas. Para una cata, se va de los rones más jóvenes a los más añejos y, si son de la misma edad, de los más delicados a los más aromáticos. Como con todos los espirituosos, no agite el ron en el vaso, ya que esto puede atolondrarlo y soliviantar su perfil aromático, arriesgándose a quemarse la nariz. El ron es un viaje, así que, ¡hasta la vuelta! *Santé!*, *cheers!* o ¡salud!

Fechas para recordar

1493 → **1811** → **1996**

La caña de azúcar, originaria de Asia, llega al Caribe.

Descubrimiento de la fabricación de azúcar de remolacha en Europa.

El ron agrícola de la Martinica obtiene su denominación de origen controlada.

Golfo de México

Bahamas

OCÉANO
ATLÁNTICO

Cuba

República
Dominicana

México

Haití

Jamaica

NORTE

Belize

Puerto Rico

Guadalupe

Guatemala

Antillas

Honduras

Mar Caribe

SAINT PIERRE

Martinica

El Salvador

Nicaragua

Costa Rica

Venezuela

Panamá

Colombia

0   100   200 km

Los aromas del ron

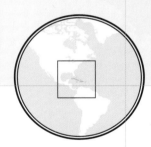

La caña de azúcar

Hierba tropical
gigante, mide
entre dos
y seis metros.

Planta
originaria
de Asia.

Su color
varía de
amarillo
a púrpura
dependiendo
de la especie.

Su emplazamiento
predilecto se
encuentra entre
la latitud al sur de
los Estados Unidos
y al sur de Brasil.

Caña fresca, azahar,
limón, cereal

Ron agrícola
influencia francesa

Regiones: Martinica
y Guadalupe

Vainilla, avellana,
miel, regaliz

Ron de melaza
influencia española

Regiones: Cuba, República
Dominicana y Panamá

Canela, cacao,
puro, pimienta

Ron
influencia inglesa

Regiones: Jamaica,
Trinidad y Tobago

La «parte de los ángeles», es decir, la
evaporación de alcohol durante la
crianza, es más acentuada en las
latitudes tropicales. Cuando el clima
es cálido y húmedo, representa
entre el 8 y el 10 % anual, frente al
1 o 2 % en las zonas templadas.

Mezcal de México

El mezcal es uno de los espirituosos más complejos e intrigantes del mundo. Descubramos cómo este aguardiente de agave, producido exclusivamente en México, ha pasado de estar en la sombra a ser un orgullo nacional.

Capital del mezcal

Santiago Matatlán

Producción anual
(en millones de litros)

6

Graduación alcohólica

35-55 %

Precio de una botella

35 €

Origen

La historia del mezcal está íntimamente ligada a la de México y, por tanto, a la de España. Las civilizaciones prehispánicas producían una bebida obtenida mediante la fermentación del agave con fines religiosos: el pulque. Hubo que esperar la llegada de los españoles para asistir a las primeras destilaciones. A finales del siglo XVI, en respuesta al desarrollo del viñedo mexicano y para proteger los vinos españoles, el rey Felipe II prohibió el cultivo de vides en México. Eso hizo que el agave reemplazase a la vid y arraigase profundamente en la cultura local. Sus hojas se usaban como tejas, sus espinas como agujas o clavos y sus fibras para tejer telas. Del agave se aprovecha todo. El mezcal es, por lo tanto, el primer aguardiente del continente americano. Actualmente, el Estado de Oaxaca representa el 80 % de la producción nacional. Santiago Matatlán, un municipio de Oaxaca, se proclamó capital del mezcal, ya que el 90 % de sus habitantes vive de la producción de este aguardiente.

Degustación

En México el mezcal no se bebe, se besa. ¡Así es el amor que los mexicanos profesan por esta bebida! Olvidemos el cliché del chupito: un buen mezcal se saborea con delicadeza. La fascinación de algunos aficionados de todo el mundo radica en el hecho de que las técnicas de elaboración son específicas de cada productor. Desde la forma en que se cosecha el agave hasta la elección del agua y la madera utilizada para calentar, las

Las variaciones de sabor son infinitas

variaciones en el sabor son infinitas. Y al igual que hay diferentes variedades de uvas para producir vino, hay diferentes tipos de agaves para producir mezcal. Podemos decir que un mismo productor nunca produce realmente el mismo mezcal. ¡Salud!

> *El mezcal no se toma, se besa.*
>
> Proverbio mexicano

Fechas para recordar

S. I → 1873 → 1994 → 2000

El pulque (savia de agave fermentada) es la primera bebida hecha de agave.

Primera exportación a los Estados Unidos gracias a la llegada del tren.

Creación de la Denominación de Origen del Mezcal.

El mezcal hizo su aparición en los bares de moda de Nueva York y luego en Europa.

Estados Unidos

TIJUANA
MEXICALI
CIUDAD JUÁREZ
HERMOSILLO
CHIHUAHUA

Durango
MONTERREY
Zacatecas
Tamaulipas
San Luis
Potosí
AGUASCALIENTES
LEÓN
GUADALAJARA
Guanajuato
MORELIA
CIUDAD DE MÉXICO
TOLUCA
VERACRUZ
PUEBLA
Guerrero
Oaxaca
ACAPULCO
SANTIAGO MATATLÁN
MÉRIDA

Golfo de México

OCÉANO PACÍFICO NORTE

Guatemala

El Salvador

0   100   200 km

NORTE

El maestro mezcalero o maestra mezcalera es la persona que supervisa la producción, desde la recolección hasta el embotellado. El título sigue transmitiéndose de padre a hijo o de madre a hija.

LAS SIETE REGIONES DEL MEZCAL MEXICANO

Los aromas del mezcal según su proceso de maduración

Limón, hierbas frescas

Joven
(sale directamente del alambique)

Vainilla, manzana, hierbas secas

Reposado
(envejecido entre 2 y 11 meses en barrica de roble)

Albaricoque, caramelo, pimienta

Añejo
(envejecido más de 12 meses en barrica de roble)

El agave

El agave azul florece al cabo de unos diez años.

Se necesitan siete kilos de corazones de agave para producir un litro de mezcal.

Sus hojas pueden llegar a medir tres metros.

Planta grasa de clima árido.

Aunque lo parezca, el agave no forma parte de la familia de los cactus.

Proviene del griego ἀγαυός (ágave), que significa «noble», «ilustre», «admirable» y hace referencia a la hija de Cadmo y madre del rey tebano Penteo, al que despedazó en compañía de otras bacantes.

Para producir mezcal pueden utilizarse casi treinta variedades de agave.

¿Cuál es la diferencia entre el mezcal y el tequila?

El mezcal es un primo del famoso tequila. Pertenecen a la misma familia, ya que ambos provienen de la destilación del agave. En general, el tequila se elabora mediante un proceso industrial, mientras que el mezcal mantiene una tradición artesanal. Para producir mezcal pueden utilizarse treinta variedades de agave, mientras que para el tequila solo una. Las reglas de pureza son menos estrictas en el caso del tequila, que debe elaborarse con al menos un 51 % de azúcar de agave, comparado con el 80 % de mezcal. México produce anualmente nueve veces más tequila que mezcal.

Vino de California

La región vinícola californiana es un fiel reflejo de los Estados Unidos: creativa, desmesurada y emprendedora. A pesar de su juventud, ya es una de las más grandes.

Capital del vino californiano

Sacramento

Producción anual (en millones de litros)

2000

Graduación alcohólica

13 - 14,5 %

Precio de una botella

10 €

> " *Todo lo que empieza en California tiende a extenderse.* "
>
> Jimmy Carter,
> 39.º presidente de los Estados Unidos

Origen

La región vinícola californiana no es una excepción a la regla: como en la gran mayoría de los países de América del Norte y del Sur, debe su nacimiento a la colonización europea, en particular a la española. La gran ola de migración de colonos europeos en el siglo XIX supuso un gran cambio en el oeste americano. Se descubrió oro en Sacramento, lo que llamó a miles de personas. El ferrocarril siguió avanzando y desplazando el final de línea hasta la tierra prometida: California. Fue cuando los colonos desarrollaron el viñedo, que en 1920 ya contaba con 2500 *wineries* (bodegas). La cosa no fue tan sencilla: la filoxera arrasó el joven viñedo dos veces, en 1873 y en la década de 1890. La ley seca, que duró de 1920 a 1933 redujo el número de bodegas a menos de cien. Actualmente, el viñedo se ha asentado y estructurado, y es un poderoso motor económico para el región: representa el 90 % de la producción nacional. Su organización es muy distinta a la de un viñedo europeo: se basa más en la tecnología que en la tradición. Las *wineries* que vinifican las uvas no suelen ocuparse de la explotación de las vides. Estas *wineries*, como la multinacional Gallo, adquieren un aire de empresas gigantescas con una amplísima gama de productos que se pueden encontrar en todo el mundo.

Degustación

La región vinícola se extiende a lo largo de 1000 km por la costa del Pacífico, lo que aporta brisas frescas. La costa norte alberga algunos de los viñedos más prestigiosos del Estado, con el valle de Napa y Sonoma a la cabeza. A pesar de la presencia de ciento diez variedades, dominan la cabernet sauvignon, la zinfandel y la chardonnay, con una importante presencia de la pinot noir en Sonoma. Durante mucho tiempo, se consideró que los vinos de los EE. UU. eran demasiado normales, pero han ido adquiriendo complejidad y la diversidad de variedades sigue enriqueciéndose.

Los vinos de cabernet sauvignon tienen una estructura y un potencial de envejecimiento increíbles que harían sonrojar a más de uno en Burdeos. Los de chardonnay, que a menudo se consideran con demasiada madera y avainillados, se está afirmando y refinando: competencia directa con los borgoñones. *Cheers!*

Fechas para recordar

s. XVI	→	1860	→	1920-33	→	Finales s. XX
Los colonos españoles plantaron las primeras vides en el área de San Francisco.		Gran ola de migración de colonos europeos hacia el oeste de los Estados Unidos: desarrollo del viñedo californiano.		Ley seca: se prohíbe la elaboración, transporte, importación y exportación de vino.		Reconocimiento internacional del vino californiano.

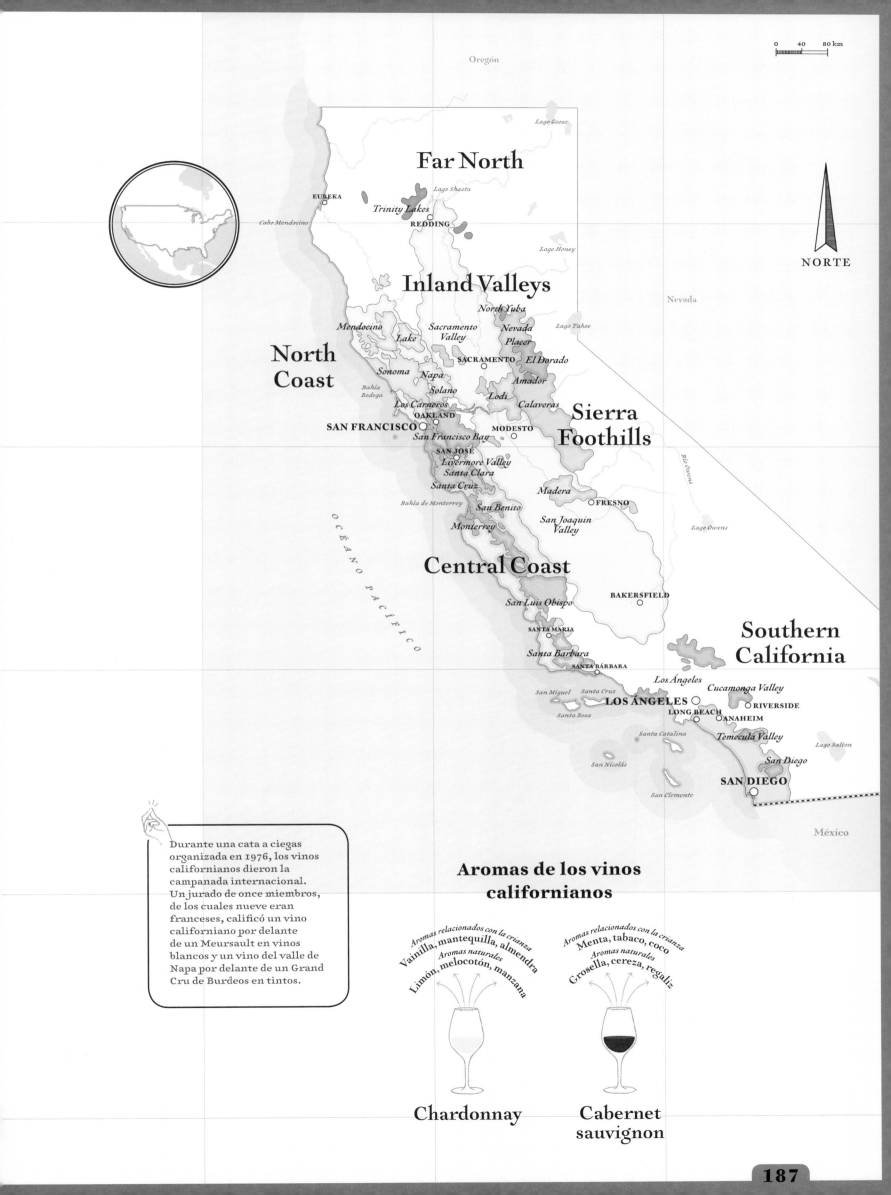

Far North

Inland Valleys

North Coast

Sierra Foothills

Central Coast

Southern California

Oregón

Lago Goose

EUREKA

Cabo Mendocino

Lago Shasta

Trinity Lakes

REDDING

Lago Honey

Nevada

Lago Tahoe

North Yuba

Mendocino

Lake

Sacramento Valley

Nevada

Placer

Sonoma

Napa

SACRAMENTO

El Dorado

Bahía Bodega

Solano

Amador

Los Carneros

Lodi

OAKLAND

Calaveras

SAN FRANCISCO

MODESTO

San Francisco Bay

SAN JOSÉ

Livermore Valley

Santa Clara

Río Owens

Santa Cruz

Bahía de Monterrey

Madera

San Benito

FRESNO

Monterrey

San Joaquin Valley

Lago Owens

San Luis Obispo

BAKERSFIELD

SANTA MARÍA

Santa Barbara

Lago Salton

SANTA BÁRBARA

Los Ángeles

Cucamonga Valley

San Miguel

Santa Cruz

LOS ÁNGELES

RIVERSIDE

Santa Rosa

LONG BEACH

ANAHEIM

Santa Catalina

Temeculá Valley

San Nicolás

San Diego

SAN DIEGO

San Clemente

México

OCÉANO PACÍFICO

0   40   80 km

NORTE

Durante una cata a ciegas organizada en 1976, los vinos californianos dieron la campanada internacional. Un jurado de once miembros, de los cuales nueve eran franceses, calificó un vino californiano por delante de un Meursault en vinos blancos y un vino del valle de Napa por delante de un Grand Cru de Burdeos en tintos.

Aromas de los vinos californianos

Aromas relacionados con la crianza
Vainilla, mantequilla, almendra
Aromas naturales
Limón, melocotón, manzana

Aromas relacionados con la crianza
Menta, tabaco, coco
Aromas naturales
Grosella, cereza, regaliz

Chardonnay

Cabernet sauvignon

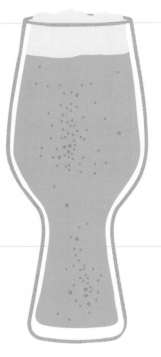

IPA de los Estados Unidos

Acrónimo de India Pale Ale, la IPA es una cerveza tan repleta de historia como de lúpulo.

Capital de la IPA estadounidense

Portland

Producción anual (en millones de litros)

1333

Graduación alcohólica

6 %

Precio de una botella (33 cl)

3,50 €

> *Sin duda, el mayor invento de la humanidad es la cerveza. Vale que el invento de la rueda es interesante, pero no pega con la pizza.*
>
> Dave Barry, humorista norteamericano

Origen

La IPA nació en Inglaterra en la época de los primeros intercambios comerciales entre Europa y la India. La leyenda dice que, para que soportara el viaje, se sobrecargó la cerveza de lúpulo, cuyas propiedades de conservación acababan de ser descubiertas. Pero esta historia parece más una campaña de publicidad de una cervecería que un hecho histórico. Más tarde, este estilo casi cayó en el olvido debido a los impuestos indexados al nivel de alcohol y las requisas de la Primera y Segunda Guerra Mundial. Volvió a la palestra en la década de 1980 gracias al resurgimiento de las microcervecerías estadounidenses. En un abrir y cerrar de ojos, la IPA se convirtió en la abanderada de este movimiento artesanal que milita por la (muy) buena cerveza. A principios del siglo XX, Europa adoptó el fenómeno y no pasa un día sin que se abra una nueva cervecería artesanal o una tienda especializada en cervezas locales. Eche un vistazo por la ventana, si aún no hay una, no tardará en abrir.

La IPA nació en Inglaterra

Degustación

El lúpulo es la especia de la cerveza. Permite al cervecero explorar una infinidad de sabores y aromas. Al igual que las variedades de uva para el vino, hay cientos de variedades de lúpulo. Cada una refleja su *terroir* y ofrece un perfil aromático que define la nariz de su cerveza. El primer sorbo de su primera IPA no puede dejarle indiferente. Este estilo aporta una indiscutible densidad y longitud en boca, acompañado por un afrutado amargor. La próxima vez se acerque a la barra, use su mejor acento inglés para pedir una «ai-pi-ei», suena más a entendido que una «ipa». *Cheers!*

El lúpulo es la especia de la cerveza

Fechas para recordar

1632 → **1835** → **1980**

Creación de la primera cervecería estadounidense.

Primera mención en Inglaterra de una «Pale Ale destinada a la India»: India Pale Ale.

Inicio de la revolución de las microcervecerías en los Estados Unidos.

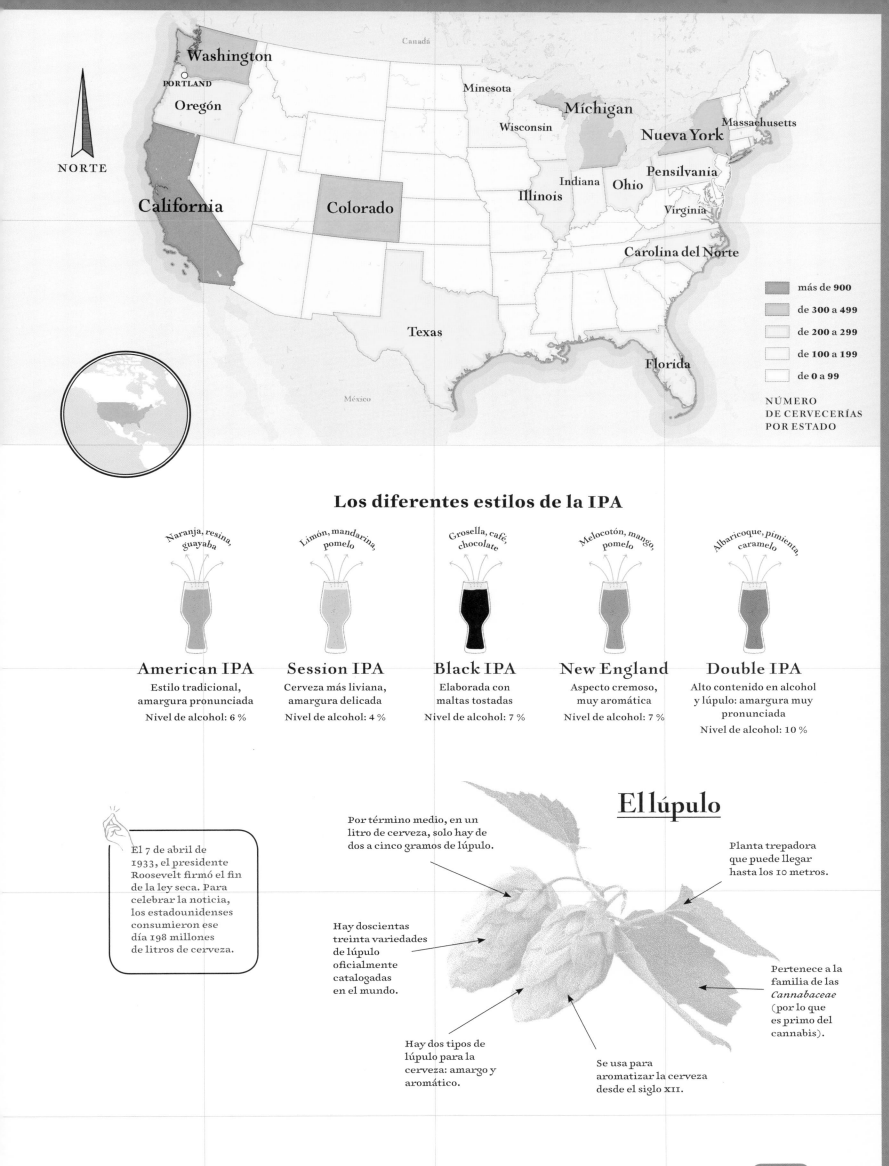

NORTE

Washington
PORTLAND
Oregón
California
Colorado
Texas

Canadá
Minesota
Wisconsin
Míchigan
Massachusetts
Nueva York
Indiana
Ohio
Pensilvania
Illinois
Virginia
Carolina del Norte
Florida
México

más de **900**
de **300** a **499**
de **200** a **299**
de **100** a **199**
de **0** a **99**

NÚMERO
DE CERVECERÍAS
POR ESTADO

Los diferentes estilos de la IPA

Naranja, resina, guayaba

American IPA

Estilo tradicional, amargura pronunciada

Nivel de alcohol: 6 %

Limón, mandarina, pomelo

Session IPA

Cerveza más liviana, amargura delicada

Nivel de alcohol: 4 %

Grosella, café, chocolate

Black IPA

Elaborada con maltas tostadas

Nivel de alcohol: 7 %

Melocotón, mango, pomelo

New England

Aspecto cremoso, muy aromática

Nivel de alcohol: 7 %

Albaricoque, pimienta, caramelo

Double IPA

Alto contenido en alcohol y lúpulo: amargura muy pronunciada

Nivel de alcohol: 10 %

El 7 de abril de 1933, el presidente Roosevelt firmó el fin de la ley seca. Para celebrar la noticia, los estadounidenses consumieron ese día 198 millones de litros de cerveza.

El lúpulo

Por término medio, en un litro de cerveza, solo hay de dos a cinco gramos de lúpulo.

Planta trepadora que puede llegar hasta los 10 metros.

Hay doscientas treinta variedades de lúpulo oficialmente catalogadas en el mundo.

Pertenece a la familia de las *Cannabaceae* (por lo que es primo del cannabis).

Hay dos tipos de lúpulo para la cerveza: amargo y aromático.

Se usa para aromatizar la cerveza desde el siglo XII.

Bourbon de Kentucky

La más famosa de las bebidas alcohólicas de los EE. UU. nació en las vastas praderas del Estado de Kentucky. Su nombre hace referencia a la dinastía del rey Luis XVI de Francia: los Borbones.

Capital del bourbon

Bardstown

Producción anual (en millones de litros)

170

Graduación alcohólica

40-50 %

Precio de una botella (70 cl)

30 €

> « Buen bourbon, buen tabaco, caballos muy rápidos y hermosas mujeres.
>
> Los cuatro pilares de Kentucky

Origen

Kentucky, el decimoquinto Estado que se unió a los Estados Unidos en 1792, es un Estado rural en el que abundan las grandes praderas donde el maíz crece a las mil maravillas. Los inmigrantes escoceses e irlandeses que se instalaron allí a principios del siglo XIX probaron un aguardiente hecho de maíz, a falta de cebada, y lo llamaron bourbon, en honor al condado donde nació, cuya capital es... París (como muestra de amistad para los franceses, que ayudaron mucho a los estadounidenses en su lucha por la independencia). La denominación bourbon está ahora sujeta a reglas más estrictas: aunque puede elaborarse fuera de Kentucky, debe hacerse con una mezcla de cereales con al menos un 51 % de maíz. Otra característica es que solo puede envejecerse en barricas nuevas de roble blanco y ahumadas, lo que explica la rapidez de su maduración (mínimo tres años).

Los inmigrantes probaron un aguardiente hecho de maíz

Los barriles se reciclan para el envejecimiento de whisky escocés, vino o ron añejo. La gran mayoría del bourbon se produce en Kentucky y un poco en la vecina Tennessee. Es un gran argumento turístico que anima la cuna del bourbon todo el año: el triángulo dorado formado por las ciudades de Bardstown, Frankfurt y Louisville.

Degustación

Las notas de un bourbon dependerán de su grado de envejecimiento: serán de vainilla, ligeramente leñosas y florales en los más jóvenes (alrededor de 4-5 años), mientras que encontraremos miel, un toque de especias, caramelo y una fuerte nariz avainillada en los bourbons de 8 años. Los más añejos (12-18 años) tienen notas pronunciadas de madera, sin perder el dulzor de la vainilla. Suele tomarse en un vaso con fondo grueso, a temperatura ambiente, sin hielo, pero con unas gotas de agua para realzar ciertos aromas.

Fechas para recordar

1800 → **1820** → **1964**

Los primeros emigrantes escoceses e irlandeses se establecieron en la zona de Kentucky.

Primeras apariciones del término «bourbon» para designar un whisky.

El Congreso de los Estados Unidos aprueba una ley sobre las normas del bourbon: un whisky bourbon tiene que elaborarse obligatoriamente en los Estados Unidos.

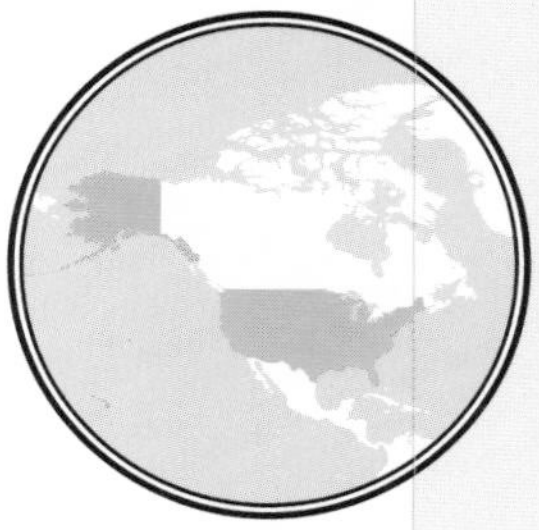

Triángulo de oro del bourbon

NORTE

Ohio

Indiana

COVINGTON

LOUISVILLE   FRANKFURT

HENDERSON

Illinois

LEXINGTON

PAINTSVILLE

OWENSBORO   Bardstown   RICHMOND

MADISONVILLE

HAZARD   JENKINS

PADUCAH   SOMMERSET

Virginia

BOWLING GREEN

HOPKINSVILLE

SCOTTSVILLE

FULTON

Tennessee

0   20   40 km

Missisipi

Tennessee

El Estado de Kentucky representa el 95 % de la producción de bourbon.

OLD FASHIONED

- agua con gas
- 1 terrón de azúcar
- 1 chorrito de angostura
- 5 cl de bourbon
- 1 naranja (cáscara)

Utilice una coctelera para hacer la receta.

Triture el terrón de azúcar empapado en angostura con la cáscara de naranja en el fondo de un vaso hasta que el azúcar se disuelva completamente.

Llene con hielo, añada bourbon y acabe de llenar con agua con gas.

Sirva en un vaso tipo old fashioned.

Decore con cáscara de naranja y una cereza marrasquino.

Los principales estilos de whisky norteamericano

Especias, fruta

Hierba, flores, fruta

Vainilla, aromas tostados, madera, canela

Rye Whisky
mínimo 51 % centeno

Corn Whiskey
mínimo 80 % maíz

Bourbon
mínimo 51 % maíz

BEBIDA
N.°
80
sidra

Sidra de hielo de Quebec

En el este de Canadá, los inviernos son tan duros que las manzanas se congelan antes de poder recogerlas.

**Capital de
la sidra de hielo**

Hemmingford

**Producción anual
(en litros)**

250 000

Graduación alcohólica

9 - 13 %

**Precio de una
botella (37,5 cl)**

30 €

> *La sidra de hielo es el encuentro de las manzanas y el frío de Quebec.*

François Pouliot,
sidrero de Quebec

Origen

Durante las grandes exploraciones de los colonos europeos en América en el siglo XVI, Quebec, al carecer de oro, fue menos codiciado e incluso desatendido. Sin embargo, los marineros bretones, vascos y normandos siguieron cruzando las aguas congeladas de la región en busca de ballenas y bacalao. Esos mismos marineros fueron los que decidieron asentarse a ese lado del Atlántico.

Las manzanas se congelan de forma natural

¿Y qué tienen en común un vasco, un bretón y un normando? ¡La sidra! Fueron los primeros en plantar manzanos franceses en América del Norte. En un abrir y cerrar de ojos, los campos cubrieron las laderas de esta región con inviernos tan duros. En Quebec se produce sidra desde hace 400 años, pero hasta el invierno de 1989 no se descubrió la sidra de hielo: una dulce ambrosía obtenida por fermentación del zumo de manzanas que se congelan de forma natural. Los productores eligieron manzanas que tienen la particularidad de no caerse del árbol cuando están maduras. Siguen colgadas y empiezan a «cocinarse» sutilmente bajo el efecto del frío. El prensado debe hacerse entre el 1 de diciembre y el 1 de marzo siguiente a la recolección.

Degustación

La deshidratación de la manzana por el frío es la que ayuda a concentrar el azúcar y, por tanto, los aromas. Las mejores sidras de hielo se pueden guardar de 5 a 10 años. Se obtiene una sidra «tranquila», sin efervescencia. A primera vista, parece un vino dulce. Al sumergir la nariz en el vaso, aparecen aromas

Es un producto raro y caro

de manzana al horno, caramelo, fruta confitada, especias y miel. Es un producto raro y caro, ideal para acompañar el foie gras salteado, los postres con frutas, los pasteles o el queso azul. La sidra de hielo se ha convertido en un emblema de la gastronomía de Quebec. *Santé!*

Fechas para recordar

1617 → **1910** → **1989** → **2014**

El francés Louis Hébert planta el primer manzano en Quebec.

Prohibición del alcohol en Quebec.

Producción de la primera sidra de hielo.

Creación de la denominación «sidra de hielo».

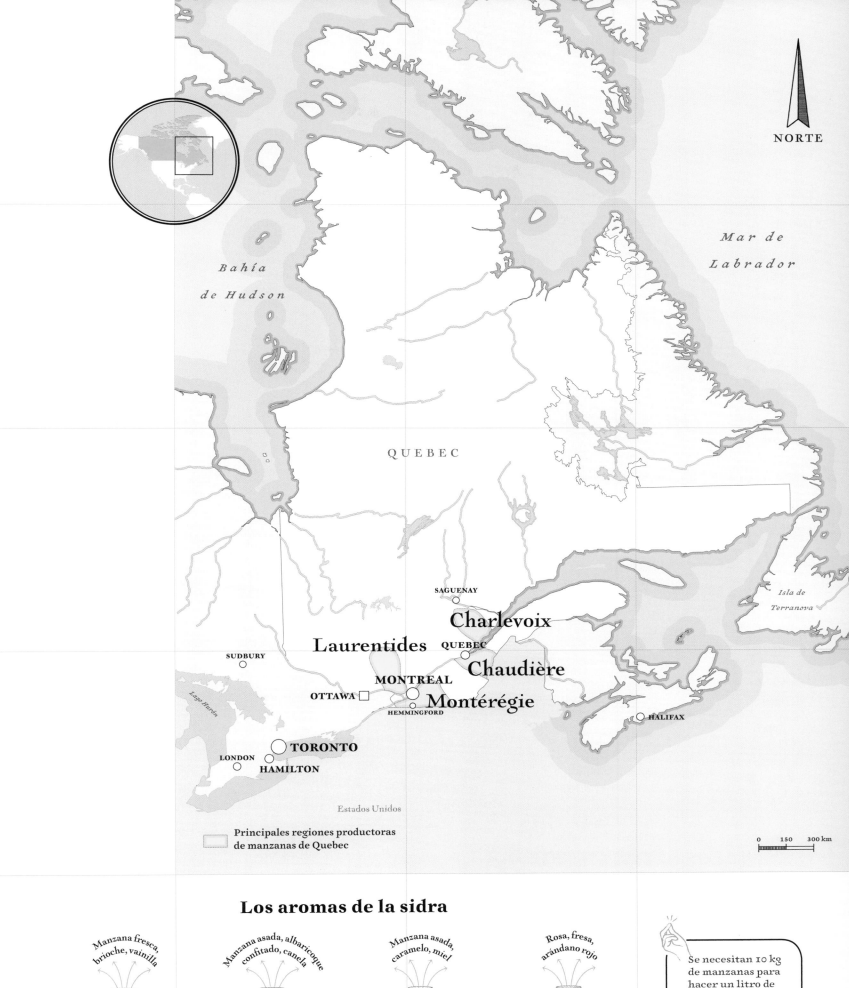

Mar de
Labrador

Bahía
de Hudson

QUEBEC

Isla de
Terranova

NORTE

SAGUENAY

Charlevoix

Laurentides QUEBEC

SUDBURY

Chaudière

MONTREAL

OTTAWA

Montérégie

HEMMINGFORD

Lago Hurón

TORONTO

LONDON

HAMILTON

HALIFAX

Estados Unidos

Principales regiones productoras
de manzanas de Quebec

0   150   300 km

Los aromas de la sidra

Manzana fresca,
brioche, vainilla

Sidra

Puede ser brut, semiseca
o dulce, dependiendo
del nivel de azúcar

Manzana asada, albaricoque
confitado, canela

Sidra de hielo

Deshidratación de la
manzana y concentración
de aromas mediante frío

Manzana asada,
caramelo, miel

Sidra de fuego

Deshidratación de la
manzana y concentración
de aromas mediante calor

Rosa, fresa,
arándano rojo

Sidra rosada

El color se obtiene
a partir de variedades de
manzanas de carne roja

Se necesitan 10 kg
de manzanas para
hacer un litro de
sidra de hielo.
Es cuatro veces
más que una sidra
tradicional.

jerez

oporto

fortificado con
aguardiente de vino

vino tinto

tej

vino blanco

maceración
completa

aromatizado
con plantas

sin piel

maceración
interrumpida

fermentación de las
uvas tintas con la piel

vino rosado

hidromiel

fermentación
de uvas blancas

vino tranquilo

a base de miel

con piel

sidra

vino naranja

UVA

MANZANA

**Bebida
fermentada**

vino espumoso

hecho de zumo
de fruta
exprimido de…

*Proceso biológico durante el cual se
priva de oxígeno a las levaduras,
añadidas voluntariamente o presentes
de forma natural, por lo que
consumen los azúcares para
transformarlos en alcohol.*

prosecco

champán

PLÁTANO

cerveza de plátano

airag

a base de leche

vermú

Campari

VINOS, PLANTAS,
ESPECIAS

amaro

**Bebida
macerada**

PLANTAS, CORTEZAS,
ESPECIAS

*Encuentro de un alcohol neutro
con productos especialmente
aromatizantes y/o colorantes.
El tiempo de maceración es
un factor determinante.*

con alcohol
neutro y…

ALMENDRAS,
HIERBAS, ESPECIAS

amaretto

LIMÓN

ACEITES
ESENCIALES
DE ANÍS

limoncello

Anís del Mono

pastis

sambuca

porter

cask ale

IPA

dolo

cerveza de alta
fermentación (ale)

whisky bourbon

trapense

weizenbier

SORGO

huangjiu

CEBADA

cerveza de baja
fermentación (lager)

lambic

MAÍZ

baiju

SORGO

con
cereales

pilsner

aromatización con
bayas de enebro

CEREALES

ARROZ

sake

pineau
des Charentes

ginebra

sochu

ARROZ

whisky

CEBADA

armañac

pisco

mezclado con
mosto de uva

sodabi

soju

singani

calvados

con vino
de palma

brennivín

coñac

con
vino

con
sidra

aquavit

vodka

absenta

aromatizado
con alcaravea

PATATA

de la
maceración
de plantas en
alcohol puro

**Bebida
destilada**

*Proceso de separación de los componentes
de una mezcla por ebullición. El vapor
obtenido se licua para obtener el
destilado. Este método permite una
intensa concentración de aromas.*

chartreuse

de orujo
de uva
fermentado

de un mosto
fermentado de…

grappa

boukha

arak
de Indonesia

PLANTAS

UVA

SAVIA
DE PALMA

HIGO

aromatizado
con anís

FRUTAS

AGAVE

ron

CAÑA
DE AZÚCAR

arak
del Líbano

ouzo

CEREZA

MIRABELLE

cachaça

guaro

mezcal

mirabelle
de Lorena

VARIOS

palinka

rakija

kirsh

Índice alfabético

Bibliografía

LIBROS DE CONSULTA

PHILPOT, Don, *The World Of Wine and Food*, Lanham (Maryland), Rowman & Littlefield, 2017.

STEWART, Amy, *The Drunken Botanist: The Plants That Create the World's Great Drinks*, Chapel Hill (Carolina del Norte), Algonquin Books, 2013.

SAULNIER-BLACHE, Adrienne, *Le Guide du saké en France*, París, Keribus Éditions, 2018.

NOUET, Martine, *La Petite Histoire du whisky*, París, J'ai Lu, 2018.

JOHNSON, Hugh, *Une histoire mondiale du vin*, París, Hachette, 2012.

SITIOS WEB

www.camra.org.uk/

www.lescoureursdesboires.com/

www.mapadacachaca.com.br

www.whisky.fr

statista.com

blog.lacartedesvins-svp.com

La edición original de esta obra ha sido publicada en Francia en 2019
por Marabout, sello editorial de Hachette Livre, con el título

Le tour du monde en 80 verres

Traducción del francés: Jose Luis Díez Lerma

Diagonal, 402 – 08037 Barcelona
www.cincotintas.com

Impreso en Malasia
Depósito legal: B 12 431-2020
Código Thema: WBXD

ISBN 978-84-16407-91-0